변화하는세계의아틀라스

일러두기

1. 이 책은 장-크리스토프 빅토르의 《Le Dessous Des Cartes 2, Atlas d'un monde qui change》
   (Éditions Tallandier/ARTE Éditions, 2008)를 완역한 것이다.
2. 옮긴이 주는 (-옮긴이)로 본문 안에 따로 표시했다.
3. 외국 인명과 지명은 외래어 표기법에 따라 표기했다.

지 도 로   보 는   세 계 의   미 래
LE DESSOUS DES CARTES 2- ATLAS D'UN MONDE QUI CHANGE

변화하는 세계의 아틀라스

장 크리스토프 빅토르, 비르지니 레송, 프랑크 테타르 지음 · 안수연 옮김

cum libro
책과함께

세계의 취약성에 대하여

우리 주변에는 변화하는 세계가 있다. 우리의 역사와 흘러가는 시간으로부터 물려받은 세계. 세계는 미래의 공장이자 미래 유산(遺産)의 공장이다.
우리 앞에는 향후 다가올 세계가 있다. 세계의 미래는 취약하고 불확실하다. 그리고 우리가 선택해야 할 여러 가능성의 장(場) 위에 열려 있다.

2005년 가을에 출간된 첫 책《지도의 이면》(한국어판은 《아틀라스 세계는 지금》이라는 제목으로 2007년에 출간)이 야심차게 정한 목표는 여러 사안에 의미를 부여하는 것이었으며, 채택한 방법론은 관찰과 이해 그리고 연계였다. 1권은 독자들에게 지정학 여정의 지도를 따라 세계를 해독하고 지리 · 역사 · 정치와 관련된 내막을 알아보면서 하나 되는 세계를 그려보기를 제안했다.

이 책《변화하는 세계의 아틀라스》는 보다 더 미래를 전망하는 방법론으로, 보다 더 정치적인 행보로 첫 번째 책의 시도를 계속 이어가고 있다. 세계화, 세계화의 흐름과 영향에 대한 다방면의 연구를 통해서 이 책은 세계의 복잡성 속에서 세계를 파악하고자 한다. 또한 재편되는 역학관계에 대한 관찰을 통해서 이 책은 그 역동적인 과정을 찾아내 다가오는 세계의 징후를 보여준다. 그리고 유럽의 경계에 대해 비판적인 질문을 제기함으로써 희망하는 세계를 선택할 수 있도록 독자들을 인도하고자 한다.

넘쳐나는 정보와 정보의 확산 속도로 갈피를 잡을 수 없게 된 정보 소비자들은 엄격하게 굴지만 아직도 많은 압박을 받고 있다. 지금 우리는 기꺼이 이른바 '기성사고'와 오피니언 리더들이 주도하는 여론(Thinker's digest)에 의거할 의향이 있으며, 우리의 판단을 당선자들과 언론인들에게 위임할 준비가 되어 있다. 그들과 더불어 사람들은 이란의 아마디네자드 대통령이 수정주의와 유대인 배척주의 성향의 발언을 한 데 대해 ─정당하게 ─ 격분을 한다. 사람들은 이란 대통령이 IAEA 사찰단에 협조하지 않겠다고 거부의사를 밝힌 사안에 대해 우려를 나타내면서도, 군사적인 해법이 바람직하지는 않지만 그것이 어쩌면 이란이 그 지역, 더 나아가 세계에 가할지도 모를 더 큰 위험을 예방할 수 있다고 생각한다. 현실세계를 떠나 아득히 떨어져 있는 전쟁은 최악의 사태를 예방하고 미치광이를 제어할 수 있는 하나의 가능성이 되지만, 우리는 외교관과 전문가들이 전쟁에 대해 우리에게 전해주는 말을 이해하지 못한다. 따라서 현 이란 체제의 본질에 대해 환상도 품지 않고 어리석은 순진함도 배제하여 그 실체를 명확히 밝히기 위해 우리는 중동을 다룬 장에서 독자들이 약간의 기억, 시야, 전망에 의거하여 갖고 있는 정보를 보완해줌으로써 독자들에게 자유의지를 돌려줄 필요가 있다고 생각했다. 독자들이 의거하는 기억, 시야, 전망은 다음과 같다.

첫째, 이란 바로 옆에 있는 이라크에서 전개되는 전쟁과 전쟁의 발발 상황에 대한 기억.

둘째, 전략적으로 중요한 그 지역의 지형과 그로 인해 이란인들에게 남겨진 국가안보 관련 선택안에 대한 시야.

셋째, 영국과 미국의 이라크 개입에 의해 매일같이 이슬람 세계에서 생겨나는 '해야 할 복수'에 대한 전망과 통찰.

요컨대 그러한 전망과 통찰로 체험 시간의 의미를 되찾을 수 있다.

체험 시간의 의미, 유럽의 근동과 중동 지역이 특히 우리에게 가르쳐주는 것이 바로 그 체험 시간의 의미다. 이라크, 이란, 팔레스타인, 레바논은 유구한 선행역사를 뒤로하고 20세기에 와서 다시 역사의 일면을 차지하고 있다. 오스만 제국의 멸망에서 20세기 중반에 이르는 역사의 한 국면에서 프랑스와 영국은 유럽 근동 지역에 국경에 이어 국가를 부여해주었다.

60년이 지난 지금 우리는 식민지 분할이 초래한 하나의 결과로 그 국가들의 분열과 분쟁을 지켜보고 있다. 이 책의 한 장을 할애해 그 국가들을 다루면서, 어떠한 경우든 정치적인 결정에 의해 미래가 연루되는데 이라크인들과 이라크에 있는 미국인들, 레바논인들과 레바논에 있는 시리아인들, 팔레스타인 사람들과 팔레스타인 영토에 있는 이스라엘인들이 제각기 미래에 대한 책임의 일부를 공유하고 있다는 사실을 독자들에게 상기시키고자 했다.

마찬가지로 유럽연합의 경계 문제를 다루고 있는 이 책의 에필로그도 독자들을 어떤 미래 속으로 끌어들이고 싶어한다. 독자들은 다가오는 세대를 위한 미래를 결정하도록 인도받을 것이다. 코소보 독립, 유럽연합의 신규 조약, 터키의 유럽연합 가입 여부 등 채택될 각각의 선택에 맞게 미래의 일부 모습이 드러난다.

비판정신 견지, 복잡성 파악

이러한 미래의 정세 속에 이미 이슬람과 서구세계의 긴장이 자리매김하고 있는 것 같다. 미국이 한결같이 이스라엘을 지원하는 상황이나 거의 범세계적으로 확산되고 있는 급진 이슬람 근본주의 같은 여러 요인에 의해 그러한 긴장은 강화된다. 하지만 이 경우에도 문제는 바로 이러한 긴장을 '문명의 충돌' 속에서 이론화하는 것, 2001년 9·11 테러를 이용하여 일반화하는 것 그리고 끝으로는 반복을 거듭한 덕에 마침내 실재하게 되는 '자기실현의' 예언식으로 규격화하는 것이다. '문명의 충돌' 이론을 지도, 전쟁, 민족, 종교, 이슬람 근본주의 테러행위에 의거해 시험해보면서, 이슬람 세계와 서구세계의 대립이 확산되어온 정치상황에 관심을 기울이면서 이 책은 독자들에게 비판적으로 질문을 제기하는 방법론을 제시한다. 인식론에 의하면 진보는 확신이 아니라 회의에서 탄생하기 때문이다.

인식론이 또 우리에게 밝혀주는 것은 생명체와 물질계의 무한한 복잡성이다. 세계는 그렇게 뒤얽혀 있는 생명체와 물질계의 형상을 본떠, 세계화에 의해 더더욱 복잡해지는 하나의 시스템이다. 그 체제에서는 세계는 각기 다른 세계에 연결되어 있고, 각각의 사안은 다른 사안의 요인이 되며, 개별적으로 결정을 내릴 경우 그것은 타당성을 잃어버린다. 그런데 '여론'은 복잡성 앞에서 항상 단순하고 신속한 해법을 촉구한다. 이주 문제와 유럽의 노령화가 그 본보기가 된다.

이민은 종종 불안정과 사회적 긴장을 불러일으키는데, 일정 부문에서 유럽이 필요로 하는 노동력과 역량을 제공해줄 이들에 한해 유럽을 개방하기 위해서 '선택받은', 다시 말해 선별적인 경우에만 실리에 부합할 것이다. 그런데 유럽은 인구학자들이 강조하는 대로 고학력 남성, 특히 가정을 이루지 않은 고학력 남성이 아니라 가임기의 젊은 여성들과 함께 인구 감소와 노령화 문제에 대처해나가고 있는 실정이다. 이상과 같이 연계가 이루어지지만, 그 작업은 권할 만하지 않다. 왜냐하면 후속 단계는 중재와 판정이 연속적으로 이어지는 가운데 탄생할 것이기 때문이다. 사람들은 그러한 중재와 판정이 시간이 좀 더 걸리더라도 '사람들이 바라는 방향'보다는 '바람직한 방향'으로 이루어지길 기대하고 있다. 그러한 중재와 판정은 어렵다. 그리고 바로 이런 이유로 이 문제는 여론조사가 아니라 정책의 소관이다.

　기후 온난화, 인구 감소, 기술의 발전, 중국의 성장, 조류 인플루엔자의 경우, 매개변수가 많은데다 무엇보다 변화하기 때문에 어떠한 예측이라도 시간과 현실의 벽에 부딪히게 된다. 미래를 선택하고 미래를 만들어가는 장인이 될 수 있도록 인도하는 이 책은 바로 이러한 사실을 드러내려고 시도했다. 기후 문제든 에너지 문제 혹은 생물 다양성 문제든, 운명론도 무지도 아니라 오직 우리의 수동성과 복지부동만이 우리를 붙잡아둘 것이다. 우리는 알고 있기 때문이다. 그리고 우리는 할 수 있기 때문이다. 결국 이 책이 다방면의 방법론으로 여러 역사와 주제를 넘나들며 강조하는 것은 세계화된 공간에서도 유일하게 실재하는 결정조건은 누군가 시도하지 않은 행동, 누군가 감행하지 않은 선택이라는 것이다. 바로 그래서 미래는 예언가들이 아니라 결정권을 가진 자들과 당사자인 우리에게 속해 있다.

모순 인식, 역설 제시

　세계와 세계의 취약성에 대한 지식으로 깨우침을 얻은 우리는 이제 선택과 결정에 직면해 있다. 또 세계의 모순과 마주해 있는데, 이러한 모순은 우리 고유의 양면성을 반영해준다. 왜냐하면 우리는 지구를 복원하면서 미래를 허락받고 싶어하지만 앞선 여러 세대와 마찬가지로 여전히 우리 아이들의 미래를 잡아먹으면서 미래를 위협하고 있기 때문이다. 척박해지는 해상 환경, 녹아내리는 빙하, 도시 성장, 물 부족. 이렇게 우리 시민들은 그들의 부모보다 더 많은 경고를 받고는 끝내 걱정에 사로잡혀서 해법을 찾고 있다. 그러나 이내 그 시민들과 충돌을 빚은 소비자들은 이런 해법들이 요구하는 변화를 따르지 않고, 여러 가지 포기를 강요하는 해법에 저항을 한다. 이 책은 특히 다양한 세계화의 양상 가운데 바로

이러한 모순을 짚어내고 있다.

　우리는 사회 및 경제의 관점에서 그에 못지않게 정신분열 증상을 보이며 산업 시설의 해외 이전 문제 그리고 특히 그로 인해 우리 프랑스에서 야기되는 해고와 경제 손실에 대해 격분한다. 우리는 중국이 행하는 '사회적 덤핑'을 비난한다. 우리는 중국의 성장이 원자재 가격에 초래하는 결과를 통탄하고 그로 인해 환경에 가해지는 영향을 우려한다. 그와 동시에 우리는 섬유제품, 농구화, 대형 TV 수상기의 가격 저하에 기뻐한다. 그러면서 그것을 중국의 성장과도, 성장으로 인해 중국에서 경제·의료·사회 부문의 단층선이 커지는 상황과도 연관을 짓지는 않는다. 하나의 역설이다. 따라서 여러 학문 분야에 걸쳐 다방면으로 세계화에 접근함으로써 그러한 역설을 드러낼 수 있다.

　국가는 경제 세계화에 의해 추월당하고 지역 통합에 의해 평삭되어 더 이상 20세기 말 이래로 등장하는 중대한 문제들을 감당하지 못하고 있다. 교역 증대, 바이러스 확산, 다국적 기업의 운영, 금융 유통, 이주 물결, 생물 다양성, 테러행위나 사이버 범죄를 상기해보면, 국가들을 따로 떼어놓을 경우 독자적으로 여러 문제를 해결하고 습격에 대처할 수 없다. 그런데 전염병 관리문제, 불법자금 이체, 해적행위 소탕, 생물 및 세균 무기 확산이나 마피아의 확대 문제 등 정도를 벗어난 세계화의 여파는 국가가 점점 더 필요하다는 사실을 부각시켜준다.

　이 책이 관심을 갖는 역설 가운데 인구 부자가 되어가는 세계의 역설도 있다. 인도인과 중국인이 한몫을 해서 세계 인구는 크게 늘어나고 있는데, 그들 가운데 상당수가 빈곤을 면치 못하는 실정이다(하루에 1.5유로 미만으로 생활). 아프리카에서도 동일한 역설이 드러난다. 아프리카의 자원과 전략상의 강점은 많은 탐욕을 불러일으키고 있지만 그렇다고 해서 아프리카인들이 무역 세계화에 동참하는 경우가 증가한 것은 아니다. 하물며 무역을 통해 얻는 소득이 늘어나지도 않았다. 차

드의 사례가 이 점을 명확히 설명해준다. 다르푸르의 사례는 너무 말들이 많아 귀가 멍멍해질 정도다.

영속성 확인, 변화 탐지

이 책은 첫 책《지도의 이면》처럼 모든 나라를 다루려고 애쓰지는 않았다. 그래서 러시아에 관한 장이 없다. 하지만 전개되는 내용에 따라 유럽, 중앙아시아의 에너지 문제나 유럽의 안보 문제와 관련하여 러시아는 지속적으로 모습을 드러내고 있다. 유럽에 가스를 대주는 주요 공급국으로서 러시아는 그 덕택에 자국이 세계 무역에서 차지하는 비중이나 국제관계의 지형에 미치는 영향력과 상관없이 전략 및 외교적 힘을 발휘하고 있다.

마찬가지로 한 장 전체에서 중국을 다룰 필요는 없었다. 세계 도처에 모습을 드러내고 있는 중화제국은 이 책에서도 자국의 에너지 수요, 확산되고 있는 에이즈, 몽골·사하라 이남의 아프리카·수단에 진출해 있는 현황, 교역·세계 성장·불평등 예측 부문에서 언급되는 사례를 통해 곳곳에 등장하고 있다.

미국의 경우도 마찬가지다. 미국은 세계 속에, 나토 내에 그리고 에너지를 찾아 나서는 경우는 물론 중앙아시아, 아프리카, 더 나아가 중동에서 전 지역의 지형 변화 속에 두루 편재하고 있다. 결국 다방면의 접근법을 채택하여 비중이 큰 미국을 다루었다.

첫 번째 책이 유럽으로 시작했듯이 두 번째 책은 유럽으로 끝맺고 있는데 유럽의 경우 확인된 사실은 정반대다. 유럽이 별다른 이목을 끌지 않기 때문에 그렇게 된 것이다. 세계사(世界事)에서 눈에 띄지 않는 유럽. 그렇지만 유럽은 무역, 금융, 군사 혹은 인도주의 차원에서 널리 기여하고 있다. 유럽은 특히 첫 번째 유럽 헌법조약안이 프랑스와 네덜란드에서 부결된 이래로 고유의 영역에서도 눈에 잘 띄지 않고 있다.

마지막으로 이 책이 강조하고 있으며, 세계의 새로운 윤곽을 그리는 주요 변화와 문제 가운데 명심해두어야 할 세 가지는 다음과 같다.

먼저, 세계 지정학 및 전략 지형, 국제관계, 외교상의 역학관계에서 에너지 수요가 차지하는 압도적인 비중. 아프리카, 중앙아시아, 라틴아메리카, 러시아 등 도처에서 이 같은 전략 게임이 에너지 안보의 이름으로 정치를 배제한다.

다음으로 세계화, 이데올로기의 소멸, 국가 수의 증가 덕택에 국가와 정치가 나란히 뒤로 물러나는 상황. 그러한 후퇴 양상이 여기저기에서 이루어져서 이라크의 경우처럼 공동체와 당파의 자폐성, 발칸 지역의 경우처럼 정체성과 민족주의의 자폐성, 이슬람 근본주의 운동과 복음교회의 병행 확산에 의해 표출되듯이 정치·종교적 자폐성이 이득을 보고 있다.

끝으로 건강한 세계보다 생활의 양식이 우세한 '북(선진국)' 그리고 지속 가능한 발전에 앞서 개발이 이루어져야 하는 '남(후진국)' 에서 우리의 성장모델에 의해 우리 미래와 우리 아이들의 미래가 봉착하는 난관. 가장 비관적인 기후 전망은 충격요법으로 우리네 성장모델을 흔들어보려고 애쓰고 있다.

하지만 바로 이러한 진실은 아직 기존 관념을 뒤흔들어놓지 못한다.

비르지니 레송

변화하는 세계의 아틀라스

세계화의 충격

세 계 화 의 충 격

선진 개발국
　12억
나머지 세계
　80억
인구 증가의 원인이 되는
주요 국가들(2005~2050)

2005년 세계 인구

더 거대한 세계

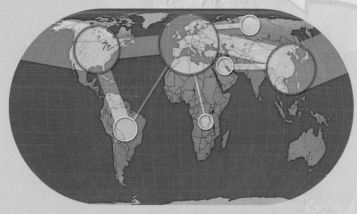

더 유동적인 세계?

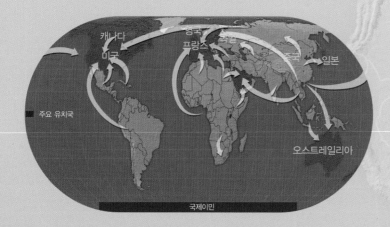

주요 유치국

캐나다
미국
영국
프랑스
중국
일본
오스트레일리아

국제이민

덜 평등한 세계

더 위태로운 세계

외래 동물종 거래

더 취약한 세계

대서양

태평양

인도양

태평양

생물 다양성이 풍부한 지대

변칙적인 지정학 사례

바티칸

바티칸과 교류하는 주요 국가들

더 거대한 세계

선진 개발국
12억
나머지 세계
80억
인구 증가의 원인이 되는
주요 국가들(2005~2050)

2050년 세계 인구

새롭게 나뉘는 세계

위 그림에서 제시된 대로 인구 분포가 이루어진다면 세계 인구는 2050년 92억 명이
될 것으로 전망된다. 불균등하게 분포된 인구 문제는 이주에 관련된 측면만큼
경제적 측면에서 중요한 쟁점이 된다.
첫째, 유엔에 따르면 최상위 선진국들의 인구는 12억 명으로
미국을 제외하고 안정세를 유지한다.
미국은 1960년대 이래 꾸준히 지속해온 이민 덕택에 인구가 계속 증가하며
2005년 출산율은 여성 1명당 자녀 수 2명으로 세대교체 한계(2.1명)에 근접했다.
둘째, 나머지 세계의 인구는 오늘날 50억에서 2050년 80억 명이 될 것이다.
이렇게 증가한 인구의 절반은 콩고민주공화국, 우간다, 에티오피아,
중국, 파키스탄, 나이지리아, 방글라데시 때문이다.

세계화는 힘power을 다시 정의할 수 있을까? 이제 어떤 규준들
이 채택되어야 하는가? 군사력과 전략적 역량? 영토? 인구의 역
동성? 국제무대에 행사하는 영향력? 그렇지 않으면 오히려 경제
성장, 사회의 연대성, 에너지 자립도, 견실한 재정을 중시해야 하는
가? 비록 보편적인 힘의 정의는 존재하지 않는다고 하더라도 중
국, 인도, 브라질, 남아프리카공화국, 뿐만 아니라 새로운 세계 인
구 질서와 세계화에 따른 역학관계가 확실히 20세기 힘의 질서에
이의를 제기할 것으로 보인다. 더군다나 유엔 안전보장이사회, 경
제협력개발기구(OECD)나 G8 같은 기구는 이러한 힘의 질서를 보
존하고 싶어하는 것 같다.

새로운 인구 질서로 재편되는가?

건강관리, 식생활, 교육, 의학 부문의 진보, 생활 수준의 향상. 이로써 세계적인 차원에서 사망률이 계속 저하되고 평균수명이 계속 증가한 지 벌써 두 세기가 되었다. 그렇게 해서 1800년에 10억 명, 1927년에 20억 명, 1960년에 30억 명으로 늘어난 세계 인구는 2007년에 66억 명에 이른다. 다시 말해 반세기 만에 인구가 2배나 증가한 것이다.

불균형에서 역학관계로

현행 인구통계학 연구의 전망에 따르면 세계 인구는 2050년에 92억 명이 되고, 그 다음 세기 초에 100억 명 부근에서 안정을 이룰 것이다.

이러한 증가세는 지역 간에 불균등하며, 최상위 부국들은 지금부터 2050년까지 세계 인구의 14퍼센트만을 차지할 것으로 전망된다. 전 세계적으로 이미 인구 분포의 지각변동이 생기고 있다. 이러한 인구 불균형으로 산업화된 국가들과 다른 국가들 간의 경제 간극이 심화될 것이다. 그 결과 세계화 및 장벽이 걷히는 세계에 의해 탄력을 받는 이주 물결이 더욱 거세질 것이다.

인구강국에 대하여

1980~2050년 세계에서 인구가 가장 많은 국가들을 인구 비중에 따라 배열해볼 때 나타나는 주요 변화는 세 가지다.

첫째, 2030년 인도는 세계에서 가장 인구가 많은 국가가 되어 바로 그해부터 인구가 줄어들기 시작하는 중국을 추월한다.

둘째, 1992년부터 인구가 감소하는 러시아와 마찬가지로 일본의 인구는 2005년 감소하기 시작한다.

셋째, 2050년 OECD 국가 가운데 미국만이 여전히 세계에서 가장 인구가 많은 10개국에 포함된다. 1950년에는 '남(후진국)'의 인구가 '북(선진국)'의 인구를 2배 웃돌았는데, 한 세기 후에는 6배 이상 상회하게 될 것이다.

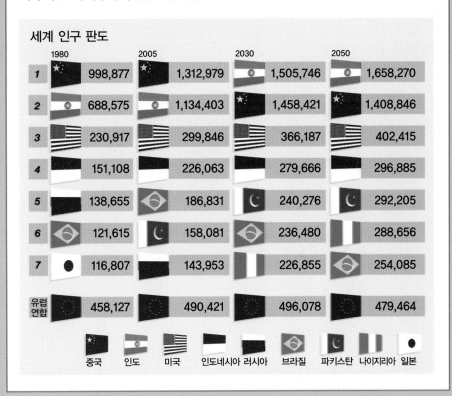

세계 인구 판도

	1980	2005	2030	2050
1	998,877	1,312,979	1,505,746	1,658,270
2	688,575	1,134,403	1,458,421	1,408,846
3	230,917	299,846	366,187	402,415
4	151,108	226,063	279,666	296,885
5	138,655	186,831	240,276	292,205
6	121,615	158,081	236,480	288,656
7	116,807	143,953	226,855	254,085
유럽연합	458,127	490,421	496,078	479,464

중국　인도　미국　인도네시아　러시아　브라질　파키스탄　나이지리아　일본

인구혁명

같은 시기에 다른 변화들이 국지적으로 나타나 국가 및 지역적 차원에서 판도를 바꿔놓게 된다. 그렇게 해서 세계 여러 지역에서 보이는 출생률의 감소는 인구가 줄어들고 있는 일부 국가에 위협을 가한다.

이미 문자 교육과 여자아이들의 취학률이 현저하게 높은 국가들의 출생률은 감소하고 있는 추세다.

다른 지역들의 경우 인구 곡선을 변형시키는 것은 바로 정치·경제·사회 부문의 변화다. 러시아의 사례가 그러하다. 러시아에서는 출산율 감소, 사망률 증가, 대대적인 국외 이주로 인해 인구가 매년 80만 명 감소한다.

일본이나 유럽연합(EU) 같은 다른 지역에서는 출생률 감소와 평균수명의 증가에 따라 특히 인구 노령화가 가속화되고 있다. 미국은 적극적인 이민정책을 통해 지속적으로 인구 증가를 도모하면서 경제 역동성을 유지하여 그런 현상을 차단해왔다. 알다시피 몇몇 작은 국가와 다른 금융시장들 이외의 지역에서는 경제 성장이 결코 지속적인 인구 감소를 극복할 수 없다.

남부아프리카에서도 인구 문제가 심각하다. 유럽의 1차 세계대전이 그랬듯이 에이즈가 일부 국가들의 연령 피라미드를 급격하게 변화시켜 나라의 미래를 쥐고 있다.

러시아의 인구 감소

소련이 해체된 이래로 약 500만 명의 사람들이 신생 독립국(우크라이나, 중앙아시아, 카프카스, 발트 연안 국가들)에서 러시아로 들어왔다. 그렇지만 같은 시기에 450만 명의 사람들이 러시아 영토를 떠나서 특히 독일, 이스라엘, 미국 쪽으로 갔다. 이렇게 떠난 인구에 더해 출산율 저하(2005년 여성 1인당 1.37명)와 평균수명의 저하(1990년 64세, 2005년 59세)로 러시아의 인구는 2005년 1억 4,300만 명에서 2050년 1억 200만 명으로 줄어들 것으로 보인다.

힘의 수단들

철학자 레몽 아롱은 힘이 '만드는 능력, 생산하거나 파괴하는 역량'이라고 생각한다. 더 일반적으로 한 국가의 힘은 다른 당사자들을 압박하는 능력, 더 나아가 특히 다른 나라에 그 경제적 비중과 군사력에 힘입어 자국의 의지를 강제하는 역량을 뜻한다.

		성장률 2005		1인당 GDP (단위: 달러)		인간개발지수(HDI) 수치와 순위		GDP 대비 부채 비율 2006
중국	1	9.9%	8	7,204	7	81^e	2	24.40
인도	2	8.3%	9	3,344	9	126^e	5	53.80
러시아	3	6.4%	6	11,041	5	65^e	1	12.90
남아공	4	4.9%	5	12,160	8	121^e	3	35.80
미국	5	3.5%	1	41,399	2	8^e	6	64.70
일본	6	2.7%	2	30,615	1	7^e		158.0
브라질	7	2.3%	7	8,584	6	69^e	4	51.60
프랑스	8	1.4%	4	29,316	3	16^e	7	66.20
독일	9	0.9%	3	30,579	4	21^e	8	67.30

경제력에 대하여

이 표에는 전형적인 네 가지 경제지표가 포함되어 있다. 각각의 지표마다 국가들의 분류가 달라지는 이상 이 표는 힘의 매개변수 문제를 제기한다. 어떤 국가도 완벽하게 동질적인 지표를 제시하지 않는다고 해도 이러한 몇 가지 수치에서 도출되는 결론은 다음과 같다.

첫째, 미국은 최상의 '평균치'를 갖고 있으며 인도의 경우 최악이다.

둘째, 러시아 외에 인간개발지수(HDI)가 가장 높은 국가들은 성장률이 가장 낮으며 그 역의 경우도 마찬가지다.

셋째, 러시아를 제외하고 오늘날 강대국(G8)으로 인정받는 국가들은 모두 1인당 GDP가 중국을 포함한 이른바 신흥 국가들보다 명백히 더 높다.

군사력에 대하여

몇몇 세계 강국의 군사력을 세 가지 지표에서 기술하고 있는 이 표는 군사 부문에 들이는 노력과 힘의 비례 문제를 제기한다. 특히 지적해볼 내용은 다음과 같다.

첫째, 불균등한 미국의 군비. 미국의 경우 총액이 가장 많고 GDP 가운데 차지하는 백분율이 가장 크다. 이렇게 과도한 군비 지출을 두고 일부 관측자들은 미국을 '초강대국'으로 규정하면서 세계의 다른 강대국들과 구별한다.

둘째, 지나치게 많은 중국의 군 병력. 그렇지만 그 병력을 중국 인구 규모로 환원시켜야 한다.

셋째, 브라질과 남아프리카공화국의 경우 군비 지출액이 상당히 적을 뿐 아니라 GDP 내에서도 아주 미미한 부분을 차지한다.

넷째, 러시아와 인도의 경우 군비는 군사력에 필적할 만하다.

	군비 2005 (단위: 100만 달러)	GDP 대비 군비 비율 2004	군 병력 2004
미국	478,177	4.0%	1,473,000
영국	48,305	2.8%	205,000
프랑스	46,150	2.6%	358,000
중국	41,000	2.4%	3,755,000
독일	33,187	1.4%	264,000
러시아	21,000	3.9%	1,452,000
인도	20,443	3.0%	2,617,000
브라질	8,687	1.5%	687,000
남아공	2,741	1.4%	55,000

성장 효과

중국의 주요 성장요인과 개발요인 가운데 중심을 차지하는 요인은 외국인 투자다. 해안지역의 경우 외국인 투자로 인해 경제활동이 발전했고 이러한 경제활동은 중국 도시들을 변화시키고 도시 인구의 증가를 가져왔다. 1980년부터 중국인들은 내륙에서 해안으로, 시골에서 도시로, 농경생활에서 산업과 서비스 부문으로 이행하고 있다. 그리하여 20년도 채 되지 않아 중국 인구는 시골의 농업인구에서 도시에 거주하는 인구로 옮겨갔다.

이와 나란히 경제특구, 면세지역의 증가와 유리한 조세제도를 기반으로 중국인들의 생활수준이 향상됨과 동시에 중국은 세계화에 편입했다. 그렇게 중국은 세계가 탐을 내는 경제 파트너가 되었다. 성장률이 항상 6퍼센트를 웃돌고 종종 10퍼센트에 근접하는 비약적인 성장이 가속화되고 있다.

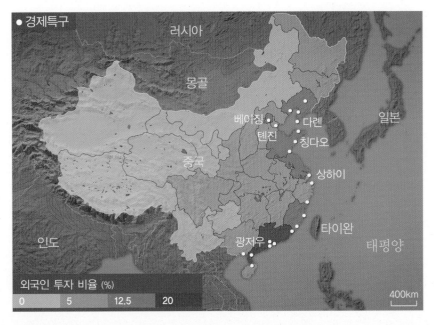

● 경제특구

러시아 / 몽골 / 베이징 / 텐진 / 다롄 / 칭다오 / 중국 / 상하이 / 광저우 / 인도 / 타이완 / 일본 / 태평양

외국인 투자 비율 (%)

| 0 | 5 | 12.5 | 20 |

400km

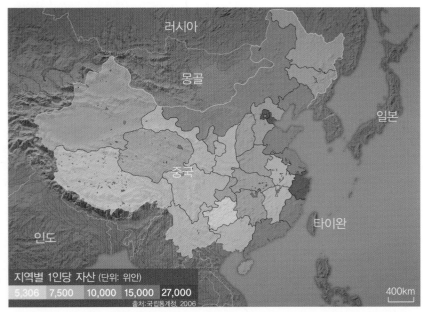

러시아 / 몽골 / 중국 / 인도 / 타이완 / 일본

지역별 1인당 자산 (단위: 위안)

| 5,306 | 7,500 | 10,000 | 15,000 | 27,000 |

출처: 국립통계청, 2006

400km

중국, 신흥강국

중국은 인구는 물론 다른 많은 부문에서 영토나 군대의 규모, 기록적인 성장률(2006년 10.4퍼센트), 엄청난 국내 시장에 의해 세계 및 세계 구성의 차원과는 비례가 맞지 않는 것처럼 보인다. 1970~1980년대의 전환기에 경제개혁을 시작한 이래로 '떠오르고 있는' 중국은 '깨어 있는' 강국이 될 것인가?

중국이 깨어날 때

오늘날 중국은 세계 직접투자의 제1대상국으로 바로 이 직접투자에 의해서 모든 것이 시작되었다고 볼 수 있다. 사실상 직접투자에 의해 중국은 경제의 지방분권화와 재구조조정을 동시에 이루었다. 그 후로 도시화, 신기술 보급, 기록적인 무역흑자, 해외 관광, 세계무역기구(WTO) 가입 등 중국인들의 '자각' 징후는 헤아릴 수 없을 정도다. 오늘날 중국은 서방 강국들이 최우선으로 여길 뿐만 아니라 가장 두려워하는 통상 파트너가 되었다.

이제 중국은 일본을 제치고 세계 제1의 외환 보유국이며 일본에 이어 세계에서 두 번째로 미국의 국고채권을 많이 보유한 국가로서 재정 부문에서 주요 당사국으로 변모했다. 또한 중국은 제일선에서 해외투자를 펼치고 있다. 아프리카와 라틴아메리카에 투자를 집중하여 그곳의 원자재를 자국 성장의 자양분으로 활용한다.

끝으로, 세계화에 의해 보편화한 자유경쟁 덕에 중국은 세계화의 최고 '대표선수'인 동시에 미국에 이어 세계의 주요 오염국이 되고 있다. 이 방정식은 일부 국가들이 자국의 '부상'에 노력을 바쳐야 한다는 점을 내세워 교토의정서에서 면제를 받은 문제를 다시 제기한다. 왜냐하면 이제 막 깨어난 중국이 2006년 미국, 일본, 독일에 이어 세계 4위의 경제 강국 반열에 올랐기 때문이다!

중국 : 세계 인구의 38퍼센트 (1850년)
세계 인구의 15퍼센트 (2050년)

중국은 영토가 950만 제곱킬로미터로 러시아, 캐나다, 미국, 브라질, 오스트레일리아와 더불어 세계에서 가장 광대한 국가 가운데 하나다.
2006년 기준 인구는 13억 1,000만 명으로 세계에서 인구가 가장 많은 국가이기도 하다.
중국의 인구가 세계 인구의 20퍼센트를 차지하는 셈이다.
다시 말해 1850년 중국이 세계 인구의 38퍼센트나 차지했을 때보다는 덜하지만,
2050년 세계 인구의 15퍼센트에 그칠 때보다는 더 많다.

러시아

몽골

베이징 ■

북한

남한

일본

중국

태평양

중국해

타이완

400km

중국의 긴장에 대면하고 있는 한반도의 야심

중국은 북한의 주요 경제 파트너이면서 반항국가인 북한을 제지하는 데 적용하는
정책의 주요 당사국이다. 외교협상 무대에서 고려하지 않을 수 없는 상대국으로 입지를
굳히면서 중국 정부는 우선 북한 체제가 핵무기를 배치하지 못하게 막으려고 애쓰고 있다.
그 지역의 국가들 간에 군비와 군 전략의 확충을 예방하기 위해서다.
군사 부문에서 상황이 격화되면 한국, 일본, 타이완이 핵무기를 갖추게 될지도 모를 일이다.
그 다음, 남한과 북한의 분쟁 혹은 심지어 통일에 대한 전망에 의해 중국은
북한 난민이 대거 자국으로 쇄도할지 모른다는 우려에 짓눌리고 있다.
더군다나 중국 체제의 입장에서는 한반도 통일을 막는 것도 관건이다. 그래야 미국이
한반도의 북쪽으로, 다시 말해 중국 국경에 병력을 재배치한다는 가정이 배제되기 때문이다.

떠오르는 중국이 봉착한 뜻밖의 재난

기술 적응력과 경제 반응성에 관하여 타의 추종을 불허하는 중
국, 특히 중국 정부는 그 나라를 짓누르는 여러 장애를 제거해야 할
것이다. 그러한 장애로 인해 중국의 성장과 동시에 자국 체제의 안
정성이 취약해질지도 모르기 때문이다.

그 가운데 첫 번째 난관은 내부의 다양한 중국 — 서부 중국, 중
부 중국, 해안지역의 중국 — 간에 타협점을 모색하는 것이다. 중국
의 번영과 개발은 오늘날 제대로 분배되어 있지 않기 때문이다.

내부적으로 이렇게 어긋나 있는 상황에 다른 불균형이 중첩되는
데 재분배 시스템은 거의 전무한 실정이다. 그런데 그 수가 매년 감
소하긴 하지만, 중국에는 여전히 인구의 10퍼센트에 해당하는 1억
3,500만 명의 사람들이 빈곤의 위험수위 밑에서 하루 1.5유로 미만
으로 살고 있다. 극소수의 사람들만이 사회보장 혜택을 받는 나라
에서는 인구 노령화, 인구 감소 문제와 마찬가지로 급속도로 확산
되는 에이즈, 결핵 등 누군가의 손길이 필요한 사람들의 부양에 상
당한 난관이 예상된다.

그와 병행하여 적자 국영공장의 폐쇄로 수백만 명의 해고가 예
고되면서 심각한 노동자 운동이 우려된다. 끝으로 강국 중국에서
떠오르는 여타의 취약점 가운데 원자재와 에너지 자원에 대한 중
국의 수요 증가가 포함된다. 가격과 가동률의 문제를 넘어 그렇게
늘어나는 수요로 인해 중국은 역사상 처음으로 대외 의존의 입장
에 놓여 있기 때문이다.

여전히 취약한 강국

인구, 군사 그리고 특히 경제 관련 지표로 한정한다면 전반적으
로 중국의 힘이 입증되는 것처럼 보이는 만큼 중국을 계속 신흥국

으로 분류하기는 상당히 어렵다. 중국은 이미 유엔 안전보장이사회의 상임이사국이자 세계화 덕택에 북한이나 다르푸르같이 민감한 사안에서 주요 대화 상대국으로서 완전한 자격을 갖춘 강국이 되었다. 그렇지만 중국은 민주주의 국가가 아니다. 바로 그런 이유로 갈라지고 어긋나 있는 중국 사회는 체제의 위협이 되고 있다. 결국 중국 정부는 경색된 정국의 체제로 '강대국'이 될 수 있는가, 특히 계속 '강대국'의 위상을 지켜갈 수 있는가라는 문제를 자문하게 될 것이다. 2008년에 올림픽을 개최하는 것만으로는 그렇게 되지 않을 것이기 때문이다.

여성 부족

2010년부터 매년 100만 명 이상의 중국 남성들은 여성 배우자가 부족해 결혼하지 못할 것이다. 여성 부족현상은 자연스러운 문제로 보기 어렵다. 이 현상이 반영하는 내용은 다음과 같다.

첫째, 중국이 1979년에 추진한 1자녀 정책의 결과.

둘째, 세계에서 가장 인구가 많은 두 나라, 인도와 중국의 선별적 사회관습. 여자아이들은 일종의 '손해 보는 투자'로 간주되어 남아에 비해 높은 사망률의 대상이 되는데, 여아 사망률은 선별 낙태나 학대에 의해 더 증가한다. 그런데 이렇게 높은 여아 사망률이 오늘날 심각한 인구 문제를 낳게 된다. 여성이 적어져서 결혼이 줄어들고 따라서 아이들이 더 적고 하물며 여자아이는 더 부족해지는 등 그런 식으로 문제가 계속 이어지기 때문이다. 인구 문제를 넘어 인간 본연의 문제도 제기된다. 여자아이의 부족은 지참금 제도에 의해서든 이웃 국가들의 여성들을 끌어들이기 위한 이주 네트워크의 확산에 의해서든 여성의 '상품화'를 부추길 것이다.

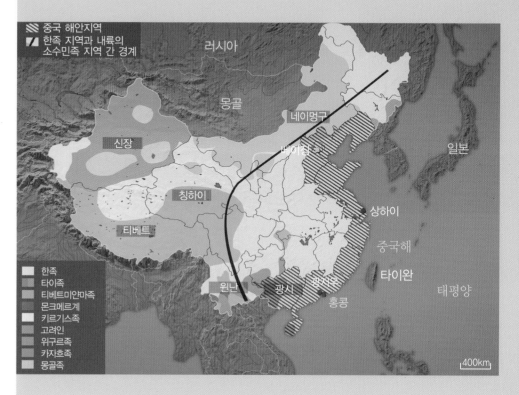

범례:
- 중국 해안지역
- 한족 지역과 내륙의 소수민족 지역 간 경계

- 한족
- 타이족
- 티베트미얀마족
- 몬크메르계
- 키르기스족
- 고려인
- 위구르족
- 카자흐족
- 몽골족

러시아
몽골
네이멍구
신장
베이징
일본
칭하이
상하이
티베트
중국해
윈난
광시
홍콩
타이완
태평양
400km

세 중국

중국인들이 동질적인 한 민족이라는 점을 표방한다고 해도 나라 곳곳을 가로지르는 여러 단층선이 중국의 사회 평화를 취약하게 할지도 모른다.

첫째, 타이완과 이루는 단층선. 오늘날까지 타이완의 본토 병합은 여전히 정치적으로 불확실하다.

둘째, 해안지역의 중국과 중국 내륙 간의 단층선. 해안지역은 생활수준이 고도 산업국과 맞먹고 인구 밀도가 높은 반면 내륙은 개발이 진행 중이고 전원생활이 더 우세하며 훨씬 더 가난하다.

셋째, 중국과 국경지역의 서부 자치구들 간의 단층선. 다시 말해 한족과 소수민족 간의 단층선. 과도한 중국식 개발과 정비로 소수민족의 문화와 생활방식이 강압을 받고 있는 상태다.

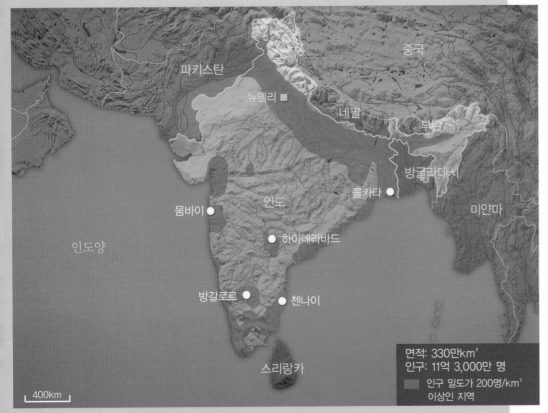

중국

파키스탄

뉴델리 ■

네팔

부탄

방글라데시

콜카타

미얀마

뭄바이

인도

하이데라바드

인도양

방갈로르

첸나이

스리랑카

400km

면적: 330만km²
인구: 11억 3,000만 명
□ 인구 밀도가 200명/km²
이상인 지역

농업강국, 인도

2005년 현재 인구가 11억 3,443만 명인 인도는 잠정적으로 중국의 뒤를 이어
세계에서 두 번째로 인구가 많은 국가이며, 2030년에는 중국을 추월하게 될 것이다.
이미 인도의 인구 밀도가 중국보다 3배 더 높다. 인구의 절반 이상이 갠지스 평원과 해안가의
비옥한 지대에 집중되어 있는데 그러한 인구 집중과 더불어 인도 경제에서
농업이 차지하는 비중(2006년 GDP의 28퍼센트)의 흔적이 지도상에 새겨져 있다.
고수익 종자의 도입과 풍부한 인력(2004년 경제활동인구의 58퍼센트) 덕택에 인도는 진정한
농업강국이 되고 있다. 지속적인 인구 증가(2006년 여성 1인당 2.7명)에도 불구하고
인도는 1960년 말 가장 신중하고 믿음직한 인구학자들이 진단했던
일체의 식량 부족사태를 면하며 식량 자급자족을 달성했다.

인도, '거의' 강국의 반열에 오르다

인구(10억 명 이상), 영토(330만 제곱킬로미터), 성장률(2005년 기준 8.3 퍼센트), 과다한 군사력뿐만 아니라 민주주의 전통과 안정된 정치의 관점에서 이제 인도는 세계 강국의 반열에 확고한 후보의 자격을 내민다. 30년이 넘도록 핵무기를 보유한 인도는 심지어 전자, 섬유 등 경쟁력을 갖춘 부문은 물론 제약이나 위성 제작과 같은 부문에서도 선두의 위치에 올라 있다. 따라서 힘에 대한 야심과 힘의 수단을 갖는 것으로 실질적인 힘을 만들 수 있는가가 관건이다.

종속성장

경제적인 관점에서 인도는 다음과 같은 성과와 취약성이 결합되어 있다.

첫째, 지식기반산업기술(IT) 부문의 경제 성과. 둘째, 해외는 물론 자국에서 적극적으로 실천하는 자본주의의 전략적 성과. 인도 기업들은 국내외 산업, 서비스 부문에서 많은 건의 인수를 단행하고 있다. 셋째, 설탕, 땅콩, 밀, 쌀, 목화에 치중한 농업 생산의 성과.

임금이나 인재 양성 같은 다양한 측면에서 경쟁력을 갖춘 인도는 외국인 투자자들은 물론 구매자들을 매료시키고 있다. 그렇지만 인도 기업가들의 성공만으로는 인도 경제의 취약성이 은폐되지 않는다. 이미 인도의 공공부채와 무역적자 규모는 인도가 이룬 성과에 상응한다. 특히 공공부채와 무역적자에 의해 원자재와 에너지 자원의 세계시장 의존도가 부각되고 있다. 해상 유전뿐만 아니라 아삼과 구제라트 유전은 인도 석유 수요의 30퍼센트만을 보장할 뿐이다. 따라서 원자재 가격 상승이 이어진다면 인도의 성장은 강력하게 제동이 걸릴지도 모른다.

복잡한 이웃관계

세계적인 차원에서 때는 바야흐로 인도와 이웃나라 간의 관계 정상화 시점이다. 그러나 다음과 같은 관계 정상화가 없다면 인도는 강국의 입지를 굳힐 수 없을 것이다.

우선, 파키스탄과의 관계 정상화. 2004년 미국의 압력하에 두 나라가 카슈미르에서 시작한 화해절차가 현재까지 서서히 진행되고 있다. 이러한 과정을 통해 인도는 이란과 투르크메니스탄에서 가스를 수입하는 데 필요한 가스관을 건설할 수 있을 것이다.

두 번째, 중국과의 관계 정상화. 이로써 양국은 대치논리에서 공동이익을 둘러싼 협력정책으로 이행 가능하다. 공동이익에는 상호 교류의 증가로 얻는 통상 이익, 시킴 지역을 거쳐 두 나라를 연결하는 도로의 재개통, 끝으로 공동 해상훈련을 수행하면서 얻는 군사상의 이익이 있다.

성장의 배당금을 기다리며

중국의 경우와 마찬가지로 인도의 힘은 내적 · 사회적 측면에 가장 큰 걸림돌이 있다. 문화 다양성 그리고 특히 일부 지역의 안정을 정기적으로 교란시키는 다양한 종교 문제 외에도 1인당 GDP 순위에서 인도는 중국은 물론 브라질, 남아프리카공화국 같은 신흥국보다 뒤처진다. 177개국 중 126위를 기록한 인도의 인간개발지수는 인도에서 빈곤이 차지하는 막대한 비중과 동시에 에이즈 · 결핵 · 당뇨 발병률, 문맹의 비중을 집약적으로 보여준다. 그런데 한국이나 타이완이 명확히 보여주었듯이 학교에서도 힘이 만들어진다. 달리 말하면, 오늘날 중국에서 관찰되는 바와 같이 성장의 배당금이 빈곤을 퇴치하는 데 기여하기를 바라면서 인도는 '거의' 강대국의 반열에 오른 자국의 위상에 만족해야 할 것이다.

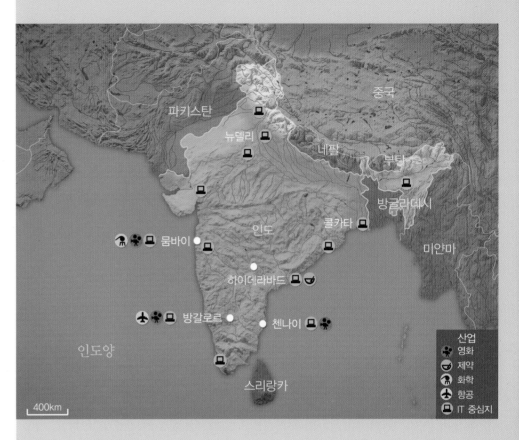

기술강국, 인도

인도는 뭄바이, 콜카타, 첸나이와 뉴델리 주변을 중심으로
식민시대에서 물려받은 산업과 서비스 조직을 기반으로 첨단기술국이 되었다.
저렴한 임금과 양질의 고등교육이 한데 어우러진 인도는 제약, BT, 이동통신 부문은 물론
하이데라바드와 방갈로르의 소프트웨어와 IT 하청 부문에서 경쟁력이 높은 산업을
발전시킬 수 있었다. 이제 인도는 심지어 세계 제1의 복제 의약품 수출국이기도 하다.

하나의 약속 같은 국기

브라질의 국기는 부, 다양성, 그리고 그러한 부와 다양성으로 용인되는 야망의 진정한 상징으로서 그 나라의 역사와 동시에 미래를 들려준다. 특히 눈에 띄는 점은 다음과 같다.

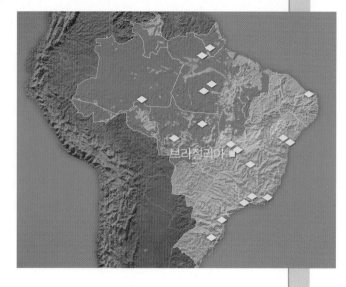

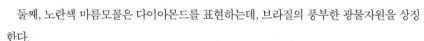

첫째, 바탕의 초록색은 아마존 숲을 상기시킨다.

둘째, 노란색 마름모꼴은 다이아몬드를 표현하는데, 브라질의 풍부한 광물자원을 상징한다.

셋째, 푸른색 원에는 수도 브라질리아와 더불어 브라질의 26개 주가 제각기 하나의 별 모양으로 나타나 있다. 이 별들은 1889년 11월 15일, 즉 공화국 창설일 당시 리우 하늘에 뜬 별이다. 이 가운데는 심지어 남십자자의 별자리도 있다. 남십자자는 브라질에서 번성한 가톨릭의 상징이다. 신자 수에 의해 브라질은 가톨릭 교회의 새로운 장녀로 지정되었다.

넷째, 국기 중앙에는 오귀스트 콩트의 실증주의에서 따온 국가의 좌우명 '질서와 진보'가 있다. 1860~1870년대에 브라질에서 굉장히 인기를 끈 콩트의 철학은 1888년에 노예제도를 폐지하는 데 기여했다.

다섯째, '브라질'이라는 이름의 어원은 주요 자원의 하나인 염색용 목재다. '불꽃처럼 빨간 나무'를 의미하는 포르투갈어 'pau brasil'에서 브라질이라는 이름이 유래했다.

브라질, 유망 강국

1941년 슈테판 츠바이크가 《미래의 땅, 브라질》에서 썼듯이, 브라질은 단번에 다음과 같은 어마어마한 약속을 하며 모습을 드러냈다.

첫째, 영토의 약속. 브라질의 영토는 광물자원, 농업자원, 산림자원이 풍부하고 면적이 850만 제곱킬로미터이며 그중 40퍼센트는 아마존 숲으로 뒤덮여 있다. 둘째, 인구의 약속. 2005년 기준으로 인구가 1억 8,700명이다. 브라질 인구는 젊은층이 많으며 끊임없이 증가하고 있다. 세계에서 다섯 번째로 인구가 많다. 셋째, 고유한 정체성의 약속. 아메리카 대륙의 인디언들, 식민 종주국인 포르투갈에서 온 사람들의 후손, 특히 16세기부터 아프리카에서 온 노예들(인구의 절반) 간에 이질 문화가 섞여 브라질 고유의 정체성이 생겨났다. 끝으로, 민주국가의 정치적 약속. 민주국가 브라질은 26개 주의 연방 — 그리고 브라질리아 — 으로 구성되어 있으며, 대통령 루이스 이나치오 룰라 다 실바, 일명 룰라 자신이 성공을 구현하고 있다.

세계 제1의 가톨릭 국가, 남아메리카 제1의 경제 강국, 이 외 여러 분야에서 제1의 위치를 차지하고 있는 브라질은 결국 스스로의 약속을 지켜낼 것인가?

질서와 진보?

세계적인 차원에서 브라질의 비중은 계속 커지고 있다.

첫째, 지역 차원에서 브라질의 위상은 미국에 대한 견제세력이다. 그래서 브라질은 분명히 전미자유무역지대보다 메르코수르(남미공동시장으로 브라질, 우루과이, 아르헨티나, 파라과이, 베네수엘라가 가입해 있다)의 확대에 주안점을 둔다. 미국은 전미자유무역지대의 확대를 제의했지만 현재 그와 관련한 협상은 교착상태에 있다. 둘째, 브라질은 세계화와 그로 인해 WTO 내에서 부과되는 무역 자유주의에 대해 비판적 시각을 갖고 세계적인 차원에서도 대응을 한다. 포르투알레그레에서 사회포럼을 개최하고 인도, 남아프리카공화국과 공동으로 G3를 창설한 브라질은 쉼 없이 남 – 남 교류와 유대 관계 증진에 외교력을 쏟아붓고 있다. 실제로 중국은 2003년 브라질의 세 번째 통상 파트너가 되어 기술 부문은 물론 정치 차원에서 협력을 도모했다. 브라질은 동일한 취지에서 오늘날 바이오 연료와 GMO 부문에 대거 투자를 하는데, 관련 기술을 개발도상국들과 공유하고 있다.

또 브라질은 자국민의 역사적 기원뿐만 아니라 아프리카 여러 국가의 자원에 관심을 보인다. 이제 특히 앙골라와 모잠비크 같은 포르투갈어권 국가에서 개발 당사국으로 적극 나서고 있다.

기회를 잘 포착해 외교력을 과시하고 적극적인 경제활동으로 이목을 끌고 있으며 라틴아메리카 대륙에서 차지하는 우세한 위상과 아프리카와 맺고 있는 특혜 관계에 힘입어 브라질은 더 이상 유엔 안보리 상임이사국 자리를 얻으려는 야심을 숨기지 않고 있다.

여전히 지켜야 할 약속

브라질이 세계 강국의 반열에 오르려면 여러 가지 장애를 제거해야 한다. 예를 들어 땅을 더 소중히 여기면서 효율적으로 국토를 정비하고 지역 간 경제 불균형을 바로잡아야 한다. 그리고 브라질리아와 여러 주, 지방자치단체 간에 나뉘어 있는 세제를 개혁하고 국제적인 요구조건에 부합하는 기업환경을 조성하며 끝으로 빈곤을 구조적으로 줄여야 한다. 브라질은 성장의 재분배 수준이 아주 낮고 인간개발지수는 중간 단계이며 최상위 부자와 극빈층 간의 소득 격차가 극심한 데 반해 대내적으로 성장을 유지하여 강국의 약속을 지키는 데 필요한 모든 수단을 보유하고 있지는 않기 때문이다.

인구: 1억 8,300만 명
인구 밀도가 15명/km² 이상인 지역

베네수엘라
구아나
수리남
콜롬비아
프랑스령 기아나
마나우스
벨렘
북부
포르탈레자
페루
북동부
브라질
헤시페
중서부
살바도르데바이아
볼리비아
브라질리아
고이아니아
남동부
벨로호리존테
파라과이
상파울루
리우데자네이루
칠레
대서양
남부
아르헨티나
포르투알레그레
우루과이
400km

제대로 분포되지 않은 인구

영토, 자원, 인구 등 브라질이 1순위의 강국이 되기 위한 강점은 많다.
반면 약점 또한 더 적지 않다.
왜냐하면 브라질 국가의 응집력에 영토의 응집력이나 국내 개발의 응집력이 부응하지 못하기 때문이다.
경제개발의 관점에서 브라질은 크게 다섯 지역으로 나뉜다.
대부분의 산업생산은 남부에 집중되어 있고, 북동부에는 1퍼센트의 땅주인들이 45퍼센트의
땅을 보유하는 등 불균등하게 번영이 이루어지고 있다.
국토 정비 관점에서는 전체 국토를 정비하고 안쪽에 도시를 건설하려는
정부의 적극적인 의지에도 불구하고 대부분 해안에 살고 있는 인구를 다시 안배하지 못하고 있다.
끝으로 사회복지 관점에서 브라질 사회는 성장 재분배를 도모하지 못하고 있는 실정이다.
브라질 인구의 3분의 1은 하루에 2달러 미만으로 살아가고 있는 반면
브라질 인구의 10퍼센트에 소득의 40퍼센트가 집중되어 있다.

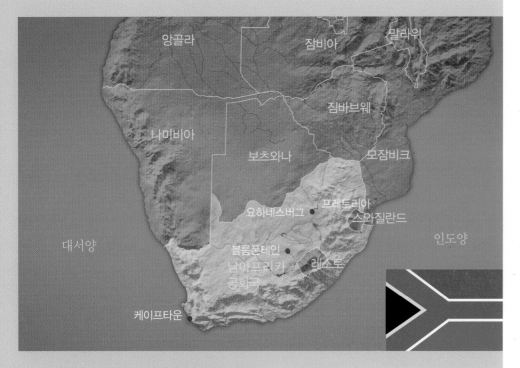

남아프리카공화국, 강국의 유혹

중국에 이어 인도와 브라질이 세계 강국의 반열에 합류하는 동안 남아프리카공화국도 그 대열에 다가가려는 야심을 보이고 있다. 이미 남아공의 GDP는 아프리카에서 창출되는 부의 25퍼센트를 차지하는 한편, 아프리카 산업생산의 40퍼센트가 남아프리카공화국에 집중되어 있다. 아프리카 대륙 제1의 경제 강국이자 금융 강국인 남아공은 그야말로 세계 강국이 되는 수단들을 가질 수 있을 것인가?

경제 역동성에 대하여

아파르트헤이트 체제가 지속되는 동안 여러 국가들로부터 외면을 당했던 남아공은 1994년 선거 이후 고립상태에서 벗어나게 된다. 처음으로 여러 인종이 참여한 이 선거는 민주주의 도래의 신호탄이 되었다. 남아공은 다각화된 농업 부문, 상당한 광물자원, 견고한 산업조직(섬유, 전자, 가전, 자동차), 역동적인 서비스 부문을 두루 갖추고 있다. 아프리카 대륙의 제1투자국으로 광산뿐만 아니라 이동통신 부문에 관심을 보이고 있다. 남아공이 특별히 경제·통상 관계를 유지하는 이웃국가는 다음과 같다.

우선, 직접적으로 이웃한 국가들로 나미비아, 보츠와나, 레소토, 스와질란드. 남아공의 자본이 이 나라들의 광산을 통제한다. 예컨대 나미비아의 다이아몬드와 우라늄 광산이나 세계 제2의 생산국인 보츠와나의 다이아몬드 광산이 있다. 이 네 나라의 경제는 전반적으로 남아공의 자금과 투자에 의해 지탱된다. 식료품, 가공품 공급이나 통화 조달 같은 다양한 부문에서 남아공에 의존하고 있다. 네 나라의 화폐는 남아공의 통화인 란드에 연동된다. 이들 나라는 남아공 경제에 상당히 편입되어 있으며 1969년부터 남부아프리카 관세연합(SACU)을 결성한 상태다.

'무지개' 국민

남아프리카공화국은 면적이 120만 제곱킬로미터이며 수도가 세 곳으로, 행정수도는 프레토리아, 입법수도는 케이프타운, 사법수도는 블룸폰테인이다. 이 나라의 인구는 4,420만 명으로 75퍼센트는 아프리카계(줄루족, 소사족, 소토족, 츠와나족, 총가족 등)고, 14퍼센트는 유럽계(영국인, 포르투갈인, 그리고 특히 아프리카너. 아프리카너는 17세기에 건너온 네덜란드인의 후손이다)이며, 8.6퍼센트는 혼혈인, 2.4퍼센트는 아시아계(대부분 인도인)다. 1991년까지 이 사람들은 아파르트헤이트 법에 따라 완전히 격리된 채 살아야 했다. 아파르트헤이트는 1948년 백인 정권이 마련한 분리개발 정책이다.

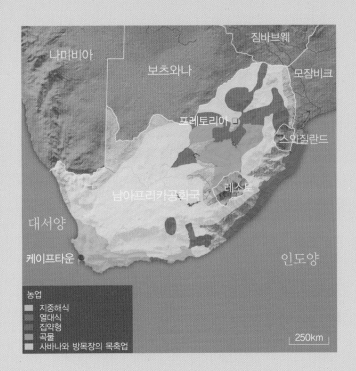

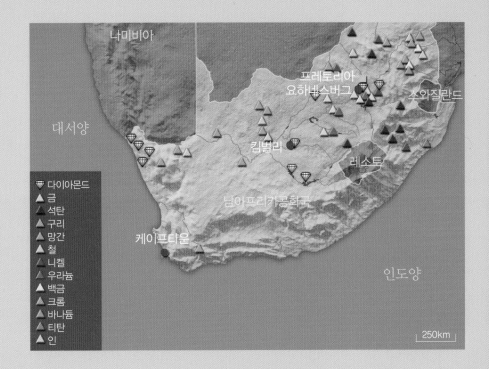

관대한 지리

남아프리카공화국의 기후는 아주 다양하며 그에 부응하여 특히 농업이 다각화되어 있다.
첫째, 케이프타운 지역의 경우는 지중해성 기후로 밀, 포도, 감귤류, 각종 채소와 과일 경작이 가능하다.
둘째, 열대 기후의 나탈 해안에서는 바나나, 아보카도, 파인애플, 망고, 사탕수수가 재배된다.
셋째, 국토 안쪽의 농지에서는 채소와 곡물류(옥수수, 밀, 사료)의 집약농업이 주를 이룬다.
끝으로, 벨드의 반건조 지역에서는 양과 소의 축산업이 우세하다.
남아프리카공화국은 또 남반구에 위치한 지리적 여건 덕분에 유럽, 미국 시장과 반대되는
계절 덕을 톡톡히 보면서 세계 제3의 과일 수출국이 되었다.

광물자원의 은총

세계 제1위의 금, 백금, 크롬 생산국인 남아프리카공화국은 세계 제2위의 망간, 티탄 생산국이자
제5위의 석탄, 다이아몬드 생산국이기도 하다. 이 나라의 경제에 진정한 은총이 되는 이런 자원 덕에
앵글로아메리칸 사(금과 구리), 드비어스 사(다이아몬드) 같은 여러 다국적 기업을 끌어들이게 되었다.
이 거대 기업들은 제철업, 화학뿐만 아니라 섬유, 농산물 가공업, 전자업 등 모든 부문에서
그 나라의 산업 발전에 기여했다.

남부아프리카개발공동체

남부아프리카개발공동체(SADC)는 본래 1980년 남부아프리카 9개국이 인종분리 정책을 실시하는 남아프리카공화국에 대한 경제 의존도를 줄이기 위해 만든 지역 경제협력기구다. 2007년 기준으로 회원국 수는 15개다. 남아공은 1994년에 가입했다. 그렇게 해서 SADC는 이제 700만 제곱킬로미터의 면적에 걸쳐 약 2억 명의 인구를 대표하고 있다.

남아프리카공화국이 차지하는 경제 비중으로 인해 SADC 내에 초래되는 불균형에도 불구하고 그 지역의 국가들은 남아프리카공화국을 주요 거점으로 삼아 경제개발을 도모한다.

그리하여 콩고민주공화국이 수출하는 광물의 50퍼센트와 짐바브웨와 보츠와나 사이에 이루어지는 대외무역의 85퍼센트가 남아프리카공화국을 경유한다. 그 지역에서 남아공과 동반자 관계를 맺은 교역 상대국들은 사실 남아프리카공화국의 우수한 기반시설 특히 그 나라의 7개 항으로 통하는 철도망과 도로망의 혜택을 누리고 있다. 그 7개 항의 총 거래량은 세계 제1의 항인 싱가포르의 거래량에 필적한다.

남아프리카공화국이 위치해 있는 해상로는 태평양에 면한 아시아를 유럽과 미국에 연결하며 세계에서 가장 왕래가 많은 바닷길 가운데 하나다.

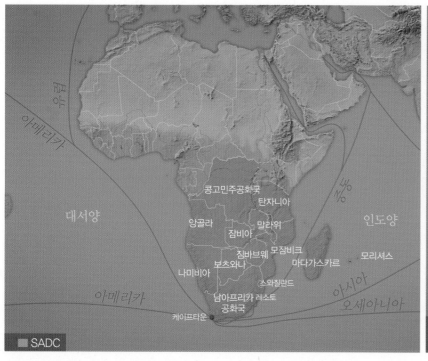

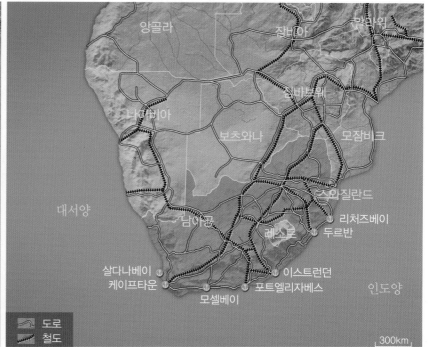

그 다음은 북동부의 이웃국가들로 짐바브웨와 모잠비크. 좀 더 최근에 맺은 관계이지만 앞의 경우 못지않게 강력하다. 이 관계는 남부아프리카개발공동체(SADC)의 틀 속에 자리매김되기 때문이다. SADC의 목표는 경제 통합과 보건, 교육, 수자원 관리 부문의 협력이다. 그렇지만 1994년 남아공이 가입함으로써 SADC가 정치적 신임을 얻었다고는 해도, 남아공의 경제 지배는 곧 SADC에 불균형을 초래했다. SADC에 의해 남아공은 가공식품을 비롯한 각종 가공 상품 수출이 증대된 한편, 교역 상대국으로부터의 수입은 극소수에 한정되었다. 이 불균등한 관계에 의해 남아공이 단지 아프리카에 한해서 경제적 이익을 누리는 것만은 아니라는 점이 부각된다. 1999년 유럽연합과 체결된 자유무역협정이 한 예증사례다.

대담한 정치, 외교에 대하여

강국에 대한 남아공의 야망이 가늠되는 분야가 바로 역동적인 국제정책이다. 1990년대 중반 아파르트헤이트가 끝나자 넬슨 만델라 대통령은 자국을 국제사회 내에, 즉 유엔, 국제통화기금(IMF), 세계은행(IBRD), 유네스코(UNESCO) 혹은 코먼웰스에 다시 편입시키려고 노력했다. 그때 넬슨 만델라 대통령은 '아프리카의 르네상스'라는 개념을 전개했다. 1999년, 그의 뒤를 이어 대통령직에 오른 타보 음베키는 그러한 구상을 아프리카 대륙의 재건설과 개발을 위한 진정한 정치 프로그램으로 표출했다. 2001년 남아공은 세네갈, 이집트, 나이지리아, 알제리와 더불어 아프리카 개발을 위한 새로운 협력관계(NEPAD)를 추진했다. 그리고 2002년 7월 아프리카 통합기구(OAU)를 대신해 아프리카 연합을 발의했다. 목표는 유럽 연합을 본뜬, 일명 아프리카합중국을 창설하는 것이었다.

남아프리카공화국은 외교 분야에서도 아프리카 대륙의 평화

남아프리카 지역 중재

중재국

1990년대 말부터 남아공은 아프리카 대륙의 여러 분쟁 해결에 결정적인 역할을 했다.
2002년에는 선시티에서 남아공의 후원 아래 콩고 정치세력들 간에 대화의 자리가 마련되어 마침내 협정에 서명하기에 이르렀다.
2005년 코트디부아르 분쟁 역시 남아공의 음베키 대통령의 중재를 통해 협정이 이루어졌는데 이번에는 코트디부아르 정부와 반란세력이 그 협정을 준수하지 않았다.
남아공의 개입주의 외교는 나이지리아, 케냐, 리비아 같은 몇몇 국가의 반발에 부딪혔다.
이들 나라는 남아공 정부의 오만한 태도와 결정에 격분했다.
예를 들어 그 나라들은 짐바브웨의 로베르트 무가베 대통령에 대한 남아공의 정책이 지나치게 타협적이라고 판단했다.

HIV/ AIDS : 남아공의 걸림돌

이 연령 피라미드는 2020년 HIV/ AIDS의 영향 유무에 따라 남아공에서 예상되는 인구 분포를 보여주고 있다. 추산과 산정 방법에 따라 다양한 통계치가 나올 수 있다고 해도 다음의 사항은 여전히 존재한다.

첫째, 에이즈는 그 나라에서 계속 확산된다.

둘째, 에이즈는 우선적으로 생식 연령대의 남녀에 영향을 미친다.

셋째, 따라서 출생률만으로는 에이즈로 인한 사망률을 상쇄하지 못할 것이다.

이러한 이유로 남아공은 25퍼센트의 출생률로 지금부터 2025년까지 인구를 2배로 늘려야 할 것이다. 그렇게 되면 남아공의 인구는 8천만 명이 될 것이다. 하지만 2006년 이미 총 인구 4,420만 명 중에 HIV 보균자와 AIDS 환자는 약 550만 명이었다. 따라서 에이즈의 영향을 받을 경우 남아공의 인구는 2025년 3,500만 명을 넘지 않을 것이다. 다시 말해 4,500만 명이나 부족해진다!

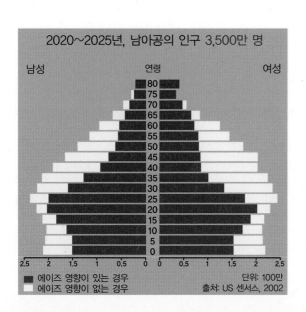

2020~2025년, 남아공의 인구 3,500만 명

남성　　　　　연령　　　　　여성

80 75 70 65 60 55 50 45 40 35 30 25 20 15 10 5 0

2.5　2　1.5　1　0.5　0　0.5　1　1.5　2　2.5

■ 에이즈 영향이 있는 경우
□ 에이즈 영향이 없는 경우

단위: 100만
출처: US 센서스, 2002

와 안정을 위해 많은 노력을 기울이고 있다. 평화유지 활동에 관여하고 아울러 자국의 국민 화해작업 경험을 바탕으로 분쟁 해결에 가담하고 있다. 진실과화해위원회를 모범선례로 구상한 만델라 대통령은 인종에 관련된 단층선이나 대대로 내려오는 대립관계로 분열된 나라에 그 위원회를 전파하려고 노력했다. 그렇게 해서 남아공은 중재국으로서 또는 아프리카에서 최고의 장비와 병력을 자랑하는 군대 파병을 통해 아프리카 대륙의 여러 분쟁에 개입했다.

아프리카의 모든 전선에서 모습을 드러내는 남아공은 국제적으로 큰 주목을 받고 있다. 게다가 이런 자격으로 유엔 안보리 상임이사국 자리를 요구하며 이사회에서 아프리카를 대표하려고 한다. 2010년 아프리카에서는 처음으로 개최되는 요하네스버그 월드컵도 이 같은 전망 속에서 바라봐야 한다.

겉보기와는 달리 허약한 국가

하지만 이 정도의 경제 및 외교 부문의 성공, 정치적 민주주의 성과로 강국이 될 수 있을까? 남아공은 보건상황과 사회복지 여건 혹은 인간개발지수(177개국 가운데 121위)에서는 대단히 취약하다.

경제활동인구의 약 26.5퍼센트가 실업 상태다. 정식 경제 부문에서 일자리 찾기를 포기한 경제활동인구가 포함될 경우 심지어 40퍼센트에 육박한다. 인구의 40퍼센트 이상이 빈곤의 위험수위 밑에서 생활하고 있다. 흑인의 평균소득은 백인에 비해 12배 더 낮다. 주거, 물, 교육, 전기에 대한 접근도에서도 현저하게 불균등하다. 이렇게 어긋나 있는 남아공 사회의 단면 내에서 범죄 및 에이즈가 확산되고 있다. 그 나라의 안정을 위협하는 두 재앙으로 심지어는 끝내 강국에 합당한 자격이 저지당할지도 모른다.

G20
G3

G3과 G20 : 새로운 모델을 향하여

2003년 6월 남아공, 브라질, 인도는 상호 교역을
확대하는 동시에 WTO의 협상을 비롯한
여러 국제협상에서 공동전선을 형성하기 위해
G3라는 대화포럼을 창설했다.
몇 주 후 칸쿤에서 열린 WTO 정상회담에서
G3는 G20의 선두에서 산업국 내 농업보조금
철폐를 공동 목표로 내걸고 G20을 이끌었다.
G3 입장에서는 유엔 안전보장이사회에서
후진국들을 더욱 잘 대변할 수 있도록 이사회의 개혁을
진전시키는 것도 주요 관건이었다.

아파르트헤이트, 지속적인 분리

아파르트헤이트는 남아공에서 1948년 아프리카너(18세기 네덜란드에서 이곳에 건너온 사람들의 후손)의 백인 권력을 대표하는 국민당에 의해 제정된 '분리개발' 정책의 이름이다.

1950년대 초부터 남아공의 인구는 아파르트헤이트에 의해 강압적으로 네 인종집단, 즉 흑인, 유색인(다시 말해 혼혈인), 인도인, 백인으로 구분되었다. 이런 구분에 상응하여 인종차별, 인종분리 법안들이 마련되었다. 그 예로 다른 인종 간의 결혼과 성관계 금지, 교통수단 이용과 행정처리 과정의 격리제도가 있었다.

조금씩 자리를 잡아가던 아파르트헤이트는 마침내 실질적인 정치경제 시스템이 되었다. 지역, 도시, 동네, 생활공간 등 나라 구석구석에 편입되어 지속적인 체제로 자리매김된 것이다. 그렇게 해서 남부아프리카연합은 네 개의 지역으로 나뉘게 되었는데, 그 내부에 흑인 자치구역인 홈랜드 혹은 반투스탄이 10개 정해져 있었다. 그런데 인구의 약 70퍼센트를 차지한 흑인들은 그 나라 면적의 7퍼센트에 불과한 이 '토착민 보호구역' 외에는 더 이상 땅을 소유할 수 없었다. 결국 아파르트헤이트에 의해 체계적으로 인종분리가 이루어지면서 흑인들은 자신들의 고국에서 이방인이 된 것이다.

아파르트헤이트 정책은 1991년 6월 폐기되었다. 하지만 빈곤이나 HIV/AIDS의 경우와 마찬가지로 오늘날에도 그 영향이 속속 드러나고 있다.

더 유동적인 세계?

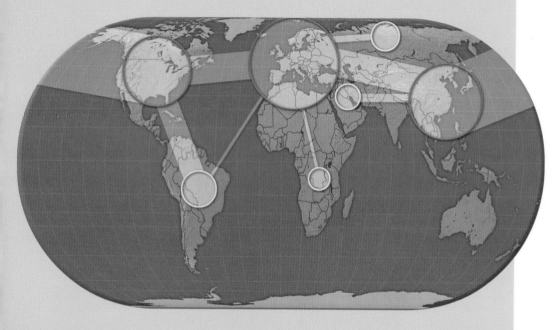

주가 변동과 재무 동향, 관광과 이주, 상품과 서비스 무역, 항공 교통 · 위성 · 케이블과 인터넷. 세상은 끊임없이 움직이고 있다.

세계화는 지리적인 제약을 약화시키면서 지역 균형을 변화시키고 영토의 벽을 허무는가 하면 국경을 열어 세계의 윤곽을 다시 그리고 있다. 세계화로 인해 유럽에서는 산업시설이 해외로 이전하고 미국에서는 이주자들이 늘고 있으며 두바이에서는 정신이 드높이 고양되고 있다.

그렇다면 관건은 단순한 범세계적 구조조정인가? 아니면 드디어 정말 유동적인 세계로 변해가는 것일까?

유동적인 세계

어원학의 관점에서는 세계화가 경제활동 및 경제교류의 '전 지구적인' 재분배를
연상시킨다고 해도, 현실이 가리키는 것은 정말 다르다.
실제로 세계무역이 세계 GDP보다 더 빠르게 증가한다고 할지라도
국제적으로 이루어지는 상품, 서비스나 투자교류는
여전히 거대한 세 개의 축 사이에 그리고 그 주변으로 집중되어 있다.
그 세 축은 바로 북아메리카, 유럽연합
그리고 동북아시아(일본, 중국, 한국)이다.

산업시설의 해외이전, 지리학 그리고 통념들

해외로 산업시설을 이전하는 문제는 프랑스 같은 대부분의 선진국에서 우려를 자아낸다. 그로 인해 실업과 탈공업화가 조장될 것이며, 다소 거리가 떨어져 있거나 사회보장제도를 갖추지 못한 나라들에 혜택이 돌아가고, 그곳의 낮은 임금은 세계에 불공정한 경쟁을 초래하게 될 것이다. 그런데 이 문제를 다시 지리학적 측면에서 보면 사실상 복합적이면서 더욱더 복잡한 논리의 지배를 받는다는 사실이 드러난다.

외국인 투자의 논리

외국인 직접투자(FDI)는 경제 세계화에 의해 재개되고, 교역 자유화에 의해 탄력을 받으며 금융부문의 규제 완화로 촉진되어 1980년대 중반 이래로 계속 증가하였다. 관건이 되는 자본 이체의 목표가 자회사 건립이든 합동회사 창설이나 외국 회사의 인수합병이든 외국인 직접투자는 대부분 유럽, 미국 혹은 일본계의 다국적 기업들에 의해 이루어졌다.

기업의 생산시설을 여러 나라에 이전함으로써 사실상 지역 특화의 이점을 누리게 되고 그렇게 하면 제조비용이 절감된다.

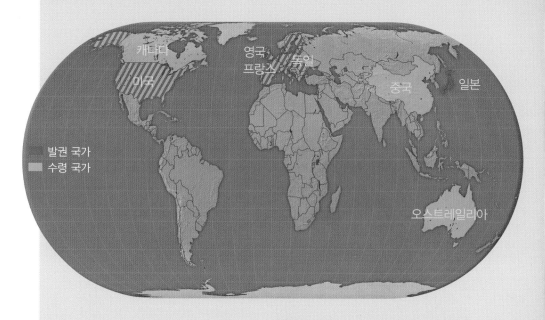

발권 국가
수령 국가

제대로 분배되지 않은 세계 투자

세계 차원에서 주요 해외투자국은 미국, 일본 그리고 유럽연합(프랑스, 영국, 독일)이다. 그런데 일본을 제외하고 이 나라들은 오스트레일리아, 캐나다, 중국과 더불어 외국인 직접투자를 가장 많이 유치하는 국가이기도 하다.

최소비용을 찾아서

무역 세계화에 의해 전 세계 상품이 거의 직접적으로 경쟁체제에 돌입하게 된 이래로 전 세계에서 광범위하게 생산 재분배가 이루어지고 있다.

기성복 제조 같은 노동집약 부문에서는 적어도 두 가지 매개변수, 즉 임금과 거리에 의해 의복 제조의 지리학이 결정된다. 그렇게 해서 섬유산업 노동자의 시급은 유럽연합에서 총액 기준으로 평균 14달러인데, 모로코나 터키에서는 3달러 이하, 심지어 동남아시아나 중국에서는 1달러 이하다. 통신판매나 대규모 유통을 위한 대량주문 제조의 경우 산업시설은 가능한 한 인건비가 가장 저렴한 나라로 이전하게 된다. 하지만 프랑스의 섬유 관련 기업 가운데 약 20퍼센트는 유행 변화에 보다 신속하게 대처하기 위해서 생산시설을 마그레브 국가들, 터키나 동유럽같이 지리적으로 더 가까운 나라들로 이전하는 방안을 선택했다. 또 1990년대 미국의 많은 회사들은 생산비를 절감하기 위해 전체 혹은 일부의 활동부문을 인접한 멕시코에, 특히 마킬라도라스라는 공장지대에 이전시켰다. 당시 그러한 운영방침의 목표는 인건비 경감을 넘어 미국행 불법 이민을 억제하는 데 있었다. 불법 이민을 희망하는 사람들에게 일자리를 제공해주자 그들은 국경을 넘을 필요가 없었던 것이다.

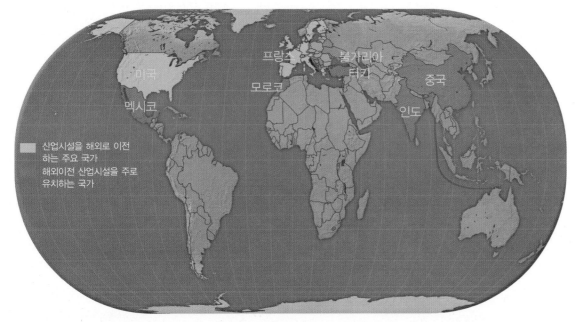

산업시설을 해외로 이전하는 주요 국가
해외이전 산업시설을 주로 유치하는 국가

섬유산업 노동자의 평균 시급(2007)

프랑스	미국	터키	모로코
$22.3	$16.8	$3.2	$2.7

멕시코	불가리아	중국	인도
$2.5	$2.0	$0.8	$0.6

출처 : Werner International

또 대부분 그런 기업은 운송비용을 줄이고 국가들의 보호주의 법망을 피하게 되어 소비권 접근이 훨씬 유리해지거나 새로운 시장 지분을 얻을 수 있다.

경우에 따라서는 외국인 투자로 자연자원에 대한 접근권을 얻고 우수한 인력을 확보할 수 있다. 더 나아가 첫 번째로 어떤 나라에 이전한 제조설비를 폐쇄하고 다시 두 번째 나라로 옮겨 그곳에서 전체 혹은 일부분의 생산작업을 수행할 수 있다. 이것이 바로 '산업시설의 해외이전'이다.

산업시설의 해외이전, 비용 문제인가?

생산시설이나 제조부문을 해외로 이전하는 선택이 대부분 생산비를 더 낮추려는 계산, 더 저렴한 인력을 고용하려는 계산에 부응한다면 이때 실제로 관건이 되는 것은 생산성이다. 설사 인건비가 다른 국가보다 10배 더 낮다고 해도 생산성이 그만큼 떨어진다면 그런 인력은 기업에 전혀 이익이 되지 못하기 때문이다. 바로 이런 이유에서 산업시설을 해외로 이전하는 경우는 무엇보다 '노동집약도가 높은' 부문, 다시 말해 의류업, 전자업 혹은 가구 제조같이 별다른 자격이 필요 없는 인력을 많이 이용하는 부문에 관련되어 있다.

인적 자원을 덜 쓰는 부문에는 유치국의 조세체제나 세제 지원 같은 다른 논리들이 개입한다. 아일랜드는 유럽에서 수익에 대한 과세율(12.5퍼센트, 프랑스는 33퍼센트)이 가장 낮아서 유럽과 미국 기업들의 투자를 성공적으로 유치하게 되었다. 유럽연합 회원국이라는 점과 우수한 인력도 아일랜드가 외국 기업들을 사로잡은 요소였다.

끝으로 세계화 시대를 특징짓는 정보통신기술 덕택에 이러한 해

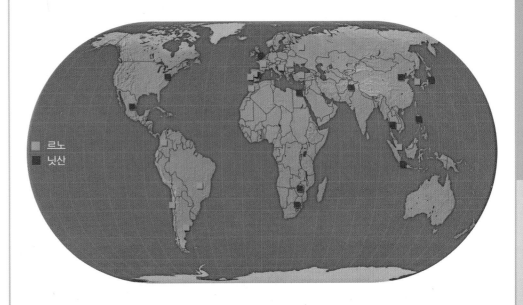

르노
닛산

세계로 뻗어가는 르노-닛산 그룹

자동차 관련업계는 세계화에 부합하여 실질적인 업무 재편으로 국제적인 산업전략을 채택해야 경쟁에 맞설 수 있다. 그래서 자동차 업체들은 지역 특화의 이점을 누리기 위해 그리고 생산비를 절감하고 새로운 시장에 접근하기 위해 서로 제휴를 하고 네트워크를 구성하여 판매처 가까이 생산시설을 둔다.

프랑스의 자동차회사 르노가 그런 사례다. 1999년 일본의 닛산과 합병한 르노는 세계적인 규모로 조직을 확대해 나갔다.

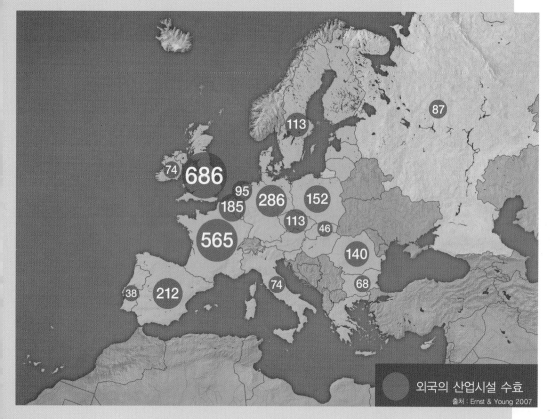

외이전 사례는 특히 3차 산업 부문에서 새로운 영역을 확보했다. 예를 들어 인터넷으로 국경과 거리가 사라지면서 기업들은 낮과 밤이 상반되는 시차의 이점을 누려 지속적으로 생산시설을 가동할 수 있다. 이제 영구시계처럼 돌아가는 증권 시스템을 넘어 일부 국가들은 그런 식으로 서비스 부문의 해외이전에 특화되어 있다. 프랑스에서는 많은 회사들이 통신정비 기지를 모로코로 이전하는 방안을 선택하고 있다. 마찬가지로 인도는 영어를 사용하는 덕에 그리고 우수한 교육을 받은 저렴한 인력 덕에 영국이나 미국 회사에 회계, IT 분야의 자료처리 서비스업이나 은행의 백-오피스 (back-office, 직접적인 수익 창출과 관련이 없는 부서 - 옮긴이), 콜센터 유치를 제의할 수 있다.

해외이전

산업시설을 해외로 이전하는 경우 유치국은 출자를 받고 노하우를 전수받으며 일자리가 증가하고 때로는 의료보장과 노동권 분야에서 혜택을 입는 반면, 이전하는 국가는 높은 실업률로 고전하며 그 문제가 자국에서 격렬한 논쟁 대상이 된다.

2005년 5월 프랑스인들은 산업시설의 해외이전 문제를 주요 사유로 내세우며 유럽연합 헌법을 부결처리했다. 유럽연합 헌법이 전반적으로는 유럽연합의 신규 회원국에 산업시설을 이전하려는 것에 특히 '폴란드 배관공들'에게 지나치게 호의적이라는 판단 때문이다.

그런데 오늘날까지 확인된 바에 따르면 그렇지 않다. 동유럽 국가들이 새로 유럽연합에 가입했다고 해서 기업들이 동유럽으로 생산시설을 대거 이전하지도 않았으며, 일부 사람들이 예고했던 대로 서유럽에 사회적 덤핑(생산성 향상이 아니라 노동비용 삭감 혹은

투자의 땅, 유럽연합

2006년에 유럽연합은 세계에서 외국인 직접투자를 가장 많이 유치하는 곳이 되었다. 영국은 대략 5건 중에 1건의 투자(19.4퍼센트)를 유치했고, 프랑스는 세계의 565개 산업시설을 끌어들여 16퍼센트의 비율을 차지했다. 독일, 스페인, 폴란드가 그 뒤를 따른다. 러시아에 이어 유럽에서 두 번째로 자동차 부문에 투자유치를 많이 한 루마니아는 2006년 한 해 동안 63퍼센트의 신장세를 보이며 가장 활발히 세계의 산업시설을 자국에 이전했다.

노동비용 인상 억제에 기초하여 생산비용을 질감하고, 이를 통해 세계시장에서 경쟁우위를 확보하는 현상. 개발도상국에서 생산된 상품이 선진공업국으로 수출될 때 나타난다 – 옮긴이)이 야기되지도 않았다. 오히려 그와 반대다. 헝가리와 체코공화국같이 산업과 서비스 부문에서 상당히 매력적인 국가들의 경우 1990년대 말부터 평균임금이 크게 올라 그 나라들의 비교우위가 약화되었다. 3,900만 명의 인구를 가진 폴란드의 경우 외국의 산업시설보다는 생산적인 투자를 더 많이 유치했는데 투자 대상은 농가공업, 자동차, 유통 부문 등이었다. 외국의 산업시설을 많이 유치한 나라는 루마니아로(적어도 잠정적으로는) 값싼 인력이 유럽 기업들 특히 이탈리아계 기업들을 유인했다.

그리고 표본 오차

프랑스의 사례를 보면 실직률 가운데 10퍼센트가 산업시설의 해외이전 문제에 연관되어 있다. 그 비율은 구조조정으로 일자리를 잃는 경우보다 낮다. 그러니까 구조조정 한 번에 평균 550개의 일자리가 사라지는 반면, 산업시설을 해외로 이전하는 경우 350개가 없어진다. 마찬가지로 2004년 상원의 한 보고서에 따르면 프랑스의 전체 해외투자 가운데 그러한 이전 사례가 차지하는 몫은 4퍼센트에 불과했다. 산업시설의 입지를 선택할 때 투자자들과 기업들은 생산비 논리만을 적용하는 것이 아니기 때문이다. 그들은 정치 및 사회의 안정, 인력 수준, 이동통신과 교통의 우수한 인프라(국제공항, 고속철도망) 등에 주안점을 두고 이전부지를 결정한다. 그렇게 해서 통념과 달리 프랑스는 유럽 차원 심지어는 세계 차원에서 외국인 투자에 가장 매력적인 국가의 하나가 되고 있다.

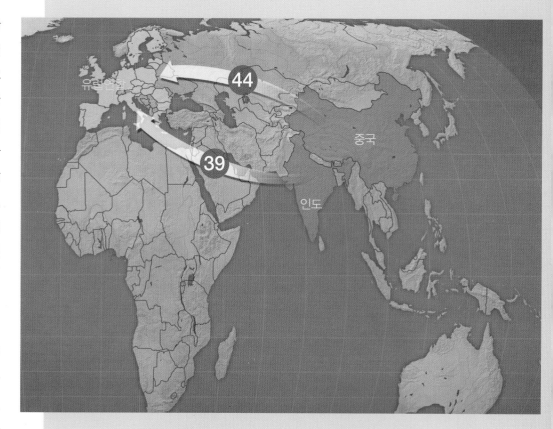

본질적인 매개변수, 매력도

생산시설의 해외이전 결정에는 인건비 외에 교통, 이동통신 인프라의 질, 혁신 및 연구센터의 유무, 인력의 자격조건 같은 여러 매개변수가 개입한다.
더군다나 바로 이 모든 이유로 인해 높은 임금수준에도 불구하고 유럽연합은 신흥국을 비롯하여 전 세계 투자자들을 유혹하고 있다. 2004년에는 44개의 중국 기업과 39개의 인도 기업이 유럽에 생산시설을 이전했다.

두바이, '글로벌 오아시스' 인가?

세계화는 유동성을 유도하고 심화시킨다. 그러한 유동성에 의해 세계화는 정치 및 경제 지역을 국토에서 분리하는 데 기여한다. 그 너머로 세계화는 심지어 새로운 영토 개념, 세계화된 영토 개념을 선보인다. 그 예로 도시국가 싱가포르나 토후국 두바이가 있다. 두바이의 수도 두바이는 아랍에미리트연합에서 가장 번성한 도시로 중동의 무역 중심지이자 범세계적인 야망의 기단이다.

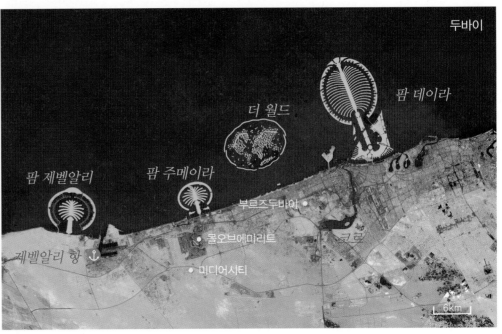

두바이

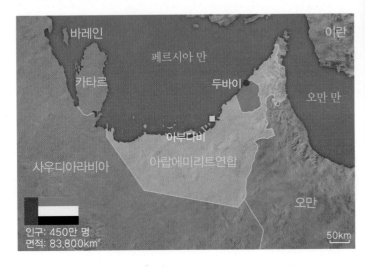

바레인
이란
페르시아 만
카타르
두바이
오만 만
아부다비
사우디아라비아
아랍에미리트연합
오만

인구: 450만 명
면적: 83,800km²
50km

토후국

페르시아 만에 위치한 두바이 시와 그 후배지는 아랍에미리트연합을 구성하는 7개의 토후국 가운데 하나다. 아랍에미리트연합(UAE)은 영국의 지배에서 벗어난 1971년에 창설되었다. 수도는 아부다비다. 이 연방에서 두바이는 영토의 5퍼센트(3,840제곱킬로미터)를 차지하지만 인구는 전체 인구의 3분의 1(120만 명)에 육박한다. 특히 두바이는 1인당 연평균 GDP가 18,000달러로 이곳에서만 UAE 국부의 4분의 1 이상을 산출하고 있다.

야망에서 도를 넘어선 단계로

보호를 받고 있는 크릭(코르) 덕택에 19세기 진주 채취와 밀수가 성행한 자연 항 두바이는 1960년대 아랍에미리트연합에서 석유가 채굴되면서 중동의 주요 물류·통상 기지가 되었다.
1979년 세계에서 가장 큰 환승항으로 탄생한 제벨알리는 거대한 경제자유구역을 끼고 있으며 전 세계에서 들어오는 상품들을 받고 포장하고 변형시키고 재운송한다.
2015년이면 석유 수입이 끊어지기 때문에 두바이는 관광, 금융서비스와 통신기술 부문에 상당한 규모의 투자를 함으로써 경제 다변화를 꾀하고 있다.
두바이의 지도자들이 두바이를 세계 관광명소로 만들기 위해 아낌없는 노력을 쏟아부은 결과 세계에서 가장 큰 쇼핑센터인 몰오브에미리트 같은 거대한 건축물들이 탄생했다.
야자수 모양으로 만든 세 개의 인공섬에는 호텔, 레스토랑, 레저센터와 종합관광시설인 마리나가 들어섰다.
그리고 'The World' 프로젝트를 진행, 300개의 섬을 고가로 배당하고 있다.
현재 공사 중인 부르즈두바이는 높이가 800미터에 달해 잠정적으로 세계에서 가장 높은 고층 빌딩이다.

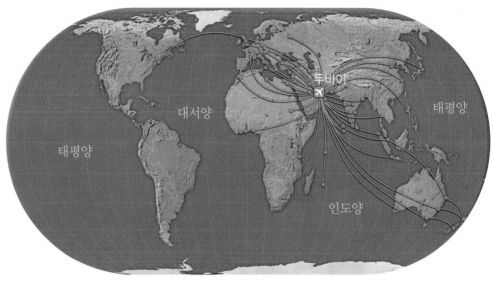

자유도시

아랍에미리트연합과 두바이는 무엇보다 지역 상황에 의거해 경제적 성공을 거뒀다. 수장국들은 중동을 불바다로 만든 분쟁의 여파에서 비켜나 기술, 금융, 통상 및 인력 교류에 적합한 안정지대로 등극했다. 무역 면에서 두바이의 면세지대는 중앙아시아공화국들에서 온 상인뿐만 아니라 이란의 제1공급처가 되었는데 이란은 이제 그곳에서 미국의 금수조치망을 피하는 수단을 찾아내고 있다. 두바이는 금융거래에 관한 이슬람법의 영향을 받지 않기 때문에 이웃 사우디아라비아에서 유입된 자본을 거둬들일 뿐

만 아니라 2001년 9월 11일 이후 미국에 보유된 아랍계 자금이 환류되는 혜택을 누리고 있다.

술, 나이트클럽, 호텔, 사치품의 도시. 이렇게 개방되고 관용을 보이는 도시 두바이는 오늘날 이란이나 걸프 만 국가들의 엄격한 이슬람 사회에 욕망의 배출 장소로 이용된다. 안정되고 번영을 구가하며 자유로운 두바이는 그렇게 해서 인도의 노동자들만큼 레바논, 팔레스타인이나 이란의 젊은이들을 유혹하고 있다. 이제 두바이 인구의 85퍼센트가 외국계일 정도다.

세계의 허브?

두바이는 이미 세계 제3위의 재수출 중심지이자 제9위의 컨테이너 항이자 국제공항의 허브로 지금부터 2025년까지 연인원 4,000만 명(2005년에는 2,000만 명)을 수용할 수 있는 공항을 갖춰 여객 및 물자 수송에서 세계적 규모의 분기점이 되는 것을 목표로 하고 있다. 그 일환으로 제벨알리에 두 번째 국제공항 건설이 추진되고 있다. 이 프로젝트로 두바이는 건설 예정인 제벨알리 항과 이 항구의 경제자유구역을 함께 연결하면서 육·해·공을 아우르는 멀티 물류기지를 갖추게 될 것이다.

다양한 성과에도 불구하고 두바이가 드러내는 취약점은 있다.

첫째, 개발의 가속화와 그에 따른 대형공사로 인해

심각한 환경파괴가 일어나고 있다.

둘째, 인도와 방글라데시, 파키스탄 출신 노동자들은 매우 혹독한 생활여건과 근로조건 속에서 차별을 받고 있다. 종국에는 내부적으로 심각한 긴장 상황을 유발할 것이다.

셋째, 두바이가 겪고 있는 세계화의 부작용으로 밀수와 특히 마약이나 무기 거래에 기반을 둔 투자가 성행하고 있다.

끝으로 아랍계 이슬람식 근대성 모델이 두바이에 가해지는 위험성을 언급하지 않을 수 없다. 극단적인 보수주의자들이 비난하는 이 모델에 의해 이번에는 두바이가 테러의 표적이 될지 모른다는 우려가 야기되는 것이다.

히스패닉계
17~34.9% 35~49.9% 50~97.5%

캐나다

위스콘신

뉴욕

시카고 워싱턴

미국

네바다 콜로라도 캔자스 테네시

대서양

캘리포니아

로스앤젤레스

애리조나 뉴멕시코

텍사스

플로리다

마이애미

태평양

멕시코

쿠바

500km

미국 인구

2006년 10월 17일 기준으로 미국 인구는 3억 명이며, 크게 다섯 개 집단으로 나뉜다.

첫째, 코카서스인(미국에서는 '백인'을 가리켜 코카서스인이라고 한다) 2억 명.

둘째, 히스패닉계 4,200만 명.

셋째, 아프리카계 미국인(미국에서는 '흑인'을 가리켜 이렇게 말한다) 4,000만 명.

넷째, 아시아계 1,450만 명.

다섯째, 원주민인 아메리카인디언과 그외 인디언 550만 명.

히스패닉계는 미국에서 고루 분포되지 않고 대부분 남서부 6개 주에 집중되어 있다. 이러한 집중현상을 보이는 요인은 적어도 세 가지다. 지리상 멕시코와 인접한 점, 캘리포니아의 농업 인력 수요, 끝으로 역사의 유산이다. 역사의 유산을 요인으로 든 것은 원래 이 주들이 1845~1853년 미국에 의해 획득되거나 정복되기 전에 멕시코령이었기 때문이다. 오늘날 캘리포니아인 셋 중 한 명이 히스패닉계이며 더 나아가 둘 중 하나가 로스앤젤레스에 산다. 2005년에는 히스패닉계인 안토니오 빌라라이고사가 로스앤젤레스 시장으로 선출되었다. 히스패닉 사회는 플로리다, 뉴욕과 시카고 지역을 비롯하여 유타, 오리건, 캔자스, 위스콘신, 테네시 주로 점점 더 확산되고 있다. 테네시 주의 히스패닉계 인구는 1980년 이래 200퍼센트 증가했다.

'라틴계' 미국인들

이주 물결은 항공교통의 증가, 인구 관련 단층선, 성장률의 차이로 거세지고 있으며 곧이어 생태계 빛 기후의 급격한 변화로 더욱 드높아질 전망이다. 거세게 밀어닥치는 이주 물결은 세계화의 초기 징후 가운데 하나다. 미국은 이민자를 가장 많이 받아들이는 나라로 엄청난 이주 규모는 캘리포니아, 뉴멕시코 같은 주에서 경제, 정치 부문의 균형, 심지어 문화의 균형까지 변화시켰다.

인구 쟁점

미국 인구조사국에 따르면 3억 명의 미국인 가운데 4,200만 명(14퍼센트)이 라틴아메리카에서 온 이민 가정 출신이거나 라틴아메리카인 부모에게서 출생했다. 그렇게 해서 미국에서 붙여진 별칭대로 '라틴계'는 오늘날 아프리카계 미국인을 제치고 미국에서 가장 규모가 큰 소수집단을 이루고 있다. 1980년에 히스패닉계 비율이 6.5퍼센트에 불과했으니까 이는 최근에 나타난 현상이다.

이렇게 급격한 성장세를 설명해주는 두 가지 요인은 다음과 같다.

우선 매년 약 70만 명의 '라틴계' 미국인들이 합법 · 불법적으로 북아메리카에 들어오고 있다는 점, 그리고 히스패닉 사회에서의 출생률이 상당히 높다는 점이다(구성원의 37퍼센트가 25세 미만). 이제 히스패닉계 출생률은 미국 인구 증가의 한 동력이 되고 있다.

사실 백인 인구층에서 저하되고 있는 출생률이 바로 이로 인해 상쇄된다. 2004년 히스패닉계 여성의 출산율은 여성 1인당 2.45명인 데 비해 코카서스인 여성의 경우에는 단지 1.89명에 불과하다. 이 추세라면 히스패닉계 인구는 2050년 미국 인구의 4분의 1을 차지할 것이다. 미국에서 히스패닉 사회가 갖는 비중은 인구 차원을 넘어 정치적 관점에서도 상당한 의미를 가진다.

'라틴계'의 다양성

미국의 히스패닉계는 다 같이 '라틴계'라고 지칭되지만
동질적인 집단을 이루지는 않는다.
그들의 출신은 아주 다양하다.
그러니까 그들 가운데 9퍼센트는
푸에르토리코 출신으로 사실상 미국 시민들이고
4퍼센트는 대부분 1959년 카스트로 혁명 이후
쿠바에서 건너온 사람들이다.
66퍼센트는 이웃한 멕시코 출신이며 그 외 이주자들은
중앙아메리카와 카리브 해에서 온 사람들로
이곳 출신의 이주자들이 계속 증가하고 있다.

미국과 멕시코 국경의 쟁점

다른 곳과 마찬가지로 미국에서는 합법·불법 이민으로 인해
상당히 증가하는 인구와 경제상의 이익이
불법 이민자들이 여론에 불러일으키는 표상과 두려움에 의해
꽤 은폐되고 있다. 이민문제는 멕시코 접경지역을 따라 확산되는
마약 거래와 범죄활동에 결부되어 국경 가까이에 있는
미국의 여러 주에서는 점점 더 자주 불안정 요인으로
나아가 더 광범위한 규모의 테러를 일으킬 수 있는
근원으로 인식된다.
바로 그런 이유로 2006년 미국은 합법 이민을 줄이기 위해
쿼터제 도입을 비롯한 일련의 조치를 채택했을 뿐만 아니라
자국과 멕시코 사이 3,140킬로미터 국경의 3분의 1 이상
철책선이 세워진 이중 울타리를 설치하기로 결정했다.
엘파소와 시우다드후아레스 혹은 샌디에이고와 티후아나 같이
접경지역에서 서로 연결되어 있는
도시들의 통로에는 이런 울타리가 없다.

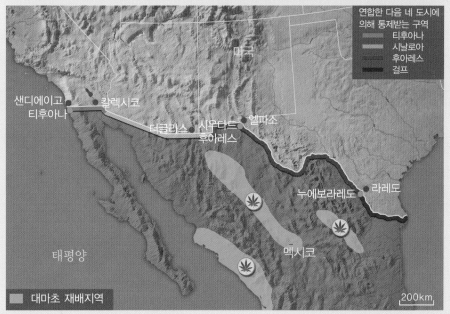

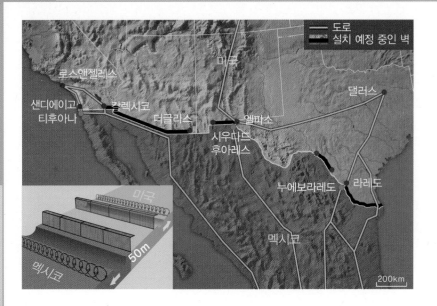

철조망이 쳐진 국경

미국은 2006년 공식적으로는 국경 보안을 위해 그리고 무엇보다 불법 이민자들의 입국을 통제하기 위해 1,123킬로미터에 이르는 벽의 건설을 의결했다. 벽은 여러 구간으로 나뉘어 세워졌으며 캘리포니아의 칼렉시코와 애리조나의 더글라스를 연결하는 구간이 가장 길다. 벽을 대신해 울타리와 가시철망을 이중으로 배열했는데 감시를 위해 카메라가 장착되고 조명이 들어오는 도로 양편에 울타리와 철조망을 설치했다.

첨단기술 장비, 감시카메라, 약 1만 8,000명의 국경 경찰대에도 불구하고 라틴아메리카에서 흘러 들어오는 불법 이민자들을 제대로 막지 못하고 있기 때문이다.

불법 이민자 중 150만 명이 체포되고 50만 명은 국경을 넘는 데 성공한다. 도중에 일사병, 탈수, 녹초 상태로 혹은 뱀에 물려 죽는 사람도 많다. 1994~2004년 사이에 그런 식으로 3,000명 이상의 사람들이 목숨을 잃었다.

이주 쟁점

미국에 있는 1,100만 명의 불법 이민자 중 80퍼센트는 '라틴계' 미국인들로 그들 가운데 대부분이 멕시코 출신이다. 매년 불법으로 멕시코 국경을 통과하는 경우는 50만 건으로 불법 이민이 합법 이민을 초과하고 있다. 이러한 상황에 직면하여 미국은 국경의 수비와 보안을 강화하기 위한 조치를 마련하기로 결정했다. 이러한 조치들로 불법 이민을 우려하는 미국 여론은 안도하는 한편 동시에 농업 같은 일부 경제활동 부문이 취약해질 위험성이 있다. 별다른 자격이 필요 없고 저렴한 농업 부문의 일손은 대부분 불법 이민자에 의해 제공된다. 더군다나 이주자들이 본국으로 송금하는 금융 이체 건이 줄어들면 그 나라의 경제 균형이 변화될지도 모른다.

정치 쟁점

연방 차원에서(의회·정부), 주 차원에서, 혹은 지역 차원에서 정무직이나 정치 권한을 가진 라틴계의 수가 점점 더 늘어나고 있다. 예를 들어 로스앤젤레스와 마이애미같이 수백만 명의 주민이 사는 도시에서 히스패닉계 시장이 선출되는 사례가 늘고 있다. 미국의 두 거대 정당은 점점 더 히스패닉 유권자들의 비위를 맞추려고 한다. 그렇게 해서 공화당은 새롭게 보수적인 가족의 가치를 주창하며 라틴계(가톨릭 신자가 70퍼센트)를 겨냥한 커뮤니케이션 전략으로 그들의 표를 얻으려고 애쓴다.

라틴계 미국인들은 강력한 연방국가 유지에 찬성하고 교육과 고용 부문의 평등을 책임지고 있으며, 사실상 그들 중 선거권자의 약 70퍼센트가 민주당에 지지표를 던진다. 그런데 4분의 3가량이 미성년자들이거나 미국 시민권이 없기 때문에 선거에 참여하지 못한다. 결국 그들의 인구 비중에 비해 정치권에서 충분히 그들을 대변할 수 없는 상황인 것이다. 게다가 귀화한 라틴계의 선거 참여율이 높다는 점이 확증해주듯이, 그들이 귀화를 요구하는 데는 투표권이 주요한 동기가 되는 것을 알 수 있다.

정체성 쟁점을 향해 가는가?

미국에서 성장일로에 있는 히스패닉 사회는 인구 · 경제 · 정치 · 보안 분야의 쟁점 외에 현재 언어에 관련된 어쩌면 정체성과 연관이 있을 쟁점을 제기한다. 로스앤젤레스, 마이애미나 뉴욕의 신문들, 뿐만 아니라 유니비전과 텔레문도 같은 케이블 채널 등 곳곳에서 스페인어권 미디어가 증가하고 있다. 스페인어는 마이애미나 뉴욕 같은 도시에서 무역과 비즈니스 언어로 쓰이기도 하고 영역을 넓혀 의회나 정당 내에서도 사용되며 심지어 뉴멕시코 주에서는 공식 언어가 되었다.

어떤 사람들은 미국 사회의 핵 그 자체, 아니 적어도 미국의 문화 정체성과 통합모델이 영향을 받는다고 본다. 2004년 미국의 정치학자 새뮤얼 헌팅턴은 미국의 정체성에 관한 저서《새뮤얼 헌팅턴의 미국 Who Are We?》에서 그러한 견해를 옹호했다. 그에 따르면 히스패닉 사회의 성장으로 미국은 신교 계통의 영어권 문화와 가톨릭 계통의 라틴 문화 간 '강력한 문명의 충돌'에 직면할 위험에 처해 히스패닉계가 동화되지 못하는 상황으로 이어진다는 것이다.

논쟁을 불러일으킨 이 견해는 흥미롭지만 이론의 여지가 있다. 왜냐하면 남쪽의 라틴아메리카 이주자들이 지리에 의해 북아메리카로 향한다고 해도, 우리는 세계화가 어떻게 그 지리를 정정하여 아메리칸 드림을 강화하게 되는지도 잘 알기 때문이다.

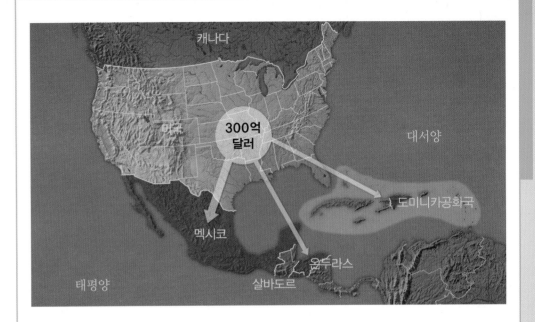

라틴아메리카 전 지역에 걸려 있는 쟁점, 송금액

2005년 라틴아메리카와 카리브 해에 있는 국가들은 미국으로 이민 간 자국민들이 금융 이체로 송금한 돈(스페인어로 remesas) 300억 달러를 받았다. 이 금액은 북미인들이 이 지역에 할당하는 공적 개발지원금보다 더 많은 것이다. 멕시코에서는 2005년 이 송금액이 200억 달러에 이르러 석유 다음가는 제2의 외화 공급원이 되고 있다.

더군다나 연구에 따르면, 이 송금액이 없었다면 수십만 명의 멕시코인들의 빈곤이 10퍼센트 증가했을 것이라고 한다. 중앙아메리카와 카리브 해의 국가들도 그에 못지않게 이러한 송금액에 의존하는 실정이다. 온두라스, 살바도르, 도미니카공화국에서 그러한 송금액은 GDP의 15퍼센트 이상을 차지한다. 미국의 이민문제가 어느 정도로 남아메리카 전 지역에 제일 중요한 경제 현안이 되는지 이해할 수 있을 것이다.

덜 평등한 세계

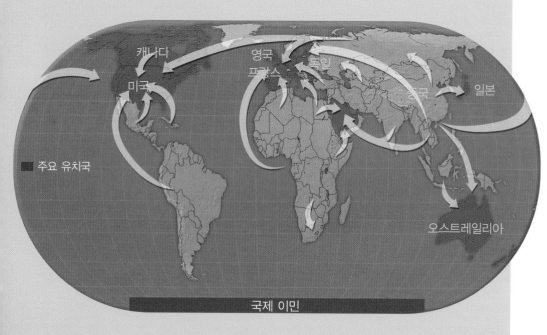

캐나다

영국
프랑스   독일

미국   중국   일본

■ 주요 유치국

오스트레일리아

국제 이민

'더 좋은 세계'를 향해 가는가?

전 세계에서 이주자들은 약 2억 명으로 추산된다.
19세기 이래로 가장 큰 이주 규모. 세계화의 핵 그 자체에서 태동한
이주현상은 세계화가 만드는 축, 세계화가 엮는 네트워크, 세계화가
불러일으키는 유동성뿐만 아니라 세계화가 심화시키는 평등에서부터 조직된다.
그렇지만 역설적인 상황으로 변하게 되었다. 상품, 자본, 정보에 국경을
열어젖힌 뒤 이제 세계화는 고국의 여건에 의해서나 혹은 다른 나라에서
더 좋은 삶을 내다보며 망명의 충동을 갖는 이들에게
그 국경을 다시 닫는 듯하니까 말이다.

무엇보다 세계화라고 하면 경제 발전이 연상되는데 그러한 과정의 소명은 세계 성장을 가속화하고 무역 자유화에 의해 국부를 증대시키는 것이다. 그렇다고 해서 세계화가 인간의 부를 증대시켰는가? 이 질문에 대한 답은 사람들의 계층과 동시에 정착하고 있는 국가, 채택 기준에 좌우된다. 어쨌든 한 가지 추세가 드러나는 것 같다. 세계화는 경제 및 사회 부문의 단층선을 만드는데 이러한 단층선이 다른 단층선들과 결합하면서 이주를 조장하여 그 규모가 커지고 있다는 것이다.

세계화 가늠

세계화는 국부를 증대시켰는가 아니면 오히려 불평등을 심화시켰는가? 부나 불평등을 측정하기 위한 특정 지표가 없어서 그러한 논쟁에 명료한 답을 댈 수도 없고 객관적으로 세계 속에 분포되어 있는 불평등을 따져볼 수도 없다. 그렇지만 기존의 여러 지표를 결합해보면 세계화의 사회경제적 결산표를 간략하게 그려볼 수 있다.

새로운 빈국, 새로운 부국

국내총생산(GDP) 변화의 견지에서 국가 간 부의 격차는 19세기 이래로 계속 벌어졌는데 다음의 짧은 두 시기는 예외였다. 첫 번째는 20세기 초로 거슬러 올라가고, 두 번째는 1970년대 중반~1980년대 중반이다. 그 후로 세계화는 패를 다시 나누지 못하고 있다.

한국, 타이완, 싱가포르뿐만 아니라 브라질, 인도, 중국 등 일명 신흥국들이 부국의 대열에 합류하긴 했지만 최상위 부국과 최상위 빈국 간에 부의 격차가 이만큼 심하게 벌어진 적은 없었다. 아이티, 콩고민주공화국, 시에라리온, 코트디부아르, 우크라이나, 그루지야를 비롯한 수많은 국가에서는 1인당 GDP가 감소했다. 마찬가지로 아주 가난한 국가의 수는 지난 30년 동안 2배나 증가했다.

경제 세계화의 두 번째 결과는 인도와 중국 같은 나라들이 얻게 되는 이익으로 두 나라의 성장률은 상당히 높으면서 안정세를 보이고 있다. 그런데 그 두 나라가 세계 인구의 약 3분의 1을 차지하는 상황에서 1인당 GDP의 상승은 자동적으로 세계 빈곤의 감소를 야기한다. 하지만 세계 인구 차원에서 반드시 불평등이 줄어드는 것은 아니다. 세계 속의 불평등 수준을 측정하기 위해서는 각각의 국가에 인구 비례의 비중을 부여하면서 국가 경제의 변화에 균형을 잡는 다른 지표가 이용된다.

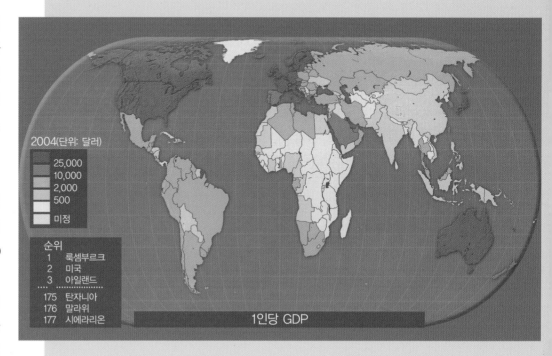

국가 간 소득 불평등

한 나라의 부를 측정하기 위해서는 그 나라의 GDP를 계산하는데, GDP는 이 나라에서 연간 생산되는 재화와 서비스의 총액에 해당한다. 이 총액을 그 나라의 인구 수로 나누면 1인당 GDP가 도출되며, 이 1인당 GDP는 소득과 부가 평등하게 분배되었을 경우 각 개인이 보유하게 될 소득을 가리킨다. 하지만 소득과 부가 결코 평등하게 분배되는 경우는 없다. 국가 내에서 이루어지는 부의 재분배 관련 지표가 없기 때문에 1인당 GDP를 갖고는 국가 간 개발수준이나 인구의 복지를 비교하지 못한다.

2004(단위: %)

0.80
0.65
0.50
미정

순위
1   노르웨이
2   아이슬란드
3   오스트레일리아
......
175 말리
176 시에라리온
177 니제르

인간개발지수(HDI)

불균등한 개발

한 나라의 개발수준을 측정하기 위해서는 평균수명, 문맹 퇴치율, 취학률로 GDP에
균형을 잡아주는 인간개발지수(HDI)가 이용된다. 세계 차원에서는 그 지수를 통해
부가 반드시 개발수준과 일치하지 않는다는 사실이 확인된다. 그렇게 해서 어떤
국가들은 평균소득이 아주 근접하지만 개발수준은 상당히 차이가 난다.
그렇지만 국가 평균치에서 산정되기 때문에 인간개발지수를 지표로 삼을 경우
그 나라의 집단이나 지역 간 개발의 분배 상황에 대해서는 알지 못한다.
그리하여 그 나라의 평균소득 대신 가장 가난한 20퍼센트의 평균소득으로
계산해보면 브라질같이 불균등한 국가는 인간개발지수에서
수십 개나 순위가 밀려나게 될 것이다.

그런데 이 지표의 척도로 보면 세계의 불평등은 20년 전부터 감소한 듯하다. 그렇지만 이 지표 내에서 '중국의 편차' 가 다시 발견된다. 사실 이 계신에 이용된 국가들 중 하나가 전체 인구의 5분의 1을 차지하는 순간부터, 이러한 변화는 불평등의 증감 여부보다는 그 나라의 성장 효과를 분석하는 데 더 적합하다. 더군다나 이 계산에서 중국이 빠지면 세계의 불평등은 국가들 간의 불평등과 마찬가지로 1980년대 중반 이래로 증대되는 경향을 보인다는 사실이 확인된다. 결과적으로 국가 단독의 차원에서는 불평등을 가늠할 수 없다.

증대되는 불평등

내적 불평등을 산정하기 위해서는 지니계수가 이용된다. 이 계수는 특히 한 국가의 소득이 크게 상승하는 데 상응하여 불평등이 늘어날 수 있음을 보여주는 분배 지표다. 지난 20년간 내적 불평등은 최상위 선진국들과 성장률이 높은 국가들을 비롯하여 대부분의 국가에서 심화되는 경향을 보인다. 자료 확보가 가능한 전체 나라 가운데 53개국은 내적 불평등이 증대되었다. 그런데 그 나라들은 세계 인구의 80퍼센트를 차지한다. 불평등이 줄어든 것으로 나타난 9개국의 인구는 세계 인구의 4퍼센트에 불과하다.

결국 점점 심화되고 있는 불평등은 세계화를 비난하는 사람들에게 힘을 실어준다. 그러나 중국의 사례는 어떻게 시장경제와 무역 개방에 의해 부가 창출되고, 창출된 부가 소수집단에 집중되면서 불평등을 초래하는지를 보여준다. 이 불평등은 세계화와 연관이 없으며, 더 해묵은 다른 불평등, 즉 도시와 시골 간, 공동체 간, 지역 간 심지어 남성과 여성 간 불평등의 격차를 더 벌이게 된다.

내적 불평등

지니계수에 의해 한 국가 내 소득 분포가 측정된다.
지니계수의 값은 0~1로서 0은 완벽한 평등을 가리키고,
1은 극도의 불평등에 상응한다.
지니계수가 1일 때, 한 개인이 전체 소득을 받는데
다른 이들은 아무것도 받지 못한다.
일반적으로 지니계수가 0.5를 웃돌 경우
불평등의 수준이 높다고 간주된다. 브라질의 경우가 그렇다.
국가 소득의 47퍼센트가 가장 부유한 10퍼센트의 수중에 있는 한편,
가장 가난한 10퍼센트의 사람들은 국가 소득의 0.7퍼센트만을
쥐고 있을 뿐이다. 그렇지만 지니계수가 한 국가 내
불평등한 소득 규모에 대한 정보를 제공해준다고 해도,
의료 시스템이나 교육에 대한 접근성과 같이
개인의 사회경제적 불평등을 바로잡거나
심화시킬 수 있는 다른 형태의 재분배를 반영하지 못한다.

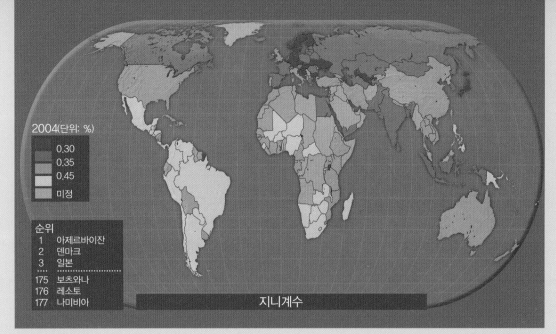

2004(단위: %)

- 0.30
- 0.35
- 0.45
- 미정

순위
1 아제르바이잔
2 덴마크
3 일본
····
175 보츠와나
176 레소토
177 나미비아

지니계수

기회 불균등

전반적으로 한 국가에서 확인되는 불평등은 조세제도, 사회보장,
교육이나 보건 시스템을 통한 국부의 재분배를 반영해준다.
달리 말하면 각종 불평등은 갖가지 특전과 악조건을 바로잡기
위해 정부가 개입할 것인지 혹은 말아야 할 것인지의
여부에 대한 선택을 나타낸다.
개발 초기단계에는 극소수의 사람들만이 경제 성장의 혜택을
누리는 만큼 이러한 선택이 더더욱 결정권을 행사하게 된다.
여러 해에 걸쳐 인간개발지수를 비교해보면 한 국가 내 기회의
변화에 대한 정보를 알 수 있다. 그와 병행하여 인간개발지수는
지도상에서 국가 간에 크게 격차가 벌어지는 다른 불평등 사례,
예를 들어 에이즈에 의해 초래되는 불평등을 보여준다.
에이즈의 영향으로 이미 남부아프리카에서는
수십 년간의 개발이 마멸되었다.

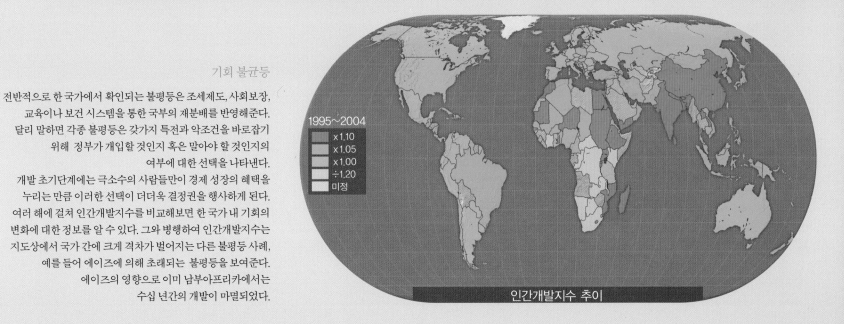

1995~2004

- x 1.10
- x 1.05
- x 1.00
- ÷ 1.20
- 미정

인간개발지수 추이

중국: 가짜 성장 트로피

2001년 WTO 가입, 2005년 10월 유인우주선 발사, 2008년 베이징 올림픽 개최, 그리고 줄곧 두 자릿수를 유지하는 성장률. 이렇게 중국의 상황은 아주 좋다.

그렇지만 중국인들 모두가 자국의 경제만큼 좋은 상황은 아닌 것 같다. 2005년 12월에 발표된 유엔개발계획(UNDP)의 보고서에서 특히 그 점이 부각되었다. 그 보고서에는 중국의 성장에 동반하여 내적 불평등이 상당히 증대되었다고 나와 있다. 내적 불평등이 해묵은 취약성에 반향하기 때문에, 중국 체제는 그러한 불평등이 심각한 사회문제의 근원이 되지 않을까 우려하고 있다.

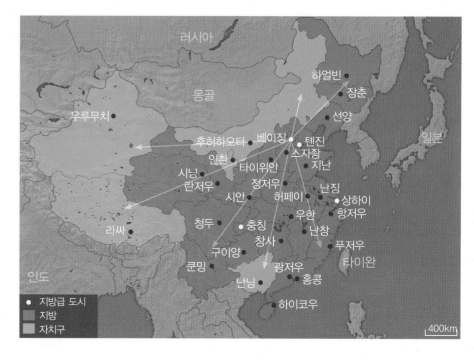

1인당 GDP

103	모로코
104	바누아투
105	중국
106	우크라이나
107	투르크메니스탄

인간개발지수

79	카자흐스탄
80	아르메니아
81	중국
82	페루
83	에콰도르

지니계수

91	카메룬
92	코트디부아르
93	중국
94	우루과이
95	필리핀

지방급 도시 / 지방 / 자치구

400km

중국의 성과에 반하는 사례

다른 신흥국에서 확인되는 것처럼 일단 일정한 개발수준에 도달하기만 하면 평등한 성장 효과가 일어난다. 그전에 세계화에 의해 강요되는 경제 개방은 빈곤의 감소와 동시에 부와 개발 격차의 증대로 표현된다. 그렇게 해서 중국에서 1인당 GDP의 상승으로 지난 25년 동안 2억 5,000만 명이 빈곤에서 벗어나게 됐다고 해도, 이 성과와는 반대로 인구 내 소득 격차는 아주 크게 벌어졌다. 이미 20퍼센트의 최상위 부자들이 부의 55퍼센트를 나눠 갖고 있는 한편 가장 가난한 20퍼센트는 그중 4.7퍼센트만 쥐고 있을 뿐이다. 마찬가지로 소득 분배를 가늠하는 지니계수는 계속 값이 올라가 1970년대 말 0.16에서 2002년 0.45로 변했다. 그렇게 해서 중국의 서열이 위에서 아래로 떨어지게 되었다.

개혁과 개방

중국 체제가 개혁·개방 정책을 추진한 때는 1979년으로, 그 정책의 세 축은 다음과 같다. 첫째, 외국인 투자에 대한 문호 개방과 뒤이은 국경 개방. 둘째, 협동회사의 폐쇄와 더불어 농업과 전원지역의 개혁 그리고 중간 규모의 도시에 기업 창설. 셋째, 경제의 지방분권화. 아울러 중앙국가의 세수와 역량을 지방으로 이전. 이러한 급격한 변화로 중국 체제는 마침내 경제 도약에 성공했으며, 중국의 GDP는 20년 전부터 연평균 증가율이 10퍼센트에 근접해오고 있다. 더 최근의 개혁 단계에서는 일부 병원 같은 공공서비스뿐만 아니라 많은 국영기업이 민영화되었다. 그로써 그 기업들이 사회복지 차원에서 제공한 급여(주거, 의료 시스템과 교육에 대한 접근 등)가 중단되었다. 그 후로 확인되는 사실에 따르면 교육비와 의료비가 사회 불평등의 주요 근원에 포함되고 있다.

지방의 GNP(단위: 10억 위안, 2005)

티베트	21
칭하이	54
윈난	347
푸젠	656
장수	1,827
광둥	2,178

1유로 = 10.3위안 (2007. 9. 1 기준)

불평등 제국

몇몇 중국 자치구의 소득을 비교하는 이 도표에 나와 있듯이 GNP의 격차가 상당히 클 가능성이 있다. 그러한 쟁점은 중요하다. 왜냐하면 지방분권 경제와 국가 세수를 지방으로 이전하는 대가로, 자치구들은 교육, 보건이나 교통 같은 일부 부담을 떠맡기 때문이다. 그러한 사실이 의미하는 바는 성장이 더 이상 국가 전체에 균등하게 재분배되지 않으며 티베트나 칭하이같이 최저 소득수준을 기록하는 자치구에는 병원, 보건인력, 기반시설을 관리할 수단이 없다는 것이다. 달리 말하면 중국이 부유해지는 동안, 인구 밀도가 낮은 대부분의 시골지역은 의료 시스템 접근이나 취학 수준과 마찬가지로 공공설비가 악화되는 상황에 처하게 되었다. 그 결과 장수지역 농부의 평균수명은 윈난의 경우보다 다섯 살이 더 많다.

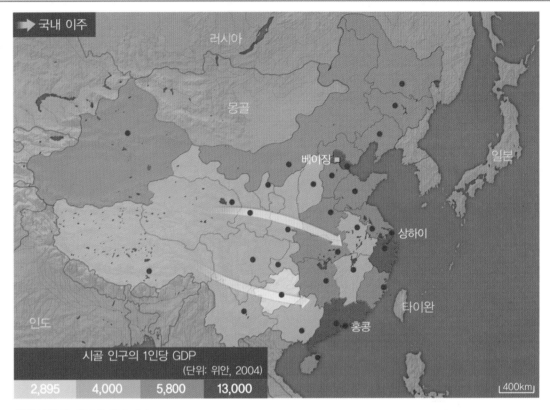

→ 국내 이주

시골 인구의 1인당 GDP
(단위: 위안, 2004)

2,895	4,000	5,800	13,000

중국인들의 새로운 엑소더스

시골 인구의 1인당, 지역별 GDP가 나와 있는 이 지도에서는 중국 내부와 중국 해안지역의 격차가 부각돼 있다. 해안지역 시골 인구의 소득은 중부와 서부 지역의 경우보다 거의 3배 더 높다.

이 지역 간 격차에 더해 시골과 도시 간의 격차가 크게 벌어진다. 2002년 가장 부유한 10퍼센트의 중국인들 가운데 93퍼센트가 도시에 거주한 한편 가장 빈곤한 10퍼센트의 98.7퍼센트가 시골에 살았다. 마찬가지로 1인당 연평균 소득이 도시에서는 1,000달러인데 시골에서는 겨우 300달러를 넘는다. 끝으로 도시 주민의 평균수명은 시골 주민의 경우보다 다섯 살이 더 많다. 그래서 수백만 명의 농부들은 농업 개혁에 의해 가진 것을 빼앗기거나 해고당하고, 그 가운데 85퍼센트는 사회보장뿐만 아니라 의료 시스템과 교육에 접근하지 못했으며 빈곤을 벗어나기 위해서 도시로 갔는데 약속의 땅, 도시를 향한 이주 동향은 두 가지 양상을 보였다.

첫째, 시골에서 자치구의 도시로 이주하는 경우.
둘째, 중부와 서부의 자치구에서 해안지역으로 이주하는 경우.

그렇게 해서 1980년대 초 이래로 1억 5,000만 명 이상의 중국 농민들이 일자리를 찾아 시골을 떠났다.

60세 이상 인구(2005)

17.5~26%
10.5~17.4%

50세가 넘는 사람들의 세계

평균수명의 증가와 출생률의 감소로 세계 도처에서 고령자의 수가 증가하고 있다. 인구 노령화 문제가 가장 두드러지는 곳은 바로 선진국이다. 선진국에서는 60세 이상 인구가 차지하는 비율이 오늘날 20퍼센트에서 2050년 32퍼센트로 늘어날 것이다. 세계적인 차원에서 그 비율은 현재 10퍼센트에서 2040년 21퍼센트로 증가할 것이다.

교체되지 않는 세대

출산율 감소로 세계 연령 피라미드의 하단이 수축되는 한편, 평균수명의 연장에 의해 상층부는 부풀어오른다. 2000년의 피라미드에 비해 2050년의 피라미드는 상대적으로 그 수가 가장 빨리 늘어나는 연령집단이 80세 이상이라는 사실을 보여준다. 그러니까 오늘날 그 연령집단이 차지하는 비율이 전체 고령자의 10분의 1에 불과하다면, 지금부터 2050년 까지는 5분의 1로 늘어나게 될 것이다.

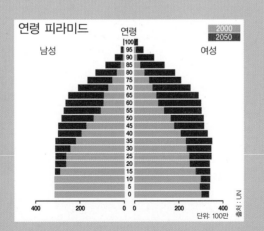

연령 피라미드

연령

남성   여성

2000
2050

단위: 100만

이주: 인구통계학상의 필요성

세계화와 직접적인 연관이 없는 세계 인구의 노령화가 세계화의 주요 쟁점이 되고 있다. 한편으로 인구 노령화의 영향을 가장 많이 받는 국가들은 그 사회의 경제 및 사회 정책을 재고하지 않을 수 없게 되었다. 다른 한편으로 인구 노령화는 인구 불균형을 초래하는데 이러한 불균형은 세계 경제의 단층선에 중첩된다. 그리고 그러한 현상은 경제적으로 가장 가난하지만 인력이 많은 지역에서 경제적 성공과 사회 연대성이 인구 노령화에 저당잡힌 나라들로 인구 이동을 촉진한다.

늙어가는 세계

이제 세계의 노령화는 더 이상 전망이 아니라 현실이다. 이미 1970년에 22세로 올라간 세계 인구의 평균연령이 2035년에는 34세, 유럽에서는 심지어 45세에 달할 것이다. 평균연령의 상승에 부합하여 고령자들, 더군다나 초고령자들의 수도 늘어나 1950년에는 세계에서 60세 이상의 인구가 2억 명이었는데 2050년에는 그 수가 20억이나 될 것이다!

전반적으로 인구 노령화의 요인은 두 가지, 즉 평균수명의 연장과 출생률 감소다. 사망률의 감소, 수명 연장과 더불어 평균수명은 거의 세계 도처에서(남부아프리카는 제외) 늘어나 1950~1955년 46.5세에서 2002년 65.2세로 증가했다. 평균수명은 선진국에서 서서히 늘어난다고 해도 그곳에서는 평균적으로 1년에 두 달씩 더 연장되고 있다. 그래서 프랑스는 100세 이상의 인구가 1950년에는 200명이었는데 2050년에는 15만 명이나 될 것이다!

여아 교육의 발전, 늦어지는 결혼 연령, 중국의 1자녀 정책, 불확실한 정치·사회로 인해 세계적으로 출산율이 감소하고 있다. 오

유럽의 노령화

1950년에는 서유럽에서 60세 이상 인구가 전체 인구의 15퍼센트를 차지했는데 2050년에는 그 비율이 35퍼센트가 될 것이다. 구대륙 유럽에서는 평균수명 연장보다는 심각성이 덜하지만 출산율 감소가 문제로 대두되고 있다. 그렇게 해서 유럽 국가 가운데 여성 1인당 2.1명의 출산율에 달하는 나라가 없다. 이 비율은 세대교체의 한계에 해당한다. 따라서 종국에는 유럽 인구가 노령화될 뿐만 아니라 프랑스에서는 8퍼센트 감소, 이탈리아에서는 42퍼센트 감소될지도 모른다.

출산 지수
유럽연합 평균: 1.46명(2005)

아일랜드 1.9
폴란드 1.24
체코공화국 1.17
프랑스 1.9
스페인 1.26
이탈리아 1.26
그리스 1.26

늘날 그 현상은 특히 구소련 국가들과 동남아시아에 영향을 미친다. 홍콩은 여성 1인당 자녀 수가 0.94명으로 가장 낮은 출산율을 기록하고 있다.

유럽의 아킬레스건

세계 선진 개발지역 가운데 유럽이야말로 가장 취약한 곳이 될 것이다. 급속히 늘어나는 고령자와 초고령자로 인해 사회복지, 의료 부문에서 그들을 부양하는 비용 증대가 예고되는 한편 출산율 저하는 그들을 부양하고 세대의 연대를 재정 지원하기 위한 경제활동인구의 감소를 암시한다. 그 너머 유럽의 노령화와 인구 감소는 몇 가지 복합적인 문제를 제기한다. 노동력과 우수 인력의 부족, 기반시설 유지비 증가, 시골의 인구 감소, 내수 침체, 시장의 매력 상실. 따라서 종국에는 유럽 사회의 경제 성장과 사회 연대성이 약화되는 상태에 처하게 될 것이다.

이 점에서 이주 문제와 관련해 유럽의 미래에 걸려 있는 쟁점들이 가늠된다. 유럽연합 국가들이 마련한 이주정책은 인구 부족이 야기하는 문제들이나 외국인 혐오증과 여기저기에서 나타나는 혼합양상의 증가에 부응하는가?

유럽의 난관

2050년 유럽의 연령 피라미드에서 확인할 수 있듯이, 그때 유럽 인구는 아주 미묘한 상황에 처하게 된다. 즉 초고령 인구가 가장 젊은 연령층의 수보다 훨씬 더 많을 것이다. 경제활동인구가 4,800만 명 감소, 다시 말해 16퍼센트 저하되는 반면 65세 이상의 인구는 5,800만 명 증가, 그러니까 무려 77퍼센트나 많아질 것이다! 그와 병행하여 2005~2050년, 유럽연합의 인구는 4억 9,000만 명에서 4억 7,900만 명으로 심지어 감소할 것으로 전망된다.

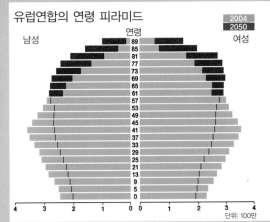

유럽연합의 연령 피라미드
2004
2050
남성   연령   여성
단위: 100만

2000~2005
(1,000명 대비)

5 이상
2~5
0~2
0
0~ -2
-2 이상

출처 2006년 국제 이민, 유엔

이민 차액

환대의 땅, 망명의 땅

2005~2050년 동안 9,800만 명, 다시 말해 매년 220만 명의 사람들이 고국을 떠날 것으로 보인다. 이렇게 큰 규모의 이주현상이 역사상 처음 있는 일은 아니다.

첫째, 로마제국의 종말 그리고 이후의 중세 십자군 원정으로 수만 명의 사람들이 유럽과 아시아를 거쳐 이동했다.

둘째, 식민지 개발에 의해서 1846~1940년에 5,100만 명의 유럽인들이 '신세계(아메리카, 오스트레일리아, 남부아프리카)' 로 떠났다.

셋째, 이와 병행하여 노예제도에 의해 2,000만 명의 아프리카인들이 유럽의 식민지로 강제 이송되었다.

그 후로 이주현상의 향방이 뒤바뀌어 예전에는 출발지였던 유럽이 북아메리카(연간 90만 명 유입)와 더불어 이주자들을 가장 많이 받아들이는 지역 가운데 하나가 되었다(연간 140만 명 유입). 아시아의 경우는, 인도와 더불어 제1의 출발지를 이룬다(타 지역으로 이주하는 인원이 연간 140만 명). 카리브 해와 남아메리카(80만 명), 끝으로 아프리카(30만 명)가 아시아의 뒤를 잇고 있다.

이주: 세계의 미래인가?

세계화의 징후든 동력이나 해법이든 이주는 이제 내재적으로 세계화 과정에 연결되어 있다. 이주자들은 본국의 가족에게 연간 2,000억 달러에 이르는 돈을 송금하는데 그 규모가 석유와 관련해 유통되는 돈에 이어 세계에서 두 번째로 많다는 점을 상기해보라.

이주자들은 세 가지 유형이 있다. 개발이 덜 된 국가 출신으로 낮은 수준의 자격을 가진 사람들이 가장 많이 이주를 한다. 그 다음에는 기술력이 앞서가는 나라 출신으로 우수한 자격을 갖춘 엘리트들이 있다. 끝으로 분쟁지역 출신의 난민들이 있는데 이들의 수는 오히려 적다.

이주 현상은 세계 경제 불평등의 증대, 최상위 부국들의 노령화, 기후 변화, 인권·안보·자유 부문에서 나타나는 단층선의 영향을 받아 향후 수십 년간 더 강화될 것으로 보인다. 1990년 1억 2,000만 명이던 이주자들의 수가 오늘날에는 2억 명에 이른다. 그렇다고 해서 '부국을 향해 엄청나게 쇄도하는 이민자 행렬' 이라는 표현은 아래의 이유로 현실과 맞지 않는 것 같다. 각종 인쇄물과 미디어, 때로는 선진국 입국 제한조치를 정당화하려는 일부 정치가들이 그런 표현을 쓰고 있을 뿐이다.

첫째, 이주 사례(영구 혹은 임시 이주)가 급격히 늘고 있긴 해도 아직은 세계 인구의 5퍼센트에 해당할 뿐이다. 둘째, 이주 사례 가운데 60퍼센트는 남반구 내에서 이루어진다. 셋째, 지금부터 2050년까지 선진국에서 이주로 인한 인구 비율 증가율은 4퍼센트에 그칠 것이다.

이주를 통해 국가들이 직면해 있는 어떤 현상이 국가의 역량을 벗어나고, 그 현상에 맞서 철통같이 국경 수비를 하는 국민국가의 모델은 점점 더 효력을 잃어가고 있음을 알 수 있다.

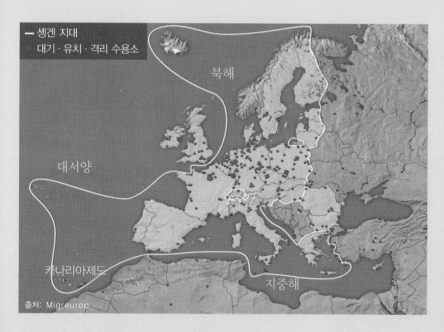

셍겐 지대
대기 · 유치 · 격리 수용소

북해

대서양

출처: Migreurop

카나리아제도

지중해

출처:P.Rekacewicz, Atlas du monde diplomatique

입국이민 제한 · 통제를 목적으로 하는
법적 수단 및 보호 수단을 가지고 있는 개발국

요새 유럽

유럽연합 국가들은 밀려드는 망명 요구와 이민 신청 그리고 불법 이주자들에
대한 대응책으로 점점 더 자국 땅에서 외국인들을 격리하고 있다.
유럽연합 국가들이 대처하는 방법은 다양하다. 일례로 그 국가들은 안쪽에서
입국을 요청하거나 추방을 기다리는 사람들을 위해 국경 바깥쪽은 물론 대기소,
유치 혹은 격리 수용소를 마련해둔다. 이와 병행하여 셍겐 지대 내에서
적용 가능한 비자 정책은 실상 그 외 나머지 지역의 많은 사람들이
유럽 영토에 접근하지 못하게 막는 방안에 해당한다.

번영의 성역

과도한 이주 압력에 직면하여 최상위 부국들은 다음과 같이
점점 더 분명하게 입국 이민에 반감을 보이는 여론을 안심시키려고 애쓰고 있다.
첫째, 제한적인 비자 정책과 국경심사 강화로 영토 폐쇄.
둘째, 이주자들을 유치하기 위한 수용소 마련. 이주자들은 이 수용소에서
입국 허가나 거부 결정을 기다린다.
셋째, 법적 장치는 물론 정치연설에서 '무법자들'을 형사재판으로
회부하는 사례 증가.
넷째, 불법 이민에 맞서 자국의 영토를 성역화하기 위해 부국들은 법적,
물리적 방벽을 세운다.

더 위태로운 세계

외래 동물종 거래

바이러스, 박테리아, 미생물: 전 지구적인 분산

세계화로 인해 이제 전염병도 변화의 길을 걷는다.
적도지역과 열대지역에서 거래되는 외래동물, 농업 부문 무역의 일환으로
이루어지는 축산 동물의 수출, 선창이나 비행기 화물적재소 속에서 우연히
수입되는 곤충, 기후 변화의 영향을 받아 이동하는 종들.
세계화에 의해 이렇게 인간 및 동물 전염병의 매개체가
전 세계로 흩어지게 되었다.

내재적으로 세계화는 무역 자유화에, 따라서 국경 개방과 통제 완화에 의거한다. 그렇게 해서 세계화는 자국 영토에 대한 권위를 비롯하여 국가의 권위를 잠식한다. 마찬가지로 세계화는 인터넷 같은 기술에 의지하는데 그러한 기술에 의해 쉽게 무역이 이루어지기도 하지만 아울러 그 기술은 국가의 법망을 피해 거래를 성사시키는 수단이 되기도 한다.

사이버 범죄, 테러행위, 불법 거래. 이렇게 뒤로 물러가거나 새로 취약점을 드러내는 국가에 의해 강화되거나 세계화에 의해 보편화되는 위기 목록은 길다. 이 가운데 전염병 위험이나 다시 활개 치는 마피아와 해적행위 등 몇 가지는 덜 알려져 있지만 그 위험성이 덜하지는 않다.

인간 및 동물 전염병: 위험의 세계화

에이즈 같은 신종 감염질환의 출현에 관련되든 사스나 조류 인플루엔자 같은 동물 전염병의 확산에 관련되든 우리의 보건과 세계화는 복잡하게 연계되어 있다는 사실이 확인되고 있다. 보건에 관련된 위험의 세계화가 경제의 세계화에 부응하기라도 하는 듯하다.

점점 더 '경제와 연관되는' 전염병

동물 전염병은 바이러스나 박테리아에 의해 유발되며 광우병이나 조류 인플루엔자처럼 그 일부가 인간에게 전염되는 만큼 더욱 위험하다. 동물 전염병이 급격히 확산되는 경우 그 현상은 축산업 강화가 경제는 물론 공중보건 부문에 차지하는 위험성을 부각시켜준다.

모든 것이 연결되어 있다. 그래서 동물 전염병이나 신종 전염병을 퇴치하기 위해서는 경제, 개발모델, 우리의 생활방식 간에 연관을 지을 줄 알아야 한다. 매번 질병을 유발하는 감염원의 출현, 변이, 분산 인자 그리고 감염원을 전달하는 매개체(물, 공기, 무척추동물)의 확산에서 다시 시작해야 한다.

바이러스, 기생충, 박테리아가 확산되는 첫 번째 원인은 그러한 감염원을 지니고 있거나 전달하는 인간 및 동물의 이동에 연관되어 있다. '자연적인' 분산이 관건이 되는 경우로는 바람에 의해 양의 카타르열을 매개하는 각다귀가 이동한다거나 야생조류의 이동

카타르열

양의 카타르열이라고 부르긴 하지만 양만 이 병에 걸리는 것은 아니며 염소와 소도 카타르열에 감염된다. 그런데 몇 년 전부터 이 바이러스성 열병이 지중해 주변에서 확산되고 있다. 카타르열은 그곳에서 작은 파리의 일종인 쿨리코이드 이미콜라를 매개로 하여 퍼지는데 이 매개체는 살아가고 생식을 하기 위해 열을 필요로 한다. 그러니까 날이 더우면 더울수록 그 병은 더 많이 확산된다. 그래서 기후 온난화에 의해 평균온도가 상승하면서 인간에게 옮는 말라리아나 뎅기열의 경우와 마찬가지로 카타르열이 미치는 범위가 확대될 위험성이 따른다.

조류 인플루엔자의 인체 감염사례

출처 : 세계건강기구

터키 4 / 12

아제르바이잔 5 / 8

중국 16 / 25

이라크 2 / 3

이집트 15 / 37

라오스 2 / 2

태국 17 / 25

베트남 42 / 95

캄보디아 7 / 7

나이지리아 1 / 1

지부티 0 / 1

인도네시아 80 / 101

사망
감염사례 바이러스의 영향을 받은 국가
(2007년 7월 1일 기준)

조류 인플루엔자: 암탉에서 인간으로

조류 인플루엔자는 종의 경계를 무시한다. 2007년 7월 1일, H5N1 바이러스에
의해 이미 전 세계에서 191명이 목숨을 잃었다.

에 의해 나일열이 퍼지는 예가 있다. 그렇지만 '인간에 의한' 확산
이 연관되는 빈도가 점점 더 많아지고 있다. 이 경우는 인간의 활
동, 인간의 이동(말라리아, 뎅기열), 인간이 집에서 기르는 동물(광견
병), 인간이 키우는 가축(리프트 계곡열)에서 비롯된다. 감염질환의
확산은 국제 무역의 증가, 교통수단의 발달, 세계 관광의 발전에 직
접적으로 연관되어 있으며 무역 세계화도 반영하고 있다.

동시에 많은 경우 감염원의 분산을 자연환경의 변화에 연결지어
볼 수 있다. 기후 온난화에 의해 평균기온이 올라가고 강우 유형이
변화하면서 일부 매개체, 특히 많은 질병을 옮기는 무척추동물(곤
충, 갑각류, 거미)의 지리적 분포, 생식과 수량도 바뀐다.

우리 생활방식의 변화에 의해서도 질병들이 확산된다. 일례로
실내환경 조절 시스템의 경우 제대로 관리되지 않으면 레지오넬
라균이 활발히 퍼지는데 이 균에 감염되면 중증의 폐렴을 일으킨
다. 또 다른 예로 세계 지역 간 축산품의 유통 증가, 도시의 성장 그
리고 그에 따라 전염현상에 유리한 혼잡한 환경, 항공 교통량과 공
항 출입 횟수의 증가 등을 들 수 있다. 이 같은 예는 셀 수 없이 많으
며, 감염원은 그러한 예에 의해 분산되고 지리적으로 먼 지역까지
전염시킨다.

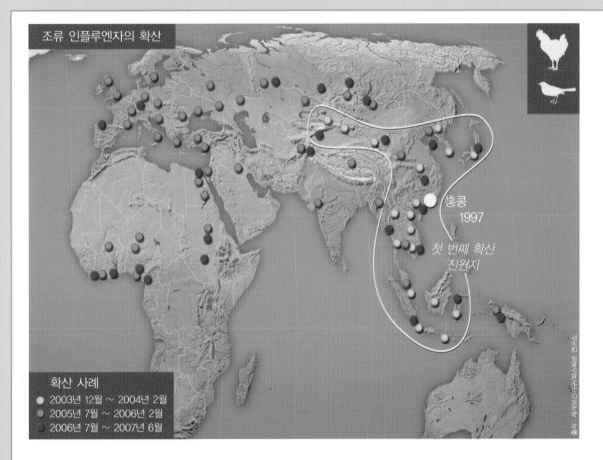

조류 인플루엔자의 확산

홍콩
1997

첫 번째 확산
진원지

확산 사례
- 2003년 12월 ~ 2004년 2월
- 2005년 7월 ~ 2006년 2월
- 2006년 7월 ~ 2007년 6월

출처 : 세계보건기구(가금스톡트 연구소

국경 없는 바이러스, H5N1

H5N1 바이러스는 ― '조류 인플루엔자' 라는 이름으로 더 많이 알려져 있다 ― 1997년 홍콩에서 처음으로 진단되었는데, 2003년 다시 한국에 출현하였으며 동시에 많은 아시아 국가(베트남, 태국, 인도네시아, 중국 등)에 영향을 끼쳤다. 2005년부터 그 바이러스는 다른 지역들에 퍼져나가 중앙아시아, 중동, 동유럽, 심지어 아프리카의 여러 지역에서 속속 발견되었다. 프랑스를 비롯한 유럽연합의 여러 국가에서는 2006년 6월 철새들은 물론 거위, 암탉이나 사육 칠면조가 감염된 사례들이 최초로 나타났다.

조류 인플루엔자는 지리적인 국경을 무시하며 또한 종의 경계도 무시한다. 지금까지는 조류만 H5N1 바이러스에 걸렸는데 이제는 돼지, 고양이, 개, 특히나 인간 같은 포유류도 그 바이러스에 감염되는 것이다. HIV / AIDS나 말라리아가 세계에 미치는 영향에 비추어보면, 조류 인플루엔자 전염 건수는 아주 적지만 그 수치를 통해 바이러스가 변이를 일으켰을 경우 어떤 위험에 처하게 될지 상상할 수 있다. 그러한 변이에 의해 감염된 인간이 다시 전염성이 강한 바이러스를 인간에게 옮기게 된다면 여간 심각한 상황이 아니다. 1918~1920년에 4,000만~5,000만 명의 사망자를 낸 것으로 추정되는 스페인 독감에 비교될 만큼 대대적으로 전염될 것이기 때문이다. 따라서 WHO는 이런 시나리오를 아주 진지하게 받아들이고 있다.

그동안 H5N1 바이러스는 계속 확산되면서 다른 쟁점들을 제기한다. H5N1 바이러스에 내포된 보건상의 위험을 넘어, 그 바이러스는 사실상 관련 국가에 상당한 경제적 손실을 야기한다. 즉 가금류 도살, 사육장 폐쇄, 금수조치 그리고 더 넓게는 소비 감소. 이렇게 동남아시아, 아프리카, 유럽의 일부 국가에서는 가금류 사육에 관련된 전 계열이 취약한 상황에 놓여 있다.

그렇지만 그와 동시에 그 위기가 다른 이들에게는 이득이 된다는 사실이 드러난다. 대형 업체들만이 유일하게 감염 지역에서 세계식량기구의 제약사항에 순응할 수 있기 때문에 결국 그 업체들은 영세한 가금사육자들의 활동 부문을 흡수하게 된다. 영세 사육자들의 재원으로는 안전한 방역과 가금류의 격리 수용을 보장하기에 불충분한 것이다. 예를 들어 베트남에서는 태국의 대형업체 'Charoen Pokphand'의 생산이 2006년 2배 증가하여 가족이 경영하는 지역 농가는 손해를 입을 수밖에 없었다. 브라질도 그 위기를 기회로 삼아 톡톡히 이득을 취했다. H5N1 바이러스의 주가 일절 눈에 띄지 않는 남아메리카 대륙에 위치한 브라질도 가금사육산업을 대대적으로 육성시켜 2004년부터 세계 제1위의 가금류 수출국이 되었다.

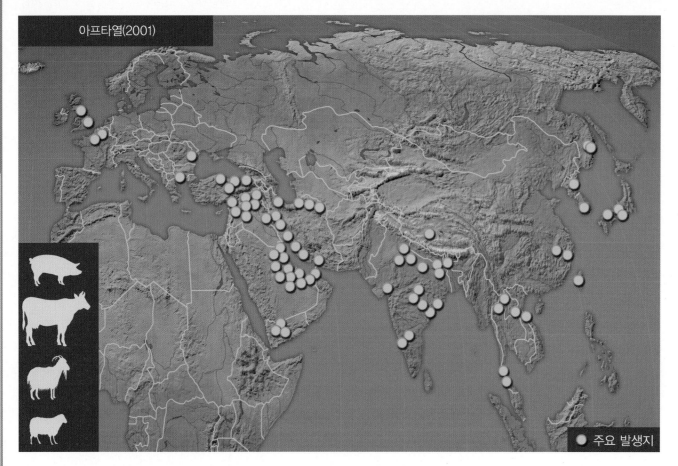

아프타열(2001)

● 주요 발생지

감염된 고기가 들어 있어서 그 편에 바이러스가 국경을 넘어왔을 것이라고 결론지었다. 그때 한 레스토랑에서 이 고기를 접대했으며 돼지 사료로 재활용된 것으로 추정되었다.

아프타열이 잉글랜드에서 웨일스까지 70개 사육장으로 퍼져나갔으며 양도 그 병에 전염되었다는 사실이 신속하게 파악되었다. 마침 영국이 양을 제물로 바치는 아이드 엘 케비르라는 무슬림의 종교제전용으로 유럽연합 국가들에 양을 많이 수출한 터라 유럽연합 국가들에 경계가 발동되었다. 아일랜드, 네덜란드, 프랑스의 수의학 당국은 동물 전염병 예방조치들을 마련했으며 이 조치들로 영국에서 수입된 양을 모두 도살했다. 영국 사육자들에게 그 조치는 경제적으로 심각할 뿐만 아니라 인간적으로도 큰 부담이 되었다.

앞서 살펴본 내용은 사전예방 조치 덕택에 동물 전염병 관리 차원에서 본보기가 될 뿐만 아니라 지리상의 경로 관점에서도 모범사례가 된다. 동물 전염병은 두 가지 주요 요인이 있다. 수입품을 검사할 당시 엄격하지 않은 방역 감독과 급성장하는 국제 운송에 연관되어 있는 인간·동물·재화 이동의 증가에 의해 다른 지역으로 옮겨갈 수 있는 것이다.

한 동물 전염병의 통제 연대기

아프타열은 특히 아시아의 여러 국가에 많이 나타나는 병으로 전염성이 강하다. 위의 지도에는 2001년 아프타열의 확산 사례가 나와 있는데 소, 양은 물론 염소, 돼지도 이 병에 전염된다. 유럽에서는 아프타열이 1960~1970년대에 산발적으로 발생했는데 그 이후 가축 예방접종 덕택에 제어되었다. 그렇지만 2001년 2월 20일, 영국의 보건당국이 도살과정에서 아프타열에 걸린 돼지들을 발견했다.

이후 실시한 역학조사에 따르면 한 여행객의 가방 속에

점점 더 '인간의 활동에서 비롯되는' 질병들

확산 현상과 병행하여 사라진 병이 재발하기도 하고 알려지지 않은 병이 나타나기도 한다. 이런 현상에도 인간의 활동이 문제가 된다. 그렇게 해서 산림 파괴와 개간 같은 극심한 환경변화에 의해 종의 적응과 변이가 일어난다. 또 그러한 변화에 의해 새로운 병원체가 유입되면서 신종 질병이 활발히 출현하게 된다. 그런 질병 가운데 진드기에 의해 전염되는 바이러스성 질환, 키아사누르열이 있다. 키아사누르열의 출현은 인도의 카르나타카 주에서 벌채된 땅이 방목장으로 바뀐 사실과 직접적으로 연관되어 있다.

대기 중의 이산화탄소가 증가할 경우 그로 인한 간접적인 결과로 주변의 습도가 상승한다. 그런데 건조 혹은 반건조 지역의 관개 시스템과 마찬가지로 습도는 쉽게 모기를 확산시키고 모기와 더불어 모기가 옮기는 많은 질병(말라리아, 뇌염)의 확산을 가져온다.

댐과 운하 건설의 경우도 물의 염도와 산도를 변화시키면서 새로운 매개체의 확산을 촉진한다. 예를 들면 세네갈 강에 있는 민물 달팽이에 의해 빌하르츠병을 유발하는 기생충이 그 강에 확산되었다. 이 감염 질환은 때로 치명적이며 전 세계 2억 명 이상의 사람들이 이 병에 걸린다.

점점 더 세계적인 대응책들

인간 및 동물 전염병에 관련된 위험이 증대되고 분산되는 현상에 직면하여 사용 가능한 퇴치수단의 문제가 제기된다. 그런데 야생동물군(조류, 진드기, 곤충, 연체동물)의 이동에 의해 한계에 부딪힐 수밖에 없음에도 불구하고, 세계적인 차원에서 조치를 취한다면 보건관련 위기들을 예방 · 제어 · 근절할 수 있다.

첫 번째 조치는 여러 국제기구가 맡고 있는 대로 식물병충해 방

아프타열의 영향을 받은 지대

대서양

스코틀랜드

북아일랜드

북해

아일랜드

영국

웨일스

잉글랜드

100km

한 전염병의 비용

2001년 아프타열이 잉글랜드와 웨일스에 있는 2,000개의 사육장을 '강타했다.' 아프타열로 인해 600만 마리의 짐승, 그러니까 영국 전체 가축의 11퍼센트를 도살하게 됐으며, 그 전염병의 비용은 최종 80억 유로, 즉 영국 GDP의 0.5포인트에 해당했다.

■ 2006년 말라리아
　 확대 지역
□ 기후 온난화의 경우
　 전염 지역

출처:WHO

말라리아가 기후 온난화에 편승할 때

세계에서 감염질환으로 인한 사망 비율의 80퍼센트가 5개의 질병에 기인하는데,
그중 하나가 말라리아다. 말라리아는 병을 옮기는 기생충이 성장환경(습기,
늪지 등)을 찾아내는 라틴아메리카, 아프리카, 아시아의 열대지대에 분산되어
있다. 아프리카에서는 매년 말라리아로 인해 100만~300만 명이 목숨을 잃는다.
말라리아의 역학연구에 의하면 기후 온난화로 인해 위도가 높은 곳에 살고 있는
사람들이 위협을 받고 있다. 이런 지역에서는 아직 온도가 너무 낮아 말라리아를
옮기는 기생충이 성장할 수 없는데 기온이 약간 상승하기만 하면 면역력이 전혀
없는 사람들이 말라리아에 감염되는 사례가 증가할 수 있을 것이다.

제 규정과 수의학 규정의 채택에 의해 동식물의 국제무역을 규제
하는 방안이다. 예를 들어 동물의 경우 그 일을 맡은 기구는 국제수
역사무국(OIE)으로 167개국이 가입한 정부 간 기구다.

　두 번째 조치는 일체의 신종 전염병을 조기에 발견해서 경계를
발동하고 대응책을 구성하기 위해 국제적인 감시·감독망을 마련
하는 방안이다. 예를 들어 2000년 세계보건기구(WHO)에 의해 마련
된 범세계유행 경보 및 대응 네트워크(GOARN)가 그런 역할을 수행
하고 있다.

　세 번째 조치는 당사국이 가능한 한 빨리 세계에 자국의 전염병
관련 상황을 알리는 것이다. 사스와 조류 인플루엔자 사례를 통해
이런 조치가 너무 뒤늦게 이행된다는 사실이 가늠되었다.

　그 다음으로 미심쩍은 대상이나 그 가운데 하나와 접촉한 대상
의 체계적인 검역이나 도살 같은 사전예방 조치들이 있다. 아프타
열과 사스의 사례로 확인되었듯이 이러한 조치들은 마련하기 어
렵긴 해도 아주 유효하다. 이 경우 모든 조치를 실행하는 데 필요한
비용과 수단 문제, 그로써 국가들 간에 요구되는 연대문제가 제기
된다. 국가 간 연대는 그 효율성에도 불구하고 여전히 제한되어 있
기 때문이다. 그 예로 첫째 HIV / AIDS, 둘째 조류 인플루엔자를 들
수 있다. 효율성이 의심스러운 비싼 항바이러스제 수백만 회 분량
을 구입하는 것보다 오히려 기술 및 재정상의 측면에서 중국의 전
염병 발생지를 대거 지원하기 위해 전염병이 생기자마자 그 지역
에 역량을 집중하는 편이 훨씬 더 효과적이다.

　마지막 조치는 이상적이지만 인간의 활동과 그 활동이 생태와
보건에 미치는 영향을 실시간으로 연계할 수 있을 것이며 그리하
여 인간 활동에서 비롯된 영향들을 지구가 견뎌낼 수 있는 한도에
더 적절히 맞추게 될 것이다. 이러한 이상은 전염병에 새로운 장을
제공하는 세계화와 모순된다.

크립토스포리디움증
라임병
원숭이천연두
E. coli 0157 박테리아
크로이츠펠트야콥병
레지오넬라증
웨스트나일 바이러스
E. coli 0157 박테리아
한타바이러스
라사열
리프트계곡열
사스
초류 인플루엔자
뇌막염
뇌막염
덩기열
니파 바이러스
황열
황열
마르부르크 바이러스
에볼라
원숭이천연두
일본 광우병
헨드라 바이러스
덩기열
치쿤구니아

1996년 이래 감염질환의 발생 혹은 재발생 진원지

출처 : Who / cité des Sciences

1996년 이래 신종 감염질환

1983년에 출현한 에이즈부터 그 후 20년 뒤 등장한 사스(중증급성호흡기증후군)까지, 세계에서 집계되는 신종 감염질환(그 가운데 주요 질병이 지도에 표시되어 있다)은 30개 이상이다. 이 질병들은 미지의 병원균이나 돌연변이체에 의해 옮겨지고, 인간에 의해(에이즈, 사스) 혹은 동물 매개체에 의해(나일열, 치쿤구니아) 전파되며, 새로 발생했거나 재발한 것이다. 급변하는 생태환경뿐만 아니라 다양해지는 병원체와 박테리로 보아 이 질병들은 향후 수년 내에 더 증가할 것으로 예상된다.

세계대전만큼 파급력이 큰 전염병

에이즈는 1차 세계대전보다 훨씬 더 많은 사망자를 냈는데 국제 동원력은 저조한 수준에 그쳐서 에이즈의 확산을 막기에는 충분하지 않다. 그래서 에이즈가 시작된 이래로 이미 전 세계에서 6,800만 명이 에이즈에 전염되었으며 그중 2,800만 명이 사망했다.

그 영향력의 속도를 늦추는 복합적인 수단이 존재하긴 해도 에이즈 바이러스는 세계적으로 계속 확산되어 2006년 한 해에만 360만~660만 명, 다시 말해 하루에 1만~1만 5,000명이나 에이즈 바이러스에 감염되었다!

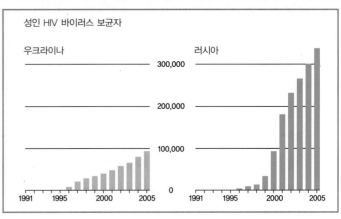

성인 HIV 바이러스 보균자

기회주의 속성의 바이러스

기회주의는 HIV / AIDS의 주요 특징을 대변해준다. 그래서 러시아나 우크라이나 같은 구소련 국가에서 에이즈는 급변하는 상황에 맞춰 확산되었다. 첫째, 국경 개방. 1991년부터 개방된 국경으로 사람들이 활발히 왕래하면서 그와 더불어 에이즈 바이러스가 더 많이 확산되었다. 둘째, 보건 시스템의 민영화. 이로 인해 의료서비스 접근성이 떨어지고 국가의 예방·감시 정책이 약화되었다.

셋째, 정치·경제·사회 개혁의 단행. 이러한 개혁으로 일부 인구층에서 불확신, 소외, 폭력이 야기되고 매춘과 마약 소비가 더 활발해졌다. 매춘과 마약을 통해 에이즈 바이러스는 효과적으로 전염되는 것이다.

일반 전염병에서 대대적으로 확산되는 질병으로

전 세계 HIV — 최종 감염단계의 에이즈를 유발하는 바이러스 — 감염자 수의 추이를 재구성해보면, 그 바이러스 감염이 급속도로 그리고 동시에 세계 도처에서 확산되고 있다는 사실이 확인된다. 그 수는 계속 늘어나고 있다.

1990년대 말경 곡선이 살짝 휘어진 것은 1980년대에 감염된 사람들이 평균적으로 10년 뒤 죽기 시작하는 시점에 해당하여 그 사람들이 그래프에서 제외되기 때문이다. 끝으로 HIV가 세계 전체, 특히 1993년 지리적으로 더 고립된 태평양 지역에 도달하는 데 약 12년이 걸렸다는 점을 짚어볼 수 있다.

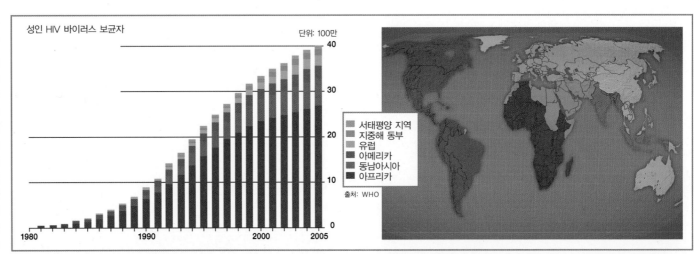

성인 HIV 바이러스 보균자

단위: 100만

- 서태평양 지역
- 지중해 동부
- 유럽
- 아메리카
- 동남아시아
- 아프리카

출처: WHO

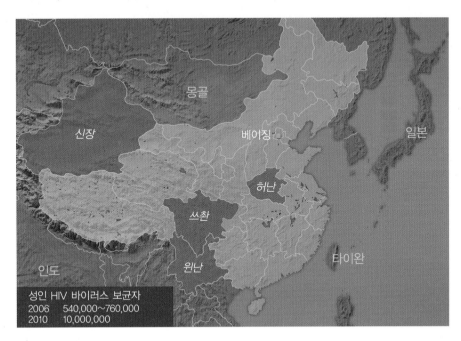

성인 HIV 바이러스 보균자
2006   540,000~760,000
2010   10,000,000

중국의 네 가지 전염사례

HIV 바이러스 확산이 가장 우려되는 곳은 아시아다. 이미 감염자가
850만 명을 넘어선 아시아 지역은 세계에서 인구가 가장 많은 곳인 동시에
에이즈 바이러스가 가장 활발히 전염되는 곳이기 때문이다.
인도가 오늘날 세계에서 감염자 수가 가장 많은 나라라고 해도
중국의 상황도 그에 못지않게 걱정스럽다.
중국에서는 네 가지 전염사례가
연계되어 상호적으로 강화되고 있다.
첫 번째 사례가 겨냥하는 대상은 윈난, 쓰촨, 장수 지역의
주사용 약물 소비자들이다.
두 번째 사례는 남성 동성연애자들에게 영향을 미친다.
세 번째 사례는 허난 지역의 아주 가난한 인구에서 확산되는데
이들은 수입을 보충하기 위해 자신들의 피를 판다.
끝으로 네 번째 사례는 이성애자들, 특히 이주노동자와 같이
가장 취약한 계층에서 확산된다.
그래서 중국의 사례는 HIV / AIDS가 어떻게 한 지역 혹은 한 인구의
경제적 · 사회적 · 문화적 여건에 적응해서 더욱 잘 확산되는지 예증해준다.

HIV / AIDS 치료

우리는 ARV(항레트로바이러스 : HIV 복제를 공격적으로 억제하는 약물처방.
인체 내에서 에이즈 바이러스의 성장과 전이를 억제한다 – 옮긴이) 치료가 모든
사람에게 접근 가능한 나라에서 HIV / AIDS의 진전되는 상황을 근거로,
에이즈와 에이즈의 전염을 퇴치하기 위한 치료의 효율성을 평가할 수 있다.
그래서 1995년 미국에서 ARV 치료가 일반화되어 감염자의 사망률이 떨어졌는데
늘어난 감염자 수는 그렇게 해서 죽음을 면한 사람의 수에 상응한다.
세계적인 차원에서 2006년에는 ARV 치료를 필요로 하는 사람들 중 24퍼센트만이
치료를 받았다. 이는 76퍼센트가 죽음을 면할 수 없었으며, 아시아에서는 그 비율이 심지어
84퍼센트에 이른다는 사실을 의미한다. 가장 큰 영향을 입은 국가들에서는 환자 부양에
필요한 인력과 물자를 보급할 수 있는 역량이 불충분한 상황 이외에 제약산업을 보호하기
위해 WTO에 의해 부과된 규칙의 적용이 상당히 문제가 된다.
달리 말하면 기후 온난화나 기근과 마찬가지로 에이즈에 대해서는,
필연으로 치부할 것이 아니라 선택을 하고 우선순위를 정해야 하며
그러면 그에 따른 결과가 나타난다는 것이다.

미국

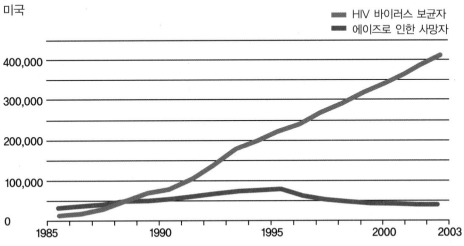

■ HIV 바이러스 보균자
■ 에이즈로 인한 사망자

400,000

300,000

200,000

100,000

0

1985   1990   1995   2000   2003

마피아와 해적행위는 구시대의 유물로 치부되거나 세계의 정치 경제 변화에 의해 추월당하기는커녕 대단한 적응력으로 다시 기승을 부리고 있다. 규제 완화, 국경 개방, 국가의 권위 약화뿐만 아니라 그 동기에 대한 무지나 화물 운송의 증가로 마피아와 해적행위는 세계화를 틈타 활동을 재편하고 있는 것이다.

마피아의 정의

전문가 장-프랑수아 게이로에 따르면 마피아가 다른 범죄조직과 구분되는 세 가지 특징은 다음과 같다.

첫째, 정착지. 코사 노스트라의 경우 시칠리아의 팔레르모, 미국 마피아는 뉴욕, 일본 야쿠자는 도쿄와 오사카에 뿌리를 두고 있다. 이렇게 연계되어 있는 정착지는 대단히 중요하고 결정적이어서 한 마피아의 구성원이 되기 위해서는 반드시 그 정착지 출신이어야 한다. 그래서 시칠리아의 가톨릭 신자들만이 코사 노스트라에 가담할 수 있다. 마찬가지로 미국 마피아에 들어가기 위해서는 이탈리아인 선조를 두어야 한다. 둘째, 이러한 조직들이 활동해온 기간. 대부분 약 2세기 전에 만들어진 마피아는 '정상급' 조직범죄 집단이다. 끝으로 은밀한 관행, 엄격한 위계서열과 다양한 범죄활동. 활동영역은 강탈, 폭리, 밀수, 공개시장에서 벌이는 사기, 매춘, 도박, 마약·담배 거래나 인신매매다.

이 정의에 따르면 약 10개의 범죄조직만이 마피아의 범주에 속하며 '러시아 마피아'로 지칭되는 조직이 그러한 칭호를 내세우는 것은 정당하지 않다. 러시아 마피아는 정확한 영토 기반이 없고 소비에트 체제의 잔해 위에서 최근 만들어진 조직으로 사실 오히려 대도(大盜) 행위에서 유래했을 것이다.

마피아로 규정될 수 있는 범죄조직이 전 세계에 10개가량 있다. 그 가운데 다섯 개는 이탈리아 조직으로 시칠리아의 코사 노스트라, 칼라브리아의 엔드랑게타, 푸글리아의 사크라 코로나 유니타, 캄파니아의 카모라가 있다. 다섯 번째 조직으로 말하면 코사 노스트라가 뉴욕에서 발현한 경우로 사실상 미국 조직이다. 그 조직은 오늘날 완벽하게 독자적인 기구로 코사 노스트라의 지배를 받지 않는다. 세계 다른 곳에서는 또 일본의 야쿠자나 중국과 타이완의 삼합회가 있다. 그리고 이름 높은 이 마피아 조직들에 더해 다른 두 개의 조직, 즉 터키의 마피아와 발칸 지역의 '알바니아계' 마피아가 있다. 이 두 조직은 아마도 조금은 덜 알려졌을 것이다.

코사 노스트라

코사 노스트라는 19세기 초 팔레르모 지역에서 영농체제의 구조조정에 대해 농민들이 반란을 일으켰을 때 탄생했다. 이 농민운동에 맞서기 위해 당시 대지주들이 사설 위병들을 채용했는데, 그 경비대가 점차 몸집을 불려 마침내 코사 노스트라(우리 것, Our thing)라는 이름으로 독자적인 조직이 되었다. 그 후에 코사 노스트라는 그 지역의 정치생활을 장악하면서 계속 유지되었다. 그렇게 해서 1943년 시칠리아가 해방되었을 때 미국은 확실히 질서를 유지하기 위해 마피아 일당에 연결되어 있는 사람들을 시장이나 도지사의 자리에 앉혔다. 이후에 공산주의 세력의 팽창을 두려워하여 코사 노스트라가 기독민주당을 지지하고 그 당에 대한 지지표를 선동함으로써 정계와 마피아 집단은 더 끈끈하게 얽히게 된다.

활동을 넓히기 위해 코사 노스트라는 19세기와 20세기 시칠리아에 이어 이탈리아의 이민 행렬에 의해 조성되는 네트워크에 의거한다. 우선 이탈리아행 이민 ─ 1950~1960년대 롬바르디아, 피에몬테, 토스카나로 이주 ─ 과 같은 시기에 이루어진 서유럽행 이민, 그리고 미국행 이민이 있었다. 1890~1914년에 400만 명의 이탈리아인들이 미국으로 건너갔으며 그중 80퍼센트는 남부 이탈리아 출신이었다. 이후 그들 가운데 일부가 미국 코사 노스트라를 창설했고 뉴욕이 그 조직의 거점이 되었다.

오늘날 주요 범죄집단들이 세계화로 제공받는 시장을 정복하러 새로운 지역들을 탐사하고 있는 반면 시칠리아의 마피아 조직 코사 노스트라는 본거지에 틀어박혀 있다. 코사 노스트라는 20년간의 내부 갈등뿐만 아니라 범죄조직을 소탕하려는 이탈리아 정부의 확고한 결의에 의해 세력이 약화되어 현재는 지역경제에 집중하는 방안을 선택했다. 이제 그 조직의 주요 수입원은 강탈, 고리(시칠리아에 널리 퍼져 있다) 그리고 이탈리아 국가나 유럽연합의 보조금을 유용하기 위해 공개 경쟁입찰을 선도하는 것이다. 코사 노스트라는 메시나 다리 건설비용의 60퍼센트를 공적자금에서 지원받음으로써 상당한 이득을 취하게 될 것이다. 메시나 다리는 시칠리아와 이탈리아 반도를 연결하는 교량으로 2012년 완공 예정이다.

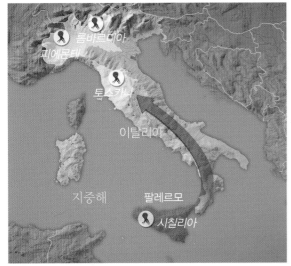

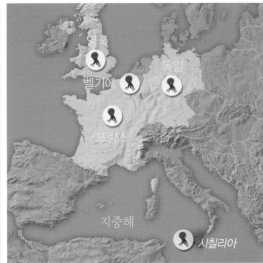

맨 아래 있는 '패밀리'

마피아는 피라미드 유형의 조직이다. 코사 노스트라의 하단에는 약 30명의 구성원으로 된 '패밀리(cosca)'가 여럿 있는데, 이러한 패밀리는 제각기 일정 영역을 통치한다. 최소행정구(예를 들어 코를레오네나 트라파니)나 팔레르모의 한 지구가 그러한 영역이 될 수 있으며, 그 경우 종종 지명을 따서 패밀리 이름을 짓는다. 이 '패밀리들' 위에는 각각 3~6개의 패밀리를 규합하는 '캉통'이 있으며, 여기에는 최고 책임자가 있다. 전통적으로 팔레르모 패밀리의 우두머리를 단독 수장으로 옹립해서 그 수장의 권한 아래 시칠리아의 캉통들이 다시 집결한다.

마피아의 캉통

이탈리아
트라파니
팔레르모
코를레오네
시아카
시칠리아
아그리젠토
지중해
50km
출처 : J. F. Gayraud, le monde des mafias, Odile Jacob

밖으로 세력을 확장하는 삼합회

역사적으로 볼 때 19세기에 홍콩과 푸젠 지역에 집중되어 있던 중국의 삼합회는 정치 사안들과 중국인의 이주 행렬에 따라 세계 속으로 조직을 확대해나갔다. 우선, 1949년 공산주의자들이 베이징에서 권력을 장악했을 때, 삼합회는 타이완, 홍콩, 마카오에 틀어박혔다. 이어 삼합회는 동남아시아, 미국 혹은 캐나다 서부에서 상당한 규모의 중국인 사회가 자리 잡은 지역들로 뻗어갔다. 더 최근에 와서는 1980년대 말 중국 본토의 개방으로 삼합회가 특히 상하이와 광둥 지역에 다시 자리 잡게 되었다.

삼합회의 본산지
중국인들이 상당히 많이 있는 지역
삼합회

베이징
중국
상하이
푸젠
광둥
마카오 홍콩
타이완
태평양
하이난
태국
베트남
필리핀
브루나이
말레이시아
싱가포르
인도양
인도네시아

마피아: 기회를 잘 이용하고, 유연하며, 눈에 띄지 않는 조직

처음에 마피아는 시칠리아의 코사 노스트라나 일본의 야쿠자가 그렇듯이 권력의 공백이나 급격한 변화에서 탄생했다. 그 후로 마피아는 유럽과 미국의 이탈리아인들, 동남아시아와 북아메리카의 중국인들, 서유럽의 알바니아인들과 같이 마피아 본산이 있는 국가의 자국민들이 세계 각지로 이주해가면서 형성된 민족집단에 의거했다. 끝으로 마피아는 자신들이 차지하고 있는 영역에서 조직을 유지하기 위하여 부패를 필두로 많은 수단을 개발했다. 오늘날 마피아는 눈에 보이지 않게 정계는 물론 건설, 부동산, 쓰레기 처리, 공연, 관광, 호텔, 도박, 카지노 부문에 침투해 있다.

기회를 잘 노리는 마피아는 세계의 진보로 야기되는 변화에 맞춰가면서 세계의 발전 양상을 이용할 줄도 안다. 동유럽과 유고슬라비아의 지정학적 격변, 세계화, 북미자유무역협정(NAFTA)와 유럽연합의 창설, 중국으로 반환된 마카오와 홍콩. 이러한 영토 개방과 경제자유화 과정에 의해 법률상의 일부 제약이 완화되면서 가장 적극적으로 움직이는 주체들일 뿐만 아니라 마피아같이 가장 비양심적인 당사자들이 혜택을 입는다. 이제 마피아는 범죄행위로 벌어들인 돈을 합법적인 기업에 재투자하는 편이 더 쉬워졌다. 그렇다고 해서 마피아가 투자자가 되는 것도 아니고, 일자리를 창출하지도, 투자 배당금을 재분배하지도 않는다. 그 대신 마피아에 의해 세계 경제가 부패하고 진출해 있는 곳곳에 불안정한 여건이 조성되며 '대부'만 이득을 취할 뿐 지역 경제는 약화된다.

해적행위: 세계적으로 다시 활개를 치는가?

　기원전 5000년경 페르시아 만에서 모습을 드러낸 해적행위의 역사는 항해만큼이나 오래되었다. 그렇지만 세계 전 영토에 대한 국가의 통제 증가, 주요 해로의 보안 강화, 더 크고 더 빠르고 더 안전한 상선 건조 그리고 해적행위 처벌규정(해양법, 1982)에 의해 해적행위는 종말을 맞았을 것이다. 그런데 해적행위는 사라지기는커녕 1990년대 초부터 자주 재발되고 있다.

　오늘날 해적행위는 특히 값비싼 화물(석유, 원자재)을 훔치는 경우뿐만 아니라 선박 납치를 가리키며 승무원들도 납치 대상이 된다. 2006년 한 해 동안에 세계의 차원에서 항만지대는 물론 해상 한가운데 공해에서 선박에 가해진 습격 건수가 239회에 이르렀다. 따라서 해적행위는 3년 연속으로 줄어들고 있긴 하지만 여전히 국제 항해를 위협하는 골칫거리가 되고 있다.

　이미 2007년 상반기에 소말리아와 나이지리아의 연해에서 다시 습격이 일어났는데 존재하지 않거나 취약한 두 나라의 정부는 영해를 포함한 전 영토에 국가의 권한을 부여하려고 애쓰고 있다. 나이지리아에서는 지역의 석유 채굴로 얻은 소득을 재분배하지 않으려는 정부에 대응하여 니제르 델타의 반란군들이 유조선을 납치하고 승무원을 인질로 잡아두었다. 그리고 소말리아에서 증가하는 해적행위는 그 나라를 갈기갈기 찢는 무장분쟁뿐만 아니라 정치적 분열에 의해 해적을 퇴치할 행동방침에 대한 합의를 이끌

알바니아어권
마약 루트
구유고슬라비아 국경

150km

알바니아 마피아의 지정학

알바니아 마피아의 세력 범위는 발칸 지역의 전체 알바니아어권이다. 그 조직은 이탈리아와 터키 사이에, 19세기 이래로 아시아와 유럽 간 아편 거래, 그리고 이어지는 헤로인 거래를 위해 이용되는 도로망의 한복판에 있다는 지리적인 위치를 기반으로 발전했다.
알바니아 마피아가 도약하는 데 일조한 지정학 사안은 다음과 같다.
첫째, 1980년대 공산주의자들의 탄압을 견디지 못한 알바니아인들이 스위스, 스웨덴, 독일, 미국으로 이민을 갔으며, 그때부터 알바니아 마피아는 그 지역으로 세력을 확대하고 체계적인 조직을 갖춰나갔다.
둘째, 1990년대 유고슬라비아 내 여러 전쟁으로 권력 공백이 생기자 이를 틈타 알바니아 마피아 조직이 확대되었다. 그렇게 해서 그 조직은 1999년 세르비아인들이 코소보를 떠났을 때 나토 군대의 뒤를 따라가서 코소보에 확고한 기반을 갖게 되었다.

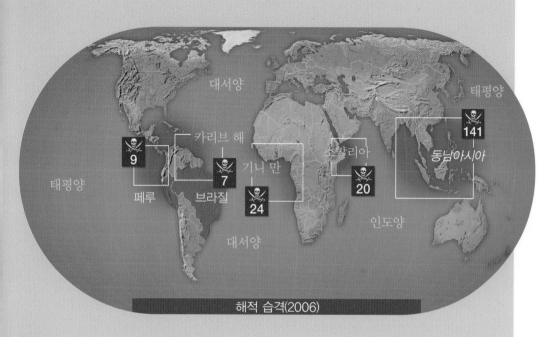

해적 습격(2006)

대서양
카리브 해
기니 만
소말리아
태평양
동남아시아
9
7
24
20
141
페루
브라질
태평양
인도양
대서양

해적행위: 위험지대들

2006년 집계된 239건의 해적행위 가운데 50건이 인도네시아, 47건이
방글라데시에서 발생했다. 1990년대 초부터 재발한 해적의 습격은
남아메리카, 아프리카, 동남아시아를 불문하고 지구상의 많은 지역을 강타하고
있다. 예를 들어 남아메리카에서는 브라질과 페루의 항구 연해, 아프리카의 경우는
기니 만에서 그리고 소말리아의 해안과 아덴 만을 따라서 습격을 받았다.

어내지 못하는 현실에 직접적으로 연관되어 있다. 그렇게 해서 이
해적들은 지원되는 식료품을 거뜬히 선취할 수 있는 것이다. 지원
품 가운데 80퍼센트가 배편으로 전송된다.

어떤 퇴치방법들이 있는가?

해적행위는 국가들의 취약점, 국가에 부족한 수단들과 국가가
관할하지 못하는 지역을 이용하기 때문에 퇴치하기가 어렵다. 국
가 및 국제적 차원에서 국가들이 일사불란하게 결집해야 퇴치할
수 있는 것이다. 소말리아나 나이지리아 연해 같은 일부 지역에게
는 역설적인 요구조건인데 오늘날 다른 국가들은 그러한 요구조
건에 대처할 수 있다. 그래서 말라카 해협의 해적행위를 소탕하기
위해 말레이시아는 아낌 없는 노력을 쏟아붓고 있다.

첫째, 해군과 해경, 세관의 순찰 강화. 둘째, 전자 감시 시스템 도
입. 셋째, 인도네시아, 싱가포르와 공동으로 순찰을 벌이면서 해양
안보 문제를 지역 차원의 우선순위로 격상.

그 결과 말라카 해협에서는 해적행위가 크게 줄어든다. 2004년
38차례 습격을 당한 데 비해 2006년에는 11차례에 불과했다.

또 국제해양국(IMB)은 1992년에 쿠알라룸푸르에 세계해적행위
정보센터를 열었다. 인터넷상에서 쌍방향으로 접근 가능한 지도
(World Piracy Map) 덕택에 그 센터를 통해 선주들은 위험지대를 식
별해서 습격을 예상할 수 있다. 이와 병행하여 국제해양국은 저렴
한 위성을 이용하는 추격 시스템(SHIPLOCK)을 제공한다. 이 시스템
을 통해 해운회사들은 회사 선박의 정확한 위치를 알 수 있으며, 습
격을 받을 경우 경보 시스템으로 활용 가능하다. 그렇지만 이러한
장치들이 봉착하는 문제는 바로 그 장치들이 개입하는 국가의 역
량에 의존한다는 것이다.

아시아: 세계 해적행위의 진앙지

일본, 중국, 한국과 유럽, 중동을 연결하는 주요 해로 가운데 하나가
통과하는 동남아시아 지역은 해적행위에 가장 많이 노출되어 있다.
지난 10년에 걸쳐 세계에서 관측된 해적행위의 25～30퍼센트가
인도네시아에 집중되어 있다. 열도라는 점 때문에 해적들이 쉽게
습격하고 퇴각하는데, 더욱이 인도네시아에서는 1997년의
금융위기 이래로 불안정한 나라 상황은 물론 분리독립파나
반란세력의 활동(티모르, 몰루카, 아체)을 이용해
무기 거래와 해적행위가 이루어진다.
2004년부터 습격 건수가 상당히 줄어들긴 했지만
세계 무역의 80퍼센트가 경유하는 말라카와 싱가포르의 해협 또한
여전히 해적들이 습격 대상으로 눈독을 들이는 곳이다.
거기서 북쪽으로 좀 더 올라간 벵골 만의 경우 해적행위는
2년간 급격히 감소했다가 2006년 다시 맹위를 떨치기 시작했다.
해적들은 특히 치타공 항구에서 하역을 준비하는 선박들을 습격했다.
따라서 이러한 위협에 맞서기 위해 2004년 아시아의 16개국이
'지역 간 해적행위 및 선박 무장공격 퇴치협력 협정(ReCAAP)'에
서명을 했으며, 이 협정은 2006년 9월에 발효되었다.

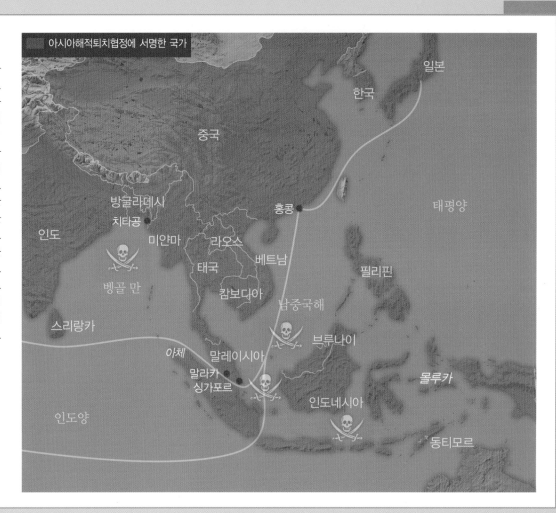

아시아해적퇴치협정에 서명한 국가

더 취약한 세계

빙하 두께와 면적의 감소, 연중 빙하가 존재하는 기간의 감소.
이제 북극 지역에서 기후 온난화는 더 이상 하나의 가설이 아니라 기정 사실이다.
기후 온난화는 산업화, 세계의 인구 증가, 세계화의 부작용이자 돌이킬 수 없는
결과로 지구의 취약점을 공격한다. 그렇게 해서 북극 지역에서는
심각하게 균형이 파괴되고 있으며 북극 지역의 인구는 물론 동물군·생태계가
기후 온난화의 영향을 받고 있다.

세계화는 정체성과 영토, 영토와 경제 그리고 경제와 국가를 조금씩 분리시키기 때문에 세계화에 의해 개발은 지속적으로 생태 환경에 남는 개발의 흔적과 유리된다. 그래서 북극권이나 태평양 도서지역에서 산업화와는 가장 거리가 멀고 가장 고립된 문명들이 제일 먼저 기후 온난화의 피해를 입는다.

인간들은 대개 자신들이 사는 곳과는 멀리 떨어진 곳에서 종의 멸종이나 녹아내리는 빙하가 그들에게 보내는 경보에 그다지 민감한 반응을 보이지 않으며, 오늘날까지 개발모델을 거의 바꾸려 하지 않았다. 그와 반대로 세계화는 성장에 가치를 부여하고 도시화를 가속하는 경향이 있다. 그런데 이러한 무관심에 의해 생물 다양성에 제기되는 보존 문제 이외에 인간은 포식자가 되어 자신이 의존하고 있는 환경을 파괴하면서 끝내 고유의 미래를 위협하고 마는 것이 아닌가?

도시를 둘러싼 긴장

　도시는 세계화의 동력인 동시에 세계화의 징후로서 오늘날 사람들, 부와 혁신, 수요, 욕구와 긴장, 오염, 불안정과 빈곤이 도시에 집결되어 있다. 온갖 유형의 흐름이 수렴되는 복잡한 집합체인 도시는 잡아먹는 동시에 새로 만들어내는 역설적인 시스템처럼 보인다. 도시는 성장을 부추기고 개발을 촉진하는 창조 시스템이자 자원을 소비하고 주민들을 취약하게 만드는 포식 시스템인 것이다.

　20세기에만 도시 인구는 2억 2,000만 명에서 28억 명으로 늘어났다. 따라서 점차 세계 도시 인구의 비중이 늘어나면서 지구는 중대한 변화를 겪게 되고 그 변화는 지구 생태에 지속적으로 영향을 미칠 것이다. 2007년 역사상 처음으로 도시에 사는 사람이 세계 인구의 절반을 넘은 이상, 다시 말해 33억 명에 달한 이상, 상징적인 새 문턱을 뛰어넘었다. 그 수치는 2030년 50억에 육박할 것으로 전망되는데 그중 80퍼센트는 개발도상국의 도시에 거주할 것이다.

　2000~2030년 도시 인구가 2배로 늘어나게 될 아프리카와 아시아의 경우, 가장 위태로운 상황에 처할 것이다. 부, 무역, 서비스의 축으로서 후진국의 대도시들은 이제 — 국가와 마찬가지로— 급격히 늘어나는 주택·일자리·교육·보건 수요, 쓰레기 관리, 자동차 운행, 도시 주변 판잣집 밀집지역의 무질서한 팽창, 하수처리 시스템의 정비나 전력공급 시스템이 제기하는 문제들에 맞서야 한다. 끝으로 도시가 비참한 상황에서 벗어나는 최선의 희망을 대변한다면 도시는 또 빈곤의 최대 온상이 되어 다른 미묘한 문제들,

메갈로폴리스(2015)

후진국에 집중되어 있는 메갈로폴리스

메갈로폴리스 — 유엔에 따르면 인구 800만 명 이상의 거대 도시 —가 세계 인구에서 차지하는 몫은 언제나 더 크다. 메갈로폴리스는 부분적으로 증가하는 인구를 흡수하고 있다. 1975년 인구 1,000만 명을 넘는 도시는 5개였다(도쿄, 뉴욕, 상하이, 멕시코, 상파울루). 2015년이 되면 18개 도시가 인구 1,000만 명을 넘고 그 가운데 15개는 개발도상국과 신흥국의 도시일 것이다. 도쿄는 인구가 2,700만 명으로 여전히 세계에서 가장 큰 거대도시가 될 것이며, 그 뒤를 방글라데시의 다카, 인도의 뭄바이와 델리, 브라질의 상파울루, 멕시코의 멕시코시티가 따를 것이다. 그렇지만 도쿄 뒤를 따르는 이들 도시는 인구가 2,000만 명을 넘을 것이다. 그렇게 해서 2030년경 세계 인구의 약 60퍼센트가 도시에 거주할 것이다.

멕시코시티에는 2,000만 명이 거주하고 있으며, 멕시코 경제활동의 50퍼센트가 이곳에 집중되어 있다. 따라서 가히 기록적인 개발이 이뤄지고 있는데 이러한 도시 개발에 의해 필요한 물을 안정적으로 조달하기가 점점 어려워진다.

필요한 물

멕시코시티에 있는 수원지와 산악분지의 호수만으로는 더 이상 도시에 필요한 물을 충당할 수 없기 때문에 우선 도시 주변 지역, 특히 톨루카 부근의 지하수층에서 물을 끌어올렸다. 이 지하수층에서 최대한 물을 끌어올렸을 때는 쿠차말라 강, 레르마 강, 아마쿠차 강, 테콜루틀라 강에 새로운 취수장들이 설치되었다. 그런데 문제는 이곳들이 멕시코시티 하류 방향으로 1,200미터 지점에 위치해 있다는 것이다. 그리고 지도를 보면 아마쿠차 강의 취수장에서

물을 끌어올리는 경우와 모렐로스 주에서 관개와 관광용으로 물을 필요로 하는 경우가 상충된다는 사실을 알 수 있다.

따라서 용도 분쟁과 물 부족의 위험에 직면한 멕시코시티는 언제나 더 멀리 언제나 더 깊이 물을 조달하러 가지 않을 수 없는 처지에 놓여 있다. 그런데 문제는 그것만으로는 충분하지 않으며(빈곤 지역에는 운반차량이 물을 공급해준다), 게다가 지하수층의 과잉 개발로 인해 지진과 연관된 위험이 현저하게 증가한다는 것이다. 실제로 1985년

에 지진이 일어났을 때 멕시코시티 도심의 지면이 가장 많이 흔들렸다. 지하수층을 펌프로 끌어올려 그곳의 토양이 제일 심하게 침하되었던 것이다. 멕시코시티가 겪는 홍수의 빈도와 심각성은 도시 확장과도 연관되어 있다. 그러니까 분지의 중앙에 위치한 멕시코시티는 교외지역과 도시 주변 판잣집 밀집지역을 언덕 옆 경사지대로 밀어내야 했던 것이다.

주택을 짓기 위해 시멘트로 포장한 경사지는 계곡에 범람하는 빗물을 더 이상 흡수하지 못하게 되었다.

개발의 '무게'

멕시코시티의 사례와 비교할 수 있는 방콕의 경우는 아시아 도시들이 성장하면서 봉착하는 난관을 보여준다.

태국의 수도 방콕은 1950년 인구 70만 명에서 2007년 800만 명 이상으로 늘어나면서 수십 년 전부터 이미 도시 개발이 가속화되었다. 틀림없이 개발 속도가 지나치게 빨라서 생태학적으로 견뎌낼 수 없는 상황일 것이다. 그래서 멕시코시티의 경우와 마찬가지로 여러 지하수층에서 수차례 물을 끌어

올려 방콕은 이제 1년에 수 센티미터씩 내려앉는 지경이 되었다. 그로 인해 건물과 기반시설들이 위험천만하게 약화된 상태다. 그런데 도시 개발로 주민들이 위험에 처해 있는데도 도시는 늘어나는 인구의 압력을 받으면서 계속 확장되고 있다. 방콕 동부와 남부에는 계속 운하를 메워 그 위나 그 자리에 새로운 길을 만들고 있는 것이다. 그 결과 방콕을 가로지르는 차오프라야 강 쪽으로 물을 배출하는 속도가 느려져서 우기에는 도시의 여러 지역이 범람하게 되었다.

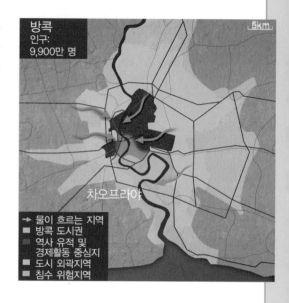

방콕
인구: 9,900만 명

차오프라야

→ 물이 흐르는 지역
■ 방콕 도시권
■ 역사 유적 및 경제활동 중심지
■ 도시 외곽지역
■ 침수 위험지역

멕시코시티
인구: 2,240만 명

촘판고 호
이달고 주
테콜루틀라 강
메트마 강
텍스코코 호
트락스칼라 주
쿠차말라 강
멕시코 주
푸에블라 주
모렐로스 주
아마쿠차 강

◆ 양수
■ 멕시코시티 도시권
■ 주거지역
■ 빈민가

75km

즉 사회적 긴장의 관리, 지배구조 체제의 혁신, 안보장치의 적용, 보건 위기의 예방 문제가 제기된다. 세계의 인구 증가와 세계화가 교차되는 시점에서 도시는 이제 세계의 도시화가 '경제적으로 유익하고 인간적으로 받아들일 만하며 생태학상으로 견딜 만하도록' 가능한 한 빨리 새로운 해법을 고안하지 않을 수 없다. 이것은 이상적인 방정식으로, 이 경우 물이라는 데이터는 대단히 중요하다.

물 문제에 봉착한 도시

물 문제는 인구가 증가하고 식생활·요리·위생 등 물을 필요로 하는 곳이 늘어난 상황과 직접적으로 연관되어 있다. 물 문제는 특히 개발도상국들의 가속화된 도시화에 의해 긴박한 현안으로 대두되고 있다. 이미 담수 소비는 지금부터 2025년까지 세계적으로 40퍼센트 증가할 것으로 보여 즉각 이 수요에 대처할 수 있는 수자원 공급 문제가 제기된다. 왜냐하면 동일한 기간에 도시 인구에 필요한 식량이 증가하면서 관개 면적이 적어도 30퍼센트 정도 늘어나게 될 것이기 때문이다. 그런데 인도, 중국, 멕시코 같은 일부 국가에서는 농업 부문이 담수를 이미 약 85퍼센트 상당(유럽은 20퍼센트) 소비하고 있는데 이들 국가는 물 부족 문제를 겪을 정도로 심각한 위험에 처해 있다.

도시 성장에 의해 부각되는 담수 공급의 문제에 정화 문제가 추가된다. 루이 파스퇴르가 말했듯이 "우리는 우리 질병의 90퍼센트를 마시고 있다." 그런데 2004년 전체 개발도상국에서 처리된 하수의 비율은 10퍼센트에 불과했다. 그렇게 해서 화학성, 세균성 전염 물질이 가득한 하수를 통해 콜레라, 장티푸스, 설사, 간염 같은 감염질환이 유발되는 것이다. 합산해보면 물에 의해 이러한 병을 옮아서 매년 300만 명 이상이 목숨을 잃는 것으로 추정된다.

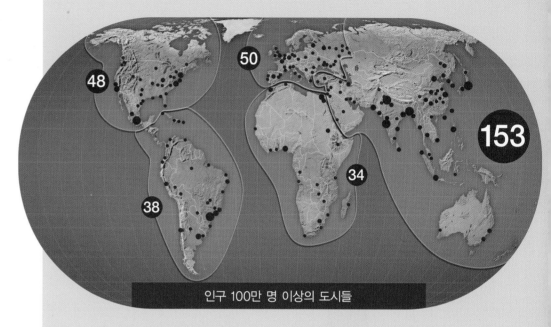

인구 100만 명 이상의 도시들

아시아: 도시의 급성장

도시화는 세계적인 현상이라고 해도 지리상으로 여전히 불균등하게 진행되고 있다. 인구 100만 명 이상의 도시 323개 가운데 거의 절반이 아시아에 몰려 있다. 부분적으로는 세계 인구의 지리적인 분포 때문이기도 하지만 아시아 대륙이 특히나 역동적으로 세계화에 가담하고 있기 때문에 이러한 불균형이 나타나는 것이다.

물의 용도에 대하여

물의 용도를 가늠하는 두 가지 방식은 다음과 같다.

첫째, '취수'는 인간이 필요에 의해 개울, 강이나 지하수층에서 끌어올리는 물에 해당한다. 하지만 그 일부는 소비되지 않거나 사용 후 자연으로 반환된다.

둘째, '소비되는 물'은 사용하고 나서 더 이상 쓸 수 없는 물에 해당한다.

그런데 이러한 산정방식에 의해 유도되는 격차로 상이한 분석을 낳게 될지도 모른다. 예를 들어 농업이 전 세계 소비되는 물에서 차지하는 비율은

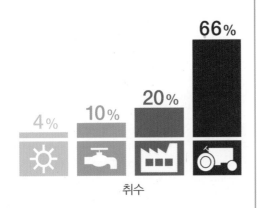

66%

20%

10%

4%

취수

93퍼센트이지만 취수의 경우 66퍼센트에 그칠 뿐이다.

역으로 가정에서 쓰는 물(식생활, 위생)이 세계적으로 소비되는 물에서 차지하는 비율은 3퍼센트에 불과한데, 취수의 경우 10퍼센트에 해당한다. 산업의 경우에도 마찬가지로 세계 물 소비의 4퍼센트, 하지만 취수의 20퍼센트를 차지한다.

그렇지만 지역 간에는 수치가 더 현저하게 달라진다. 사하라 이남의 아프리카에서는 하루에 1인당 평균 10~20리터의 물이 소비된다면 유럽에서는 200리터, 북아메리카와 일본에서는 350리터로 그 수치가 올라간다.

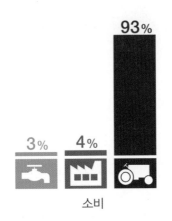

93%

3%

4%

소비

수자원 위기를 앞두고 있는 아시아

세계에서 물 공급 문제와 수질 문제로 가장 영향을 많이 받는 지역 가운데 아시아는 1순위에 속한다. 아시아는 세계에서 인구가 가장 많은 동시에 관개 면적이 가장 큰 대륙이다. 더군다나 그 문제는 더 심화될 것으로 보인다. 이미 세계에서 소비되는 담수의 70퍼센트를 흡수하고 있는 아시아 대륙은 도시 인구가 2000년 14억 명에서 2030년 26억 명으로 증가할 것으로 전망되기 때문이다. 결과적으로 만일 지역 차원에서 신속하게 물의 재분배 시스템이 마련되지 않는다면 아마도 중국·인도·파키스탄은 지금부터 2025년까지 심각한 물 부족 사태를 겪게 될 것이며 물 부족에 더해 심지어 전염병이 창궐할지도 모른다.

아시아의 물 문제는 보건 측면에서도 심각하다. 중국·인도·파키스탄에서는 인구의 4분의 1에서 절반, 라오스·네팔·부탄에서는 그보다 훨씬 더 많은 인구가 위생적인 물을 이용하지 못하기 때문이다.

더 넓게는 일본과 대한민국 이외에 대부분의 아시아 가정에는 여전히 수도시설도 위생시설도 없다. 이 말은 처리되지 않은 물을 사용하고 있다는 뜻으로 운하·하천·강에서 끌어다 쓰는 더러운 물에 의해 사람들의 건강은 물론 생태계 및 생물 다양성이 파괴된다.

이제 관개 농업의 증가, 다양한 형태의 물 낭비, 도시로부터 매일 배출되는 오염과 도시 주변에 방출되는 쓰레기와 더불어 도시 발전은 결국 지구의 전반적인 생태 균형에 변화를 초래한다. 남극권과 북극권만큼이나 멀고 거의 도시화되지 않은 지대도 이러한 변화를 피할 수 없다.

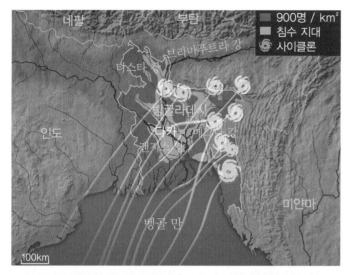

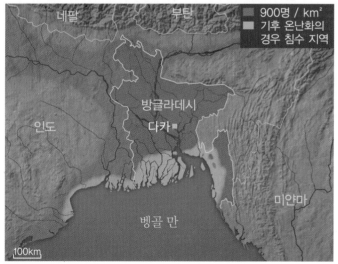

방글라데시, 기후 망명을 향하여

전 지구 차원에서 방글라데시는 기후 변화와 해수면 상승에 가장 취약한 국가 중의 하나다. 평균적으로 1.5미터 상승하면 영토의 16퍼센트가 침수되고 1,700만 명의 사람들이 영향을 받게 될 것으로 추산된다. 방글라데시에서 기후 온난화 문제는 더 이상 가설도 아니고 심지어 위험요소도 아니며 실제로 중대한 위협이 되고 있다.

이러한 상황을 설명해주는 매개변수는 여러 가지다.

지리상의 관점에서 방글라데시 내에는 갠지스와 브라마푸트라 강의 삼각주, 메그나 강과 티스타 강이 있다. 기후로 보면 방글라데시는 몬순의 영향을 받는 열대국가로 몬순 현상에 의해 매년 여름 넉 달 동안 많은 비가 내린다. 농업 부문에서 방글라데시는 벼농사 국가다. 2006년 기준으로 인구가 1억 4,200만 명인 방글라데시는 비옥한 충적토 덕택에 거의 식량을 자급자족한다.

방글라데시 곳곳에 두루 물이 있고 그 물에 의해 나라의 농업은 물론 경제의 향방이 결정되는데 여전히 물은 주요한 위협이 되고 있다. 방글라데시는 벵골 만의 안쪽에 위치해 있어서 정기적으로 강력한 사이클론의 영향을 받기 때문이다. 폭우, 몬순기의 범람, 거센 바람이 결합되어 바닷물이 해안으로 밀려가서 어마어마한 홍수가 일어난다.

지리와 기후 여건이 상당히 특유한 데다가 무엇보다 방글라데시는 세계에서 가장 인구 밀도가 높은 국가 가운데 하나(1제곱킬로미터에 985명)여서 가장 취약한 국가에 속한다. 우선 수도인 다카부터 취약한 상황에 처해 있다. 침수 위험지대에 위치해 있고 1,200만 명의 인구가 거주하는 다카는 특히나 기상 · 기후 이변에 노출되어 있다. 그럼에도 도시는 강 건너편 늪지대에 개발되는 임시 거주지를 비롯하여 쉬지 않고 계속 무질서하게 확장되고 있다.

방글라데시 정부는 해수면 상승에 촉각을 곤두세우고 있지만 그래도 대두되는 위험에 직면하여 무력한 상태다. 북극지역이나 태평양 도서지역과 마찬가지로 그 나라의 운명은 범세계적으로 채택하는 조치에 달려 있기 때문이다. 거기에 걸려 있는 경제적 쟁점이 상당히 커서 그러한 조치를 적용하는 데 제동이 걸린다. 그동안 방글라데시는 최초의 기후 망명국이 될지도 모를 일이다.

북극:균형 파괴

수천 년 동안 북극 지역에서는 혹독한 지리 · 기후상의 여건 속에서 인간, 동물, 생태계가 함께 미묘한 균형을 이루며 존속해왔다. 생존하기 위해 농업과 삼림개발에 부적합한 이 환경에 적응하지 않을 수 없던 인간은 수 세기를 거쳐오며 그곳에서 특유의 낚시 기술과 수렵기술을 개발해왔는데 이 기술은 그들의 정체성이 되었다. 북극 사람들은 대대로 내려온 이 균형에 의거해 생존해왔다.

그런데 지도를 보면 이 균형이 기후 온난화에 의해 결국 파괴될 우려가 있다는 사실을 알 수 있다. 그렇지만 이 사람들은 기후 온난화 현상에 대해 전혀 책임이 없을 뿐만 아니라 그 현상에 직면하여 어떻게 손써볼 도리가 없는 상황이다.

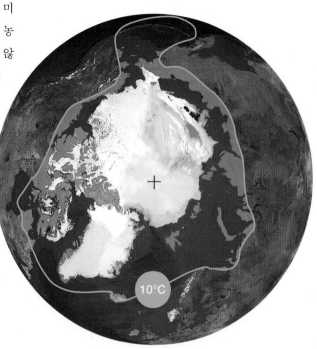

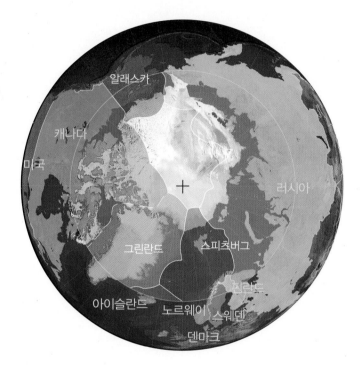

한랭지리학

기상학자들에게 북극의 경계는 7월 최고 온도인 10도의 평균등온선이 지나가는 지점이다. 그 선을 기점으로 침엽수림이 자라나는 타이가에서 잡초와 지의류 외에는 아무것도 나지 않는 툰드라로 옮겨간다. 생물학자들에게도 이 선이 적합하다. 바로 이러한 초목의 변화에 의해 북극 동물군, 즉 북극곰, 여우, 늑대, 흑기러기, 제비갈매기 등의 존재 범위가 정해지기 때문이다.

정치지리학

북극에 사는 여러 민족은 다양한 주권, 즉 캐나다, 미국(알래스카), 덴마크(그린란드), 노르웨이(스피츠버그), 스웨덴, 핀란드, 러시아 주권에 종속되어 있다. 북극 빙해의 중앙에 위치해 있는 지리상의 북극에 대해 말하자면, 어떤 주권에도 예속되지 않지만 해양법을 규제하는 몬테고베이 협정의 적용을 받는다. 그런데 2007년부터 노르웨이와 러시아는 그곳에서 에너지 자원에 연관된 권리를 내세우고 있다.

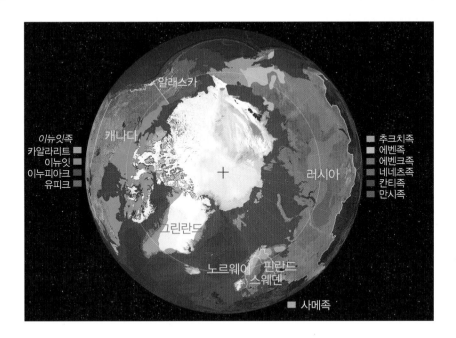

알래스카

캐나다

이뉴잇족
카알라리트
이뉴잇
이누피아크
유피크

러시아

추크치족
에벤족
에벤크족
네네츠족
칸티족
만시족

그린란드

노르웨이 핀란드
스웨덴

사메족

인간지리학

북극지역의 인구는 약 60만 명이다.
그 수는 세계 인구 차원에서는 아주 미미하다. 하지만 북극지역에는 여러 민족이 분포하고 있다.
이 민족들은 광대하고 드문드문 이어지는 영토에 분산되어 소규모 촌락공동체를 이루고
살아가는데 북극의 극한 상황에 의해 이 공동체들은 언제나 격리되어 있다.
겨울 동안 대양을 얼게 하는 한파로 도로를 건설하고 유지하지 못할 뿐만 아니라,
연중 내내 끊이지 않고 정기적인 통신을 할 수 없기 때문이다.
따라서 기후 온난화가 어떻게 그 지역의 교역경제 전체를 뒤흔들어놓을 수 있는지 가늠된다.

북극 온난화의 지리학

1994~2004년 빙하의 양상을 비교해주는
북극 빙해 지도에 나타나 있듯이
북극에서는 기후 온난화가
오늘날 육안으로 확인된다.
기후 온난화에 의해, 이를테면 종의
이동 같은 여러 가지 근원적인
변화가 초래된다. 줄어드는 빙하는
먹이사슬을 변화시켜 빙하와 더불어
이동하는 물고기 뒤를 조류,
바다표범이 따르며, 고로 곰이 따르게
된다. 인간도 그에 못지않게 기후
변화의 영향을 받는다. 어떤 곳에서는
인간의 생활 근간이 온난화와
녹아내리는 영구동토층에 의해 위협을
받고 있다. 그래서 알래스카에서는
해빙의 작용으로 시스마레프의 해안
마을이 붕괴되었다. 2006년 그 마을
주민 600명이 육지 안쪽으로
옮겨감으로써 그들의 조업
전통, 경제 자원, 단백질
섭취원을 잃을 위기에
처했다. 이와 병행하여 녹아
내리는 동토층에 의해 습지
면적이 늘어나 모기가
없었던 지역에 모기가
생기게 되었다.
특히 그로 인해 방출된
이탄으로 대기 중에
이산화탄소가 늘어나 기후
온난화가 조장되었다.

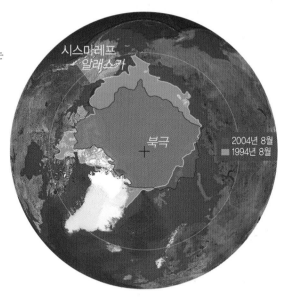

시스마레프
알래스카

북극

2004년 8월
1994년 8월

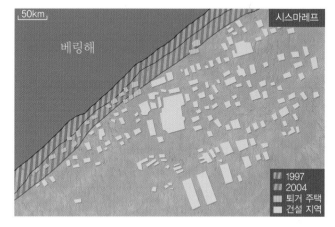

50km

시스마레프

베링해

1997
2004
퇴거 주택
건설 지역

생물 다양성이 풍부한 지대

세계에서 생물 다양성이 가장 풍요로운 25개 지역의 범위는 수면 윗부분 땅의 1.5퍼센트에 불과하다. 그 지역 안에는 화초 종의 44퍼센트, 척추동물의 35퍼센트가 있다. 대부분의 경우 이 지역들에서만 발견되는 종으로 그 밖의 세계 어느 곳에서도 그러한 종을 찾아볼 수 없다. 그런데 바로 이 지역권 내에 가장 심각한 멸종 위기에 처한 동식물 대부분이 살고 있다. 그 예로 인도네시아 산림지대의 오랑우탄, 중국의 악어, 이베리아의 스라소니는 물론 수천 개의 무척추동물(나비, 산호충, 연체동물)이 있다.

5차례 종이 대대적으로 멸망한 사례

계열 종의 수

우리 시대를 시초로 종이 대거 사라지는 제6기의 멸종 단계가 도래하는 것일까? 어쨌거나 IUCN에 따르면 지금부터 2020년까지 지구 생물종의 20퍼센트가 사라지게 될 것이다. 지금까지 지구에서 대대적으로 종이 멸종한 경우는 아직 다섯 번에 불과했는데 그동안 종의 60퍼센트 이상이 사라졌을 것으로 추정된다. 그 가운데 가장 많이 알려진 것이 6,500만 년 전 백악기 말로 이때 공룡이 사라졌다.

포식자

산업과 교통, 건설과 난방, 농업과 어업, 도시화와 관광. 이렇게 인간과 인간의 생활방식이 자연과 생물종에 미치는 영향력의 범위는 광대한 동시에 계속 증가하고 있다. 오늘날까지 인간이 추구하고 있는 성장 및 개발모델이 거의 언제나 생태계를 무시하고 종을 잡아먹기 때문이다.

위기에 처한 종

2006년 국제자연보존연맹(IUCN)에 따르면 포유류의 경우 4마리 중 하나 가량, 조류의 경우 8마리 중 하나가 사라질 위협에 처해 있다. 그보다 심각한 문제는 종의 멸종 추세가 가속화되는 것으로 추정된다는 점이다. 그래서 종의 환경 변화, 서식지 파괴와 더불어 지금부터 2050년까지 생물종의 절반이 위협받을 것이다. 그 이전에 이미 800종이 지난 5세기에 걸쳐 사라진 것으로 추정된다. 그 예로 모리셔스 섬의 도도새, 북대서양의 커다란 펭귄이나 카스피 해의 호랑이가 있다.

기후 온난화보다는 미디어의 조명을 덜 받는 종의 멸종은 사막화만큼이나 돌이킬 수 없는 문제이며 국지적 · 지역적 · 세계적 차원에서 많은 균형을 변화시킨다. 그런데 종은 제각기 먹이사슬의 한 고리를 이루기 때문에 하나의 종이 사라질 경우 균형을 파괴해 다른 종의 멸종을 야기할 우려가 있다. 예를 들어 산호충이나 망그로브 숲이 사라져가면서 그와 더불어 그곳에서 서식하는 많은 종이 죽게 될지도 모른다. 또 이제 흰곰 같은 덩치 큰 동물들도 그 위협에 짓눌리고 있다.

사실 약 30년 전부터 기후 변화에 의해 새로 종이 줄어들게 되었다. 기후 변화가 종의 분포, 먹이, 수량을 바꾸는 데 일조하기 때문이다. 예컨대 허드슨 만이나 스피츠버그 같은 북극지역에서는 봄이 더 일찍 시작되어 빙하가 녹는 바람에 북극곰은 하는 수 없이 육지로 올라가게 되는데 육지에서는 북극곰이 먹이를 찾기가 더 어렵다. 이러한 변화는 곰의 체중을 줄어들게 하며 그에 상응하여 곰의 출산율을 감소시키고 종국에는 멸종의 위협에 처하게 한다. 동일한 메커니즘에 따라 남극대륙에서 겨울 빙하가 줄어들어 1980년부터 아델리아 펭귄 수가 33퍼센트 감소하게 되었을 것이다. 보다 넓게 과학자들은 기후 온난화에 의해 지금부터 2050년까지 연구 대상 종의 최대 37퍼센트가 멸종 위협에 처할 것이라고 주장한다.

종이 멸종되는 세 번째 주요 원인은 일정 생태계 내에 외래 종이 유입됨으로써 생물학적 오염을 일으키는 것이다. 그래서 농업과 사육용으로 자발적으로 수입하는 경우든 선창과 비행기 화물적재소에 실려 우연히 옮겨가는 경우든 종의 이동은 19세기 초부터 전 세계에 걸쳐 계속 증가하고 있다. 예를 들어 수에즈 운하와 파나마 운하의 개통으로 수백만 년 전부터 그때까지 격리되어 있던 종들이 대면하게 된 것이다. 오늘날 거의 알려지지 않고 제대로 규제를 받지 않는 생물학적 오염 현상은 특히나 갈라파고스 섬이나 하와이같이 생태계가 가장 취약한 도서지역에 관련되어 있다.

네 번째 멸종 원인은 종을 제물로 삼는 거래에 직접 연관되어 있다. 매년 중국과 탄자니아의 영장류 동물, 남아프리카공화국이나 아르헨티나의 앵무새, 태국의 난초과 식물, 인도네시아나 아프리카의 뱀 수백만 마리가 서방 국가나 일본에 수출되어 그곳에서 판매된다. 통제하기는 어렵지만 합법적인 이 거래에 더해 희귀한 동식물이 불법으로 거래되고 있다. 그러한 불법 거래는 영리를 목적으로 이루어지며, 어떤 종(뱀)은 값이 최고 23만 유로에 달하는 경우도 있다.

위협에 처한 숲

원래 '대서양에 면한' 남아메리카 원시림 면적은 브라질 북쪽 해안에서 파라과이에 이르는 100만 제곱킬로미터이다. 벌채, 천연자원 개발(철, 망간, 보크사이트), 조방농업 개발(커피, 목화, 사탕수수), 도시화의 영향이 한데 어우러져서 16세기부터 이 광대한 지대의 삼림 대부분이 유실되었다. 오늘날 이 지역에 남아 있는 원시림은 8퍼센트에 불과하며, 그곳에서는 28개 이상의 종이 멸종 위기에 처해 있다. 명주원숭이(다갈색을 띠는 작은 원숭이)의 경우 4종 가운데 셋이 멸종 위기종이다.

위협에 처한 해상환경

카리브 해, 인도양 그리고 동남아시아의 해안 지역에서 산호초는 오염, 침전물, 매립용 흙더미, 관광, 수온 상승의 영향을 받아 백색으로 변하고 있어 향후 멸종이 예고된다. 2000년 이미 산호초의 27퍼센트가 결국 지구에서 사라졌다. 지금부터 2020년까지 14퍼센트가 더 사멸하게 될 것이다. 그런데 해초, 갑각류, 약 4,000종의 물고기에 먹이와 방어물을 제공하는 이 원기동물은 그 안에 40만 종 이상의 동식물이 서식하고 있어 생물 다양성이 가장 풍요로운 지구 생태계에 속한다.

마찬가지로 오늘날 열대 해안가의 망그로브는 해안의 콘크리트 포장에 의해 안정을 잃은 상태다. 그런데 많은 해양 생물종의 생식 장소로 쓰이는 이 망그로브 숲이 사라지면서 해안의 안정은 물론 물고기의 생존 아울러 어업 활동을 위협하게 될 것이다.

진반적으로는 남아메리카와 인도양 연안의 어업 지대 외에 오늘날 세계의 대양이 모두 과잉개발되고 있어서 지중해는 생물종이 '고갈된' 상태로 간주되며 북대서양은 고갈되고 있는 중이다.

그러한 재앙의 첫 번째 동인은 바로 산업형 어업과 공장시설을 갖춘 선박이다. 선박의 어획고 처리 및 냉동 설비가 뛰어나 어족자원이 가장 풍부한 지대에 더 오랫동안 머무를 수 있으며 그로 인해 어떤 종은 고갈될 우려가 있다. 예를 들어 북대서양의 곱상어(돔발상어과)는 이제 멸종 위기에 처해 있다. 그리고 지중해의 돌고래 수는 1970년부터 절반 이상이나 감소했다. 그러니까 돌고래는 해가 갈수록 먹이를 잃는 데다가 때로는 길이가 3킬로미터나 되는 유수망에 걸려들어 상처를 입기도 하는 것이다.

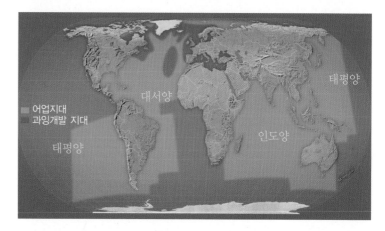

위협에 직면하여

종의 멸종 문제에 맞서 사람들은 다양한 보존대책을 마련하여 위협받는 종을 보호하거나 구제하려고 노력해왔다. 그중에서 보호지대와 보호공원 제정대책은 분명 가장 오래된 것이다. 자연공원을 최초로 만든 시기가 1872년으로 거슬러 올라가기 때문이다 (미국의 옐로스톤 공원). 그 후로 그러한 대책은 매우 폭넓게 개발되었지만 상당히 불충분한 것 같다. 오늘날 전 세계 4만 개의 보호종이 온대 지역의 선진국에 위치해 있는 한편 생물 다양성 규모가 더 큰 지대는 거의 열대 기후의 개발도상국에 자리 잡고 있기 때문이다. 더군다나 보호지대라는 지위가 부여되었다고 해서 실질적으로 보호를 받을 수 있는 여건이 조성되지는 않는다. 장비와 인력에 관련되든 과학적 수단이나 감시 수단에 관련되든 거의 대부분 보호방법이 부족하다.

가둬놓고 사육하던 동물을 다시 자연환경 속으로 풀어놓는 방안이 점점 더 많이 이용되고 있다. 그러한 방법을 통해 아라비아의 영양이나 알프스 산맥의 야생 염소 같은 일부 종의 멸종을 막을 수 있었다.

세계적인 차원에서는 1992년 생물 다양성에 대한 협정이 조인되었다. 이 협정의 소명은 생물 다양성 보존과 지속 가능한 개발을 목표로 하는 법규를 채택하도록 국가들을 인도하는 것이었다. 그 목표는 모호하면서 확실하지 않은 것으로 판명되었다. 왜냐하면 이 대책들이 문제의 핵심, 다시 말해 우리의 생활방식과 개발 모델, 성장 목표를 비판하지 않는다면 과연 효과적일까라는 의구심이 들수 있기 때문이다. 그런데 알다시피 유권자들에 의해 떠밀리지 않는 한 세계 어떤 정부도 아직은 위험을 무릅쓰고 그렇게 하지 않을 것이다.

제재를 받은 국가
영국
아일랜드
벨기에
룩셈부르크
오스트리아
이탈리아
스페인
그리스

유럽, 종이 보호받을 수 있는 기회의 땅이 될 것인가?

유럽에서는 유럽연합의 두 가지 지침에 의해 종의 보호 문제를 다룬다.
1979년으로 거슬러 올라가는 첫 번째 지침은 야생 조류와 관련된 것이며
보호지대 네트워크 결성에 관한 두 번째 지침은 1992년 표결을 거쳐 '해비타트(서식지)' 라고 명명되었다.
유럽 지역에 한정된 이러한 지침의 이점은 준수하지 않을 경우 제재를 가할 수 있다는 것이다.
그래서 2004년 유럽연합 집행위원회는 보호종을 고려하지 않은 8개 회원국에
대해 처음으로 법적 대응에 들어갔다.

변칙적인 지정학 사례

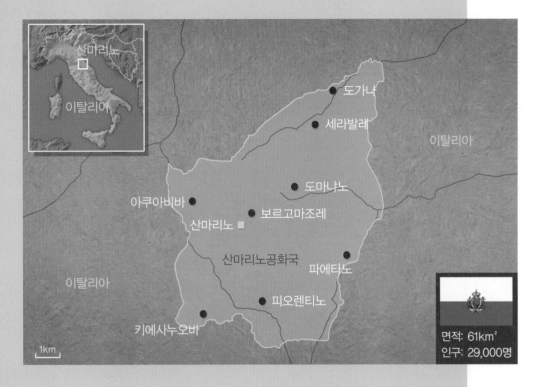

도가나

세라발레

이탈리아

도마냐노

아쿠아비바

보르고마조레

산마리노

산마리노공화국

파에타노

이탈리아

피오렌티노

키에사누오바

1km

면적: 61km²
인구: 29,000명

한 국가의 영향력은 그 면적에 비례하는가? 꼭 그렇지는 않다. 그 사실을 입증해주는 이상한 지정학 사례들이 있다. 크기는 작지만 다채롭게 주권을 행사하는 나라들이 역사를 통해 유럽이나 그 외 다른 지역 곳곳에 자리 잡고 있다.

그러한 사례로 이탈리아가 통일된 뒤에도 살아남은 산마리노, 세계화에 의해 지탱되고 있는 모나코와 리히텐슈타인, 로마 한복판에서 세계 속으로 뻗어나가는 바티칸, 실제 국가이면서 승인을 받지 못한 소말릴란드, 국가 지위가 확정되지 않은 서사하라가 있다.

교황과 보나파르트에 의해 구원받은 산마리노

산마리노는 중세 이탈리아의 한 코뮌이 수세기를 거쳐 유일하게 살아남은 사례다. 산마리노는
주변이 온통 이탈리아 영토이며 13세기부터 2명의 집정관이 귀족 20명, 부르주아 20명,
농민 20명으로 구성된 '대의회'에 의해 국가 수반으로 선출되어 공화국으로 지칭되었다.
오랫동안 교황의 보호를 받은 산마리노는 나폴레옹의 점령을 모면하기도 했다.
나폴레옹이 아주 작은 그 나라에서 공화국 정신이 중시되는 점을 높이 샀기 때문이다.
1860년 산마리노는 이번에는 정치적으로 통합된 이탈리아의 수중에서도 벗어나게 되었는데
1849년에 가리발디 같은 이탈리아 혁명가들과 민족주의자들을 자국에 받아들였기 때문이다.
이에 대한 감사의 표시로 산마리노는 1862년
이탈리아 친교조약을 조인하여 독립을 보장받았다.

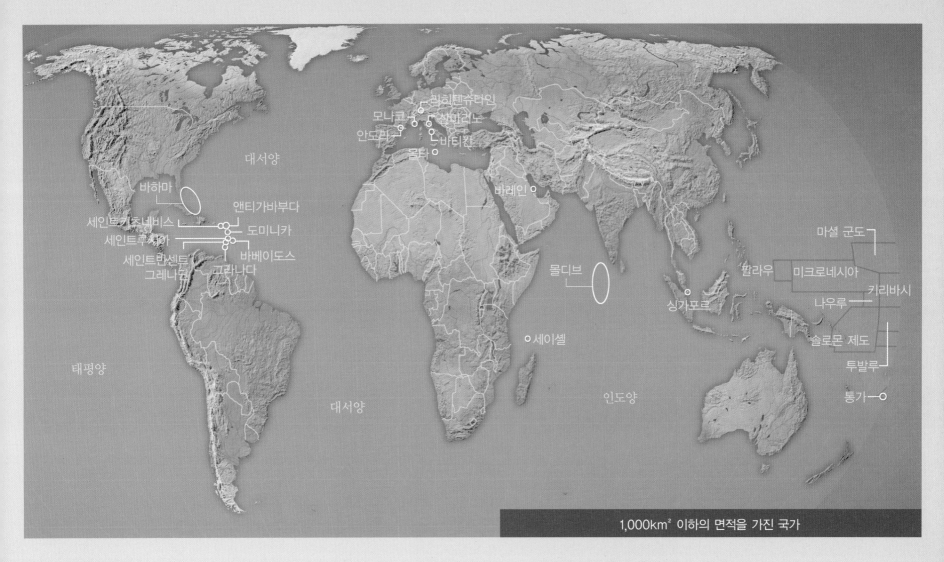

대서양

리히텐슈타인
모나코
산마리노
안도라
바티칸
몰타

바하마
앤티가바부다
세인트키츠네비스
세인트루시아
도미니카
세인트빈센트
바베이도스
그레나딘
그라나다

바레인

몰디브

세이셸

싱가포르

마셜 군도
팔라우
미크로네시아
키리바시
나우루
솔로몬 제도
투발루
통가

태평양

대서양

인도양

1,000km² 이하의 면적을 가진 국가

그래도 역시나 같은 국가

국가라는 지위를 가졌다고 해서 한 나라가 꼭 광대한 영토에서 주권을 행사해야 하는 것은 아니다. 그래서 러시아, 캐나다, 중국, 오스트레일리아, 브라질이나 수단 같은 나라의 면적이 수백만 제곱킬로미터라고 해도 대부분의 국가가 차지하고 있는 영토는 그보다 더 작아서 1만~100만 제곱킬로미터에 이른다. 그 가운데 일부 국가는 심지어 훨씬 더 작아서 면적이 1,000제곱킬로미터를 넘지 않는다.

그런 예로 인도양의 몰디브나 세이셸, 카리브 해의 세인트키츠네비스, 태평양의 통가와 팔라우가 있다. 이렇게 작은 국가들 가운데 세계에서 가장 작은 국가인 바티칸처럼 여러 국가가 유럽에 위치해 있다. 이런 국가들은 대부분 유엔 회원국이며 이들 나라가 유엔에서 보유하고 있는 권리는 '큰' 나라와 동일하다.

작다는 이점에 대하여

모나코, 안도라, 리히텐슈타인, 산마리노 같은 소국가들이 지난 2세기 동안 격심하게 일어난 영토 변화에도 살아남을 수 있었던 것은 무엇보다 그 국가들에 내포된 경제적 이익 때문이다. 그 국가들은 조세 천국으로 인근 국가의 시민과 기업에 이익을 가져다주며, 세계화의 유리한 요소로서 자국의 영속성을 보장받는 것 같다.

리히텐슈타인, 스위스의 24번째 주인가?

스위스와 오스트리아 사이에 위치한 리히텐슈타인 공국은 19세기 독일이 통일될 당시 오스트리아와 독일의 권력 대립에서 탄생했다. 그때 리히텐슈타인은 오스트리아-헝가리의 경제 궤도 속에 놓여 있어서 통일 단계의 독일에서 배제된 상태였다. 프로이센이 오스트리아를 제외하고 독일이 통일을 이루도록 권고했기 때문이다. 당시 리히텐슈타인 입장에서는 1866년 스스로 독립국임을 공표하는 길 외에 다른 선택이 없었다. 1923년부터 리히텐슈타인 공국은 스위스와 함께 관세 및 통화 연합을 결성해 오고 있다. 리히텐슈타인이 스위스 프랑을 자국의 통화로 이용하고 있기 때문에 어떤 사람들은 그 나라를 스위스의 24번째 주로 간주한다. 오늘날 이 자그마한 영토에는 약 3만 5,000개 외국 기업의 본사가 들어가 있다. 스위스와 똑같이 리히텐슈타인은 은행 부문, 기업과 창업에 유리한 세제 법안 덕택에 번영을 구가한다. 조세 천국 리히텐슈타인은 2000년에 이미 부정한 돈을 세탁해준 혐의로 독일 정보부로부터 비난을 받은 바 있다. 또 조직 범죄를 겨냥한 조사에 적극 협력하지 않는다는 이유로 OECD로부터 비난받기도 했다.

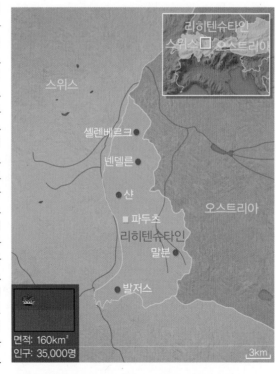

면적: 160km²
인구: 35,000명

3km

면적: 1.9km²
인구: 32,000명

500m

모나코: 바위산같이 거대한 조세 천국

프랑스의 한 행정지역인 알프마리팀 내에 위치한 모나코는 13세기 이래로 그리말디 가문이 이끌고 있는 독립 공국이다. 모나코 공국은 절벽에 의해 대로에서 멀리 떨어진 곳에 위치함으로써 오랫동안 보호를 받아왔다. 1861년 두 코뮌, 로크브륀과 망통을 양도하는 대신 이웃해 있는 대국 프랑스의 후원을 받으면서 독립국가로 살아남았다. 그렇게 해서 명맥을 이어온 소국 모나코는 그때부터 카지노와 고급 호텔 덕분에 대단한 경제 번영을 누리게 되었다. 이러한 부에 힘입어 모나코는 1869년 직접세를 폐지했다. 프랑스인들은 이 세제상의 이점을 높이 평가했으며, 그로 인해 1962년 프랑스 정부와 모나코 간에 위기가 초래되기도 했다. 프랑스인들의 세금 탈루를 저지하기 위하여 프랑스 정부는 모나코에 거주한 지 채 5년이 안 된 본국민들에게는 반드시 프랑스와 동일하게 과세하도록 모나코에 요구했다. 오늘날 조세 천국 모나코가 보유하고 있는 한 역외 은행 사무소는 세습재산 및 자산 관리를 전문으로 한다. 모나코 공국은 부정한 돈의 세탁처라는 혐의를 정기적으로 받고 있는데, 당국은 그 사실을 부인하고 조직 범죄를 퇴치하기 위해 새로운 법을 채택하기도 했다.

바티칸, 세계에서 가장 작은 국가

이탈리아 로마 도심에 위치해 있는 바티칸 시티는 세계에서 가장 작은 국가다(44헥타르). 지금 바티칸을 이끌고 있는 베네딕토 16세 교황은 265대 교황으로 482년 전, 다시 말해 종교개혁 이래 최초로 독일에서 선출되었다.

교황은 '교회'의 영도자이자 지상국의 수장이다. 역사적으로 가톨릭 교회는 이탈리아 중부의 영토 대부분, 즉 '교황령'에서 최고 권한을 누려왔다. 1860년 이탈리아가 통일되면서 이 교황령이 아주 줄어들게 되었다. 바티칸은 1929년 이탈리아와 조인한 라트란 협정에 의해 국가 지위가 규정되었다.

바티칸과 교류하는 주요 국가들

바티칸의 외교

바티칸은 전 세계 가톨릭 교회를 대표하는 기구이며 5대륙에 분산되어 있는 가톨릭 교회 신도는 17억 명이다. 교황청은 여러 국제기구는 물론 174개국과 관계를 유지하면서 영성 권력으로서 국제외교 활동에서 중요한 역할을 한다.

1979년에는 요한 바오로 2세의 중재를 통해 비글 운하에서 해역 경계선을 둘러싼 아르헨티나와 칠레의 분쟁을 막기도 했다. 더 넓게 바티칸 외교는 동유럽 공산주의의 붕괴에 결정적인 역할을 했다. 요한 바오로 2세가 교황으로 재위하던 당시, 교황청은 여러 종교의 화합을 도모하기도 했다.

1985년 요한 바오로 2세는 교황으로서는 처음으로 이슬람 국가인 모로코 여행에 나섰으며, 1986년에는 여러 종교 지도자들을 불러모아 아시시에서 회합을 가졌다. 유대교와 도모한 화합이 구체화되어 1993년에는 이스라엘과 외교관계를 맺었으며 2000년에는 성지 여행으로 이어졌다.

그와 달리 정교회와 바티칸은 긴장관계에 놓여 있다. 러시아 정교회의 총주교 알렉시스 2세가 러시아에서 지나치게 선교에 열을 올린다고 바티칸을 비난했기 때문이다.

중국과의 외교관계도 마찬가지다. 가톨릭 교세의 확장(신자 수가 1,500만 명으로 추산)에 맞서 중국 정부는(바티칸 당국이 인정하지 않는) 중국가톨릭애국협회를 통해 신자들을 통제하려고 애쓰고 있다. 그렇게 해서 '진정한' 가톨릭 신자들은 탄압을 받거나 은밀하게 신앙생활을 해야 하는 처지가 되었다. 2005년, 아시아를 '가톨릭 교회를 위한 세 번째 천년의 대륙'으로 여기는 베네딕토 16세가 교황에 선출되면서 상황이 달라졌다. 2007년 6월 30일, 이미 베네딕토 16세는 중국 정부와 적극적으로 대화를 시작하겠다는 의지를 담아 중국의 가톨릭 신자들에게 교서를 보냈다.

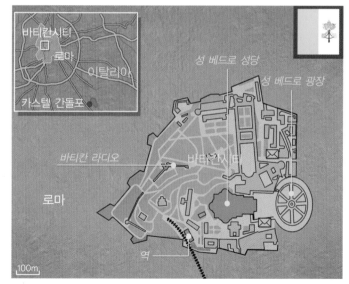

가톨릭 교회를 위한 국가

성 베드로 성당을 중심으로 구성된 바티칸시티는 작은 크기에도 불구하고 33개 언어로 송신되는 라디오 방송국, 94개 언어로 교황과 주교의 문서를 보급하는 인쇄소, 일간지 〈오세르바토레 로마노〉, 역과 우체국을 소유하고 있다. 수집가들은 이곳 우체국에서 발행되는 우표를 열심히 모으곤 한다. 이곳의 통화는 유로화이고 공식 언어는 이탈리아어다. 다만 교회의 공식 문어는 여전히 라틴어다. 세계에서 유일하게 임시 국적이 통용되는 국가이며 이곳에서 출생하는 사람은 아무도 없다. 다채로운 색상의 유니폼으로 쉽게 알아볼 수 있는 스위스 친위대가 바티칸과 교황의 보호를 맡고 있다. 1981년 5월 13일 요한 바오로 2세에게 자행된 테러 이후로 친위대를 다시 정예단으로 구성하였다.

서사하라, 법적 지위를 보장받지 못한 마지막 영토

독립국도 아니고 모로코령도 아닌 서사하라는 법적 지위가 없다.

서사하라 영토는 북쪽의 모로코, 동쪽의 알제리, 남쪽의 모리타니 사이에 걸쳐 있고, 인구는 베르베르와 아랍계의 유목민들로 약 수십만 명에 불과하다. 반건조 토양에 지하자원으로 인이 풍부하며 해안지역을 통해서는 대서양 연안의 많은 어족자원을 얻을 수 있다.

2차 세계대전이 끝나고 나서 스페인의 식민지였던 서사하라의 주권에 이의를 제기한 당사자들은 다음과 같다.

첫째, 내부에 거주하고 있던 유목민들. 이들은 스페인의 신탁통치에서 해방되기를 원했다.

둘째, 외부의 모리타니. 모리타니는 서사하라에 살고 있는 유목부족들의 민족 혈통이 모리타니인들과 동일하다고 생각했다.

셋째, 모로코. 모로코는 역사적 정당성에 근거를 두고 그 영토에 대한 권리를 내세웠다. 모로코 왕국을 최초로 세운 알모라비드 왕조가 사하라의 대부분을 통제했다는 것이다. 모로코는 또 서사하라 영토에 감춰진 원자재에 관심을 가졌다.

1975년 스페인 사람들이 떠나고 나서는 모리타니와 모로코가 서사하라를 나눠 가졌으며 이후 1979년 서사하라는 모로코에 의해 병합되었다.

서사하라 독립파는 폴리사리오 해방 전선(사귀아엘함라, 리오데오로의 해방전선)을 만들어 식민 종주국 스페인을 상대로 정치 자치권을 주장하며 반격을 가했으며, 점령국 모로코에 대항하여 게릴라전에 돌입했다. 폴리사리오 전선은 알제리의 후원을 받았다. 알제리는 서사하라 독립전사들과 전쟁을 피해 도망 나오는 유목민들을 틴두프에 받아들였다. 1976년 폴리사리오 전선이 '사하라아랍민주공화국'을 공표한 후, 유엔은 모로코의 점령을 비난하고 서사하라의 자주적 결정에 찬성의사를 표명했다. 1991년에는 폴리사리오와 모로코 사이에 휴전협정이 서명되었으며 당시 모로코 정부는 유엔의 감독하에 서사하라의 자결문제를 국민투표에 부치는 방안을 수락했다. 하지만 모로코와 서사하라 독립파가 선거인단 명부를 놓고 끝내 합의점을 찾지 못해 국민투표는 실시되지 않았다.

두 당사국은 미국의 압력을 받아 2007년 4월 유엔의 보호 아래 직접적인 협상을 시작하는 방안을 받아들였다. 미국 정부의 이러한 행보 이면에는 모로코를 지역 안정의 주체로 만들고 사헬 지대에서 활동하고 있는 이슬람 근본주의 조직에 서사하라 독립파가 가담하지 못하도록 막으려는 의도가 깔려 있다.

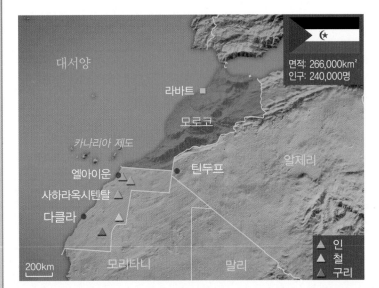

소말릴란드, 존재하지 않는 국가

아프리카 대륙에서 뿔처럼 비죽 나온 귀퉁이에 위치해 있는 소말릴란드 공화국은 1991년 소말리아에서 분리되어 나왔다. 소말릴란드는 스스로 독립국임을 공표했지만 어떤 국가로부터도 인정받지 못한 채 법적 지위도 없이, 경제적 생존 가능성도 없이 존속해가고 있다.

면적: 176,000km²
인구: 150만 명

다로드족
하위예족
이사크족
라한웨인족
디르족
디질족

옛 영국 식민지

소말릴란드 공화국은 에티오피아 동부, 아프리카의 뿔 지역에 위치해 있다. 수도는 하르게이사이고 통화는 소말릴란드 실링이다. 국기, 헌법, 정부를 갖추고 있으며 공화국 대통령은 다히르 리얄레 카힌이다. 1960년까지 영국의 보호령이었다. 1960년 7월 스스로 독립을 선포하고 한 주 후에 이탈리아의 식민지였던 소말리아와 병합을 해서 소말리아 공화국을 세웠다. 이 병합에 의해 아주 상이한 정치문화가 한데 모여 각기 다른 두 가지 전통에 따라 행정기구와 군대가 창설되었다. 소말리어에 적합한 표기법이 없어서 1972년까지는 행정을 처리하는 데 북부에서는 영어가, 남부에서는 이탈리아어가 쓰였다. 경제 부문에서 소말릴란드는 계속해서 아라비아 반도와 무역을 하고 있는데 남부 지역은 여전히 이탈리아와 긴밀한 관계를 맺고 있다.

아프리카의 뿔 지역에서 안정을 이룬 국가인가?

1980년대에 시야드 바르 대통령이 부패하고 인기전술에 영합하는 정책을 펴면서 소말리아는 당파 대립이 격화되었다. 그런데 소말리아의 사회 전체가 당파 체제에 의거해 있었다. 그에 대한 반작용으로 북부에서 다수를 이루고 있는 아이사크족 일파가 소말리아 국민운동을 창설했다. 이 조직은 1982년부터 시야드 바르의 독재에 항거하는 무장 투쟁을 벌였다. 그러자 군대가 전면적으로 진압에 나서 1988년 하르게이사의 80퍼센트가 파괴되었고 약 1만 명이 사망했으며 40만 명의 소말리아인이 에티오피아와 지부티로 피난을 떠났다. 당시 이러한 진압은 북부 지역에서 분리독립 의식을 불러일으켰으며 결국 시야드 바르가 대통령직에서 물러난 후 1991년 소말릴란드의 독립을 공표하기에 이르렀다. 구영국령의 경계 안에 자리 잡은 신생국 소말릴란드는 1960년에 체험한 6일간의 독립에 의거해 자국 주권에 정당성을 부여했다. 독립으로 당파 대립은 중단되었지만 소말리아의 나머지 지역은 오늘날에도 여전히 새로운 분쟁의 영향을 받고 있다.

역학관계의 재편

역 학 관 계 의 재 편

새로운 동, 새로운 서

에너지와 의존도

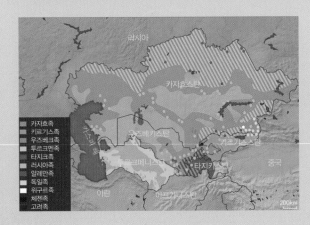

'뉴 그레이트 게임'을 향해 가는가?

새로운 탐욕의 대상, 아프리카

정치와 종교: 대혼돈

중동, 세계의 복잡성

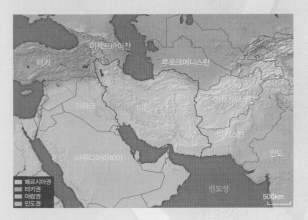

새로운 동, 새로운 서

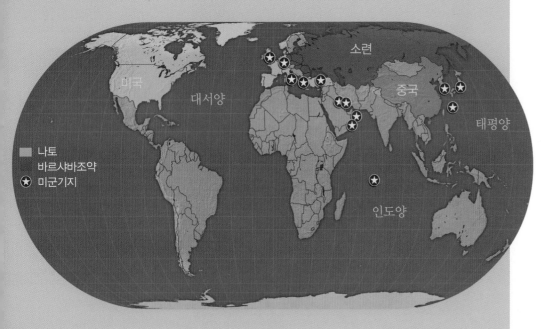

새로운 위험요소, 새로운 위협, 새로운 동맹으로 9 · 11 테러 이후 세계 전략정세는 한창 재구성 단계에 있을 것이다. 하지만 정말로 그러한가? 유럽은 미국의 도움을 받지 않고 안전을 보장할 수 있을 것인가? 러시아는 더 이상 위협적인 존재가 아닌가? 그리고 중국은 위협적인 존재가 될 것인가?

이 질문들에 더해 이라크, 아프가니스탄, 이란이 새로 제기하는 질문은 다음과 같다. '고전적인' 군사력과 군사동맹은 테러행위나 대량살상 무기 확산과 같은 '새로운' 위험요소와 위협에 대처할 수 있는가?

소련

미국

대서양

중국

태평양

나토
바르샤바조약
★ 미군기지

인도양

1950~2000년: 냉전 장치

역사적으로 미국은 냉전(1948~1989) 전략에 부응하여
세계에 자국 군대를 배치했다. 미국이 군 기지를 둔 곳은 다음과 같다.
첫째, 서유럽 지역. 소련의 위협을 억제하고, 소련이 북유럽을 거쳐 지상 침략을
감행할 경우 대처할 수 있는 역량을 갖추기 위해 이곳에 기지를 두었다.
둘째, 아시아 지역. 목적은 동남아시아에서 공산주의를 근절하기 위한 것이다.
셋째, 한국. 북한의 침략, 더 나아가 중국 군대에 대항하기 위해 이곳에 기지를 두었다.
넷째, 페르시아 만과 인도양. 목적은 안정적인 에너지 공급을 확보하기 위한 것이다.

미군의 재배치

미국은 단연코 여러 기지와 수십만 명의 인력을 세계 각지에 주둔시킬 수 있는 유일한 국가다. 그런데 2000년대 초에 미국 군대가 점진적으로 재배치될 때까지는 여전히 2차 세계대전의 영향을 받은 편성에 따라 군대 배치가 이루어졌다. 2차 세계대전 당시 미국은 독일에 맞서기 위해 유럽 전선에, 일본에 맞서기 위해 태평양 전선에, 5년 후 한국전쟁이 발발했을 때 아시아 전선에 자국 군대를 배치했다. 이러한 경험에 힘입어 미국은 유럽, 아시아, 중동의 세 지역에서 분쟁이 일어날 경우 '2.5개의 전쟁' — 대대적인 두 개의 분쟁과 그보다는 규모가 작은 세 번째 분쟁 — 을 수행할 수 있도록 군대를 배치하기로 결정했다. 이러한 배치는 1989년 냉전이 종식될 때까지 40년 동안 유지되었다.

1991년 소련이 해체되자 미 정보부와 군사계획 수립기관에 새로운 방정식이 유도되었다. 이제는 어디서 위협이 닥쳐올 것인가라는 문제가 제기되었기 때문이다. 정보수집의 방향을 어떤 적에 맞춰야 할 것인가? 어떤 유형의 적을 상대로 새로운 무장 계획을 구상할 것인가? 답은 2001년에 떠올랐다. 뉴욕과 워싱턴의 9월 하늘에서는 청천벽력이라도 일어나는 것 같았다. 당시 미국의 정보기관들은 비판의 포화 세례를 받으며 의회에서 정보기관의 분석을 왜 최종적으로 정권에 보고하지 않았는지 변호해야 했다. 특히 정보기관들은 적이 이미 국토상에 있다고 추정되었는데 국내 정보원(FBI)과 대외 정보원(CIA)이 따로 활동했던 정황의 타당성에 대해 질문을 받았다. 불과 몇 시간 만에 군 참모부와 미 정보원은 이슬람 테러행위로 인해 근본적인 전략 수정이 불가피했다.

아시아와 태평양 지역의 미군 배치

1991년까지 미국은 필리핀에 규모가 큰 두 기지, 클라크와 수빅베이 기지를 두고 있었다. 두 기지는 냉전 종식과 더불어 해체되었다.
그런데 그로부터 11년이 지난 2002년 필리핀과 미국 정부는 필리핀 영토에 다시 미군을 배치하기로 합의했다. 이 결정에 작용한 요인은 두 가지다.
필리핀 남부에 있는 이슬람 근본주의 조직 아부 사야프의 소탕, 그리고 중국이 미국이나 아시아에 있는 미국의 한 동맹국과 적이 될 경우 필리핀이 중국에 대해 상대적으로 갖는 위치.
베트남의 경우는 놀랍게도 역사가 반전된다. 미국과 북베트남의 분쟁은 파리 협정으로 종식되었는데 파리 협정이 체결된 지 35년이 지난 후 베트남 정부는 미국에 캄란 기지를 임대하기 위해 미국 정부와 협상에 돌입하게 된 것이다. 2003년 7월 결국 러시아의 함대는 그 기지를 떠나고 말았다.

북아시아 지역의 미군 배치

1945년 태평양 전쟁이 끝난 이래로 일본 열도에 주둔해온 미군은 이어 1960년 일본 정부와 협정을 맺고 계속 남게 되었다. 총 4만 7,000명의 인력을 주둔시키는 데 연간 70억 달러의 비용이 들며, 그중 60퍼센트는 일본 예산으로 충당된다.
이제 미국과 일본의 대립을 초래하는 세 가지 문제는 다음과 같다.
첫째, 소형화된 핵무기의 저장과 이송 문제.
둘째, 주일 미군의 행태.
셋째, 향후 주일 미군의 감축 규모.
미국은 북한과 예측할 수 없는 북한 체제, 그리고 핵개발 프로그램에 내포된 불확실성에 직면하여, 한국에 3만 1,000명의 군인을 주둔시켰다. 그들 가운데 5,000명은 냉전이 끝난 이래로 위도 38도의 건널목을 지키는 역할에 틀어박혀 있다가, 2007년 다시 이라크로 파병되었다. 주한 미군의 수는 2008년까지 2만 5,000명 선이 될 것으로 전망된다.

서유럽 지역의 미군 배치

1945년 독일이 패망한 후 서독 지역은 미군, 영국군, 프랑스 군에 의해 점령되었다. 2006년까지 유럽에 주둔해 있던 11만 명의 미군 가운데 7만 명의 병사가 독일, 특히 비스바덴과 람슈타인에 배치되어 있었다. 전 세계 미군 재배치 계획의 일환으로 2006년부터 3만 명이 결국 독일 영토를 떠나 미국이나 이라크로 갔다. 독일에 남아 있는 병력은 대부분 신속투입 여단 구성에 동원될 예정이었다. 유럽 지역에서 재배치되는 미군은 영국과 이탈리아에도 관련되어 있다. 미 공군의 폭격기 여러 대가 영국령 섬을 떠나 이탈리아로 갔다. 그래서 이탈리아는 군사 부문에서 유럽 제1의 발판이 되었다. 특히 미국의 제6함대(지중해 함대)가 나폴리에 주둔해 있으며 피사와 베네치아 사이에 캠프 다비가 있다. 캠프 다비는 이라크에 있는 미군 부대에 군수물자를 보급하는 중심기지로서 현재 세계에서 가장 큰 병참기지다.

새로운 전술

  본질·위치 측정·형태의 변화. 이렇게 테러 위협에 의해 또 새로운 전술을 구사하지 않을 수 없게 되었다. 미 국방부에서는 랜드 코퍼레이션, 헤리티지 재단 혹은 아메리칸 엔터프라이즈 인스티튜트 같은 '전문가 집단(think tank)'의 전략가들이 전 세계 미군의 재배치를 새롭게 구상했다. 이러한 대책은 새로 긴장과 전쟁을 유발하는 진원지에 가까이 다가가기 위해 배치 규모의 비중을 줄이고 기동성에 더 주안점을 두었다. 9·11 이래로 "우리 군대가 어디에 있으며 보유한 군사력이 어느 정도인가?"가 아니라 "얼마나 빨리 당도할 수 있는가?"의 문제를 고찰해야 했기 때문이다. 영토 없는 전쟁, 요구조건 없는 전쟁, 물밑 협상이 없는 전쟁. 알카에다의 테러행위 이후 미국은 새로운 유형의 분쟁에 직면했다. 미국은 어디에서 누구를 상대로 전투를 수행해야 할지 종잡을 수 없는 상황에서 몸집을 줄여 유연하고 기동력 있는 원정군으로 그러한 분쟁에 대비하고 있다.

그리고 새로운 배치

  이렇게 새 전술에 의거하여 자국 영토 밖에서 대대적으로 미군 재배치 작업이 이뤄지고 있다. 1990년대 동안 미국은 구소련에서 탄생한 여러 신생국가와 상호 경제협정 교섭에 이어 때로는 군사협정에 대해 협상을 하기도 했다. 미국은 한편으로는 긴장이 유발될 수 있는 곳과 다른 한편으로는 에너지 쟁점이 걸릴 가능성이 있는 곳으로 구분하여 협상 대상국을 선택했다. 이렇게 카프카스, 중앙아시아에 군대를 배치하여 러시아의 남측을 관찰하고 중국이 그 지역에서 행사하는 영향력을 억제하며 석유가 풍부하고 송유관이 많은 이 지대를 감시할 수 있게 되었다.

미국은 우즈베키스탄, 타지키스탄, 키르기스스탄과 협정을 맺어 그 지역에 기지를 배치했는데 2001년 아프가니스탄에서 작전을 수행할 때 그 기지에서 군사 및 물자수송 지원을 받았다.

헝가리의 타스자르 기지는 1995년 보스니아 ― 헤르체고비나의 내전 종식을 이끈 데이튼 협정이 체결되기 전에 개설되었다. 코소보의 본드스틸 기지는 1999년 코소보 전쟁 중에 나토가 세르비아에 폭격을 가한 이후에 건설되었다.

2003년 3월 발발한 이라크 전쟁 이후 미국은 루마니아, 불가리아, 폴란드에 기지 개방을 허가하는 새로운 협정을 조인하고 아울러 동유럽 지역에 군대를 재배치하게 되었다. 미국 행정부의 관점에서 볼 때 이 세 나라가 제공하는 다양한 이점은 다음과 같다.

첫째, 이 나라들은 이라크, 이란, 시리아에서 불과 1,500킬로미터 떨어진 지점에 있으며, 전투폭격기는 이 거리를 약 한 시간 반 만에 주파할 수 있다. 둘째, 그곳의 인건비가 독일의 경우보다 더 저렴하다. 셋째, 서유럽의 여러 국가와는 달리 그곳의 여론과 정부는 친미 성향을 보인다. 동서 대립이 끝난 이래로 서유럽이 미국에 제시하는 전략상의 이익은 더 이상 그전과 동일하지 않았다. 서유럽의 지위는 냉전체제 아래 '전선지대'에서, 병참기지 지대로 옮겨간 것이다. 그렇지만 미국은 독일과 이탈리아에 상당한 병력을 주둔시키고 있다. 미국이 계속 '구대륙' 유럽에 중요성을 부여하고 있으며, 여전히 유럽에서 힘을 과시하려는 의도를 엿볼 수 있다.

결과적으로 미국은 동유럽 국가들이 유럽연합에 가입하기 전에 그 국가들과 이러한 협정을 조인하면서 트로이 목마 전술을 적용했고, 나토의 자율적인 유럽 방어체제 구축에 새로운 장애물을 만들었다. 그렇게 해서 미국은 유럽 대륙에서 자국이 맡은 중심 역할을 지켜가고 있다.

구소련이 해체되고 약 10년 후 미 국방부와 의회의 미군위원회에서 나온 보고서들은 유럽 무대를 '전선지대'에서 '발판' 지역으로 변화시키기 위해 해외 미군 배치 작업의 개혁을 권고했다. 세계 전략의 무게중심이 더 이상은 유럽이 아니라 중동, 카프카스, 아시아로 옮겨갔기 때문에 이제 동유럽은 다른 무대를 지원하는 병참기지로 변모되는 처지에 놓였다.
2004년부터 미국은 폴란드, 루마니아, 불가리아와 협정을 조인하여 그 지역에 여러 기지를 세우거나 이용할 수 있게 되었다.

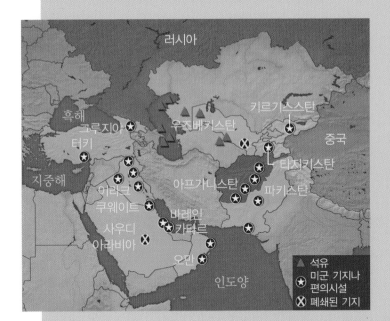

중앙아시아와
중동 지역의 미군 배치

2001년 9 · 11 테러 이전에 미국과 사우디아라비아의 상호관계는 상당한 진전을 보여왔다. 그런데 9 · 11 테러의 주동자 여러 명이 사우디아라비아인이라는 게 드러난 이후 두 나라 정부의 관계는 소원해졌다. 점차 미 국방부는 사우디아라비아의 프린스 술탄 기지(1991년 이라크에서 공군 작전을 실시할 때 이용한 사령부)를 카타르 기지로 이전시켜 카타르 기지가 중동 지역의 미군 전체를 지원하게 되었다. 바레인에는 미군의 제5함대 본부가 있으며, 2003년 이라크에서 군사작전을 개시한 이래로 약 5만 명이 쿠웨이트에 주둔해 있다. 좀 더 북쪽으로 올라가보면, 미국은 러시아의 관문인 그루지야는 물론 중국의 관문인 타지키스탄, 키르기스스탄에 주둔하고 있다. 미국은 아프가니스탄에 주둔한 약 2만 명의 병사들을 지원하기 위해 그 지역들에 미군을 배치했다. 그로 인해 에너지와 군사 부문에서 전략상 중요한 지역을 감시할 수도 있게 되었다.

나토의 탄생

유럽 대륙의 방어에 북미를 끌어들이기 위해 서방 유럽의 여러 국가는 1949년 4월 4일 워싱턴에서 미국, 캐나다와 북대서양조약에 서명을 했다. 공산주의의 위협에 직면하여 그리스, 터키, 독일연방공화국이 미국의 견제설에 부응한 나토(북대서양조약기구)에 가입했다. 1991년 냉전이 종식될 때까지 나토의 소임은 소련과 동유럽의 소련 동맹국들에 맞서 유럽의 집단방위를 보장하는 것이었다. 소련과 동유럽의 소련 연맹국들은 1955년 바르샤바 조약을 체결해 군사동맹을 맺었다.

나토, 범세계적인 동맹을 지향하는가?

나토는 오늘날 세계 제1의 군사동맹(2007년 기준 회원국 수가 26개)으로 세계 군 예산의 60퍼센트가 집중되어 있다. 그런데 소련의 붕괴와 바르샤바 조약의 파기로 나토는 창설 초기의 목적, 즉 공산주의의 위협 저지와 유럽의 집단방위 보장이라는 목적을 상실하게 되었다.

역할 정의

군사동맹의 효율성은 무엇보다 명확한 임무에 기인하며, 임무는 위협이 확인되어야 분명하게 결정된다. "누구와 함께, 무엇을 하기 위해 그리고 누구를 상대로 동맹을 하는가?" 이 문제가 바로 1991년 이후 나토의 주요 쟁점이었다. 답은 여러 단계로 나뉘어 제시됐다.

첫 번째 단계는 발칸 지역에서 전개되었다. 1992년부터 발칸 지역은 크로아티아, 보스니아에 이어 코소보에서 연달아 일어난 분쟁으로 갈기갈기 찢어졌다. 세르비아와 크로아티아의 민족주의자들에 맞서 그리고 한편으로는 보스니아인들과 다른 한편으로는 코소보의 알바니아계에 자행된 인종청소 정책에 맞서 유럽은 군사적 수단도 없고 정책적 전망도 없어서 개입하지 못하고 있었다. 미국은 자국 군대를 투입하기를 거부했다. 결국 나토는 여론의 압력과 그리스, 터키의 관문인 마케도니아로 분쟁이 확산될 위험에 직면하여 개입을 하게 되었다. 나토 군은 1995년에는 보스니아에서, 이어 1999년에는 베오그라드와 코소보에서 세르비아 진지에 폭격을 가했다.

발칸 지역에서 전개된 이 단계에 의해 첫 번째로 나토 임무의 변화가 표출되었고 1999년 워싱턴에

발칸 지역의 임무

유고슬라비아 전쟁(1991~1995) 당시 어떤 움직임도 보이지 않은 유럽연합과 참전을 거부한 미국에 맞서서 나토는 마침내 1995년 5~9월 개입을 하여 보스니아의 세르비아 진지에 폭격을 가했다. 1995년 12월 데이튼 협정 체결로 보스니아내전이 종식되었을 때 나토는 협정 준수 여부를 감시하기 위해 다국적평화이행군(IFOR)을 조직했다. 1999년 봄 나토 군은 다시 발칸 지역에서 임무를 맡았다. 코소보 밖에서 세르비아 군대를 진압하고 알바니아계 코소보인의 망명을 부추기는 인종청소 정책을 종식시키기 위해 나토 공군은 78일 동안 베오그라드와 코소보의 세르비아 진지에 폭격을 가했다. 세르비아 군이 물러났을 때 나토는 코소보 지역의 안정을 위해 코소보평화유지군(KFOR)을 배치했다.

북해

에스토니아

레토니아

리투아니아

발트 해

폴란드

대서양

브뤼셀

체코공화국

슬로바키아

헝가리

루마니아

슬로베니아

흑해

크로아티아

불가리아

알바니아

마케도니아

지중해

나토
1949
1999
2004
지원국

동을 정복하기 위해

1955년 소련과 동유럽의 소련 연맹국들이 결성한 바르샤바 조약기구와 달리 나토는 원래부터 민주국가들이 소련의 위협에 맞서기 위해 자국의 군사력을 결집하는 데 자유롭게 동의하여 맺은 동맹이다. 1991년 냉전이 종식된 이후에도 나토가 존속되어온 데에는 분명 그러한 요인이 크게 작용했을 것이다. 두 번째 요인은 상호부조 체제와 연관되어 있다. 위협이 사라졌기 때문에 유럽 국가의 정부 입장에서는 군

예산의 유지를 정당화하는 것이 어려워졌다. 나토가 군 조직의 현대화에 지원을 해줌으로써 각국 정부는 줄어든 예산에 대처할 수 있었다. 끝으로 나토를 굳건히 유지하게 해준 두 가지 매개변수는 다음과 같다.

첫째, 지정학적 지형이 변화되면서 유럽 대륙 한가운데 남겨진 전략상의 공백. 유고슬라비아의 경우와 마찬가지로 불안정을 조장하는 모든 위험요소를 피하기 위해서는 가능

한 한 빨리 그러한 공백을 메우는 것이 중요했다.

바로 이러한 전망 속에서 1994년 나토는 '평화를 위한 동반자 관계'를 발족하여 중부, 발칸 지역의 유럽 국가들에게 안보정책 부문에서 나토와 협력을 도모하는 기본 틀은 제공했지만, 방위문제에 대해서는 보장해주지 않았다.

둘째, 과거 바르샤바 조약기구에 가입했으며 소련에서 독립한 신생국가들이 나토와 나토의 통합사령부에 합류하려는 소망. 수십 년 동안 강압에 의해 러시아와 동맹을 맺어온 이 국가들은 가능한 한 빨리 나토의 울타리에 들어오기를 바랐다. 이 국가들은 나토를 유럽에서 안보와 방위 심지어는 자유를 보장해주는 주요 기구라고 여겼다.

그렇게 해서 해체되기는커녕 나토는 두 번 확대되었다. 나토는 1999년 이전에 바르샤바 조약에 가입했던 나라 가운데 먼저 세 국가(헝가리, 폴란드, 체코공화국)를 받아들인 후에 2004년 다른 7개국, 즉 불가리아, 에스토니아, 레토니아, 리투아니아, 루마니아, 슬로바키아, 슬로베니아를 편입했다. 알바니아, 크로아티아, 마케도니아는 나토 가입 예비 프로그램에 참여하고 있으며 우크라이나와 그루지야는 거기에 동참할 계획을 피력했다. 이 같은 나토의 확대로 분담금을 가장 많이 내는 미국의 의도도 충족되고 있다. 미국은 나토의 사령권을 지켜갈 수 있는 동시에 자국이 동유럽에 행사하는 전략적 영향력을 강화하고 유럽연합의 후원 아래 '지나치게' 독자적인 유럽공동방위체제 구축작업을 와해시킬 수 있는 것이다. 유럽의 자율권이 지나치면 미국의 수중에서 벗어나게 될지도 모를 일이다.

흑해 연안의 나토

불가리아와 루마니아는 아시아의 관문에 위치해 있고 카프카스와 몰도바의 분쟁지대에 가까우며 카스피 해의 석유 수송로가 통과하는 국가다. 미국, 나토, 유럽연합 입장에서는 이 두 나라가 공동 이익권이다. 2001년 9월부터 미국은 두 나라를 발판 삼아 아프가니스탄과 이라크에서 군사작전을 펼쳤다. 2003년 미국이 이라크 북부를 공격하려고 할 때 터키가 영토 제공을 거부하자 루마니아는 그 틈을 타 미국 군대가 여러 곳의 항공기지를 사용할 수 있도록 허가했다. 그 가운데 미하일 코갈니소누 기지는 2005년 말 미군의 상임기지가 되었다. 그리고 2004년 불가리아와 루마니아가 나토에 가입함으로써 나토의 정면이 흑해 연안, 그에 따라서 러시아의 남부 그리고 나토가 전략 중심지라고 여기는 카프카스와 중동 지역으로 확대되었다. 끝으로 2007년 두 나라는 유럽연합에 가입했다.

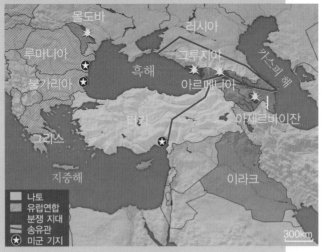

나토, 범세계적인 동맹인가? 나토는 50년 동안 유럽 방위에 이용되고 나서 오늘날 더 유연한 조직으로 변모해 일시적인 연합이나 범세계적인 협력에 적합한 기구가 되었다.

서 개최된 나토 정상회의에서는 이러한 변화의 법적 유효성을 인정했다. "유럽과 대서양 지역의 안보와 안정을 강화하기 위해 나토는 개개의 사례별로 그리고 합의에 의해 분쟁의 효율적인 예방에 기여하고 위기 대응작전을 비롯해 위기 관리에 적극적으로 뛰어들 준비태세를 갖추어야 한다."

그렇지만 1999년 폴란드, 체코공화국, 헝가리가 나토에 가입했음에도 미국 안보의 핵심 관심사는 유럽이 아닌 중동과 아시아로 옮겨갔다. 결과적으로 유럽 내부의 안정을 책임질 주체는 바로 유럽이다. 그러기 위해 유럽은 나토의 수단과 역량에 의거하여 일명 '피터스버그'라는 임무의 일환으로 수행된 평화유지 활동과 구호 활동을 펼쳐나갈 수 있다. 이와 병행하여, 공동유럽안보방위정책(CESDP)을 전개하여 유럽의 개입 대책을 보완해야 한다.

위협 확인

두 번째 단계는 2001년 9·11 테러 이후에 상징적으로 통과되었다. 알카에다 테러리스트에 의해 적의 개념에 이동성이 더 많이 부여되고 전장의 개념이 확대되었다. 이에 따라 나토는 자체 대응 능력과 예측 능력을 재고하게 되었다. 그렇게 해서 2002년 프라하 정상회담에서 나토는 새로운 역량을 갖추기로 결정하고 특히 신속대응군(NRF)을 창설했다. 2만 1천 명의 병력을 갖추고 2006년 11월부터 실전에 투입된 나토 신속대응군은 채 5일이 걸리기도 전에 '역외', 다시 말해서 필요한 경우 유럽의 경계를 넘어 배치될 수 있으며 장거리 및 장기간의 작전을 수행할 수 있다. 대량살상 무기 확산 위험이 범세계적으로 확대됨에 따라 나토는 위험지대에 더 많이 투입되기도 하고, 때로는 위험지대에 더 가까이 접근하게 되었다. 따라서 나토 입장에서는 유럽보다 훨씬 더 넓은 다른 차원에서 동맹군을 확장 배치하는 것도 관건이었다. 어쨌거나 이것은 미국의 관점으로, 미국은 새로운 회원국들을 받아들여 나토가 확대됨으로써 다음의 세 가지를 충족시키고자 한다.

첫째, 지역 군사동맹인 나토는 기능성·반응성·기동성을 갖춘 동맹으로 변모되어야 한다. 둘째, 나토는 세계 안보의 새로운 쟁점들에 대처할 수 있어야 한다. 셋째, 자국이 유럽에서 맡고 있는 역할을 그대로 수행하고 계속 유럽에 관여하면서 자국의 군사 및 전략 이익에 부합되어야 한다.

적응 대책

미국은 자국이 구상하는 '세계 안보' 개념에 맞춰 나토의 개편이 이루어지길 바라고, 나토를 집단안보 부문에서 세계적인 역량을 갖춘 정치적인 기구로 만들기로 결정했다. 그래서 2006년 11월 나토 정상회의 당시 동맹국들에게 나토의 전문영역, 활동방식 심지어 파트너를 확대시키자고 제안했다. 이른바 '복합기능 기기'의 논리 속에서 미국은 26개 회원국, '평화를 위한 동반자 관계'의 20개국, '지중해 대화'의 7개국에 오스트레일리아, 뉴질랜드, 일본, 한국 같은 다른 나라들을 연합하려고 한 것이다. 당시 두 번째로 분담금을 많이 내는 독일, 이탈리아, 프랑스, 스페인 같은 여러 유럽국가들이 미국의 제안을 거부했다. 따라서 나토가 지향하는 새로운 노선은 승인받지 못했으며, 2008년과 2009년에 예정되어 있는 정상회의에서 다시 논의될 것으로 보인다. 그러나 이 노선은 다음과 같은 문제를 제기한다. 나토가 새로 추구하는 전략 노선은 (점점 더 수가 늘어나는) 회원국 전체의 것인가 아니면 나토를 사령하는 회원국(미국)의 것인가? 나토의 '탈유럽화'에 맞서서 유럽은 어떤 전략적 전망과 어떤 전술적 수단을 개진할 수 있는가?

나토의 새 국경, 러시아

바르샤바 조약의 구회원국들과 소련에서 독립한 여러 공화국을 받아들인 나토는 러시아와 나토의 관계를 재정의하지 않을 수 없게 되었다. 미묘한 문제였다. 러시아 정부의 관점에서 보면 발트 해 연안 국가들이 가세한 나토는 러시아에 위협이 되었기 때문이다. 수 세기 동안 발트 해 연안 국가들은 '제국(러시아 제국에 이어 소비에트 제국)'의 변방지역이었다. 그런데 그 나라들이 나토에 가입함으로써 그 나라들과 러시아의 항공경계 감시 책임이 나토로 넘어간 것이다. 러시아어권 소수민족이나 러시아 영토 칼리닌그라드의 지위 문제에 대하여 그 나라들과 러시아의 대립을 야기할 수 있는 분쟁이 해결된 경우와 마찬가지였다. 나토는 러시아의 우려에 대응하고 러시아가 나토와 맺고 있는 관계를 신중히 유지하기 위해, 러시아에 1997년 특유의 '전략적 동반자 관계'를 제의한 데 이어 2002년 정기적인 정책 대담을 장려하기 위해 로마 정상회의에서 '나토-러시아 이사회' 창설을 제안했다.

이 일환으로 러시아와 나토의 협력 부문이 강화되었으며 이제 그 대상은 테러 척결, 대량살상 무기 확산, 미사일 방어, 군비 통제, 위기관리 문제 등이다.

그렇지만 새로운 동반자 관계의 조항들이 러시아를 만족시키기에는 충분하지 않았다. 러시아는 발칸 지역의 경우와 마찬가지로 자국에 관련된 결정사항에는 나토 활동에 대한 거부권 행사를 요구하고 있다.

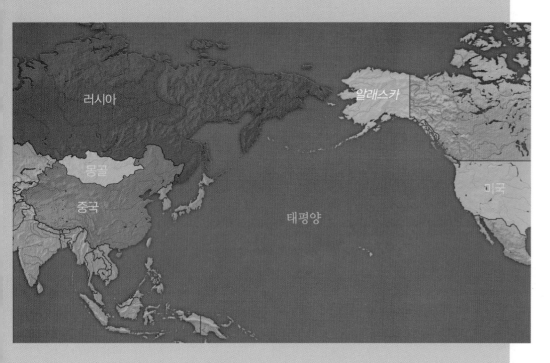

러시아

알래스카

몽골

미국

중국

태평양

몽골의 세 이웃

러시아와 중국의 틈새에 위치한 몽골은 수 세기 전부터 두 나라의 세력 다툼에
예속될 수밖에 없었다. 그런데 정확히 그러한 지리상황의 전략적 가치를 이용하면서
몽골 정부는 오늘날 러시아와 중국의 지배에서 벗어나기 위해 애쓰고 있다.
미국의 전략 및 에너지에 관련된 이익의 관점에서 보면
몽골이 이중으로 맺고 있는 이웃관계가
사실상 주요한 강점이 되는 것이다!

몽골, 미국의 새 동맹국

몽골은 아시아의 북쪽에 위치해 있고 광활한 영토에 인구는 별
로 많지 않다. 몽골의 지리적인 특성은 러시아와 중국 사이에 끼어
있다는 점이다. 이웃한 두 강국, 러시아와 중국 간 경쟁관계의 쟁점
이었던 몽골은 수 세기 동안 두 나라의 영향력과 지배를 받아왔다.
그런데 최근 새로운 향방을 보이고 있는 미국의 안보정책 덕택에
러시아와 중국 사이에 낀 지리적 여건이 마침내 몽골에 유리한 강
점이 될 것이다.

러시아와 중국의 틈바구니

몽골은 1696년 청나라 왕조의 속국이 되었다. 점차 몽골은 19세
기에 확장일로에 있던 러시아 세력을 위협으로 인식한 중국 정부
에 의해 군사 변방지역으로 변모했다. 식민 종주국 중국의 자의적
인 군부체제에 예속되어 있던 몽골은 1911년 청나라 왕조가 붕괴
한 틈을 타 제정러시아에 원조를 요청했다. 러시아 정부가 몽골에
제공해준 무기 덕택에 몽골은 1911년 11월 18일 독립을 공표한다.

자치 기간은 짧았다. 1912년부터 러시아 정부는 몽골 지역을 대
부분 러시아 보호령으로 만들었다. 러시아 입장에서는 새로운 이
'완충국'에 의해 중국과 자국의 긴 국경을 통제하는 데 따르는 부
담을 일부 덜게 되었다. 몽골 영토의 남쪽에는 남방 및 동방계 몽골
인들이 살았으며 중국의 흔적이 더 많이 간직되어 있었다. 그 지역
은 중국에 통합되었는데 오늘날 '네이멍구'라고 불리는 곳이다.

몽골에서 러시아와 중국이 펼친 대립전의 세 번째 단계에서는
중국이 러시아의 볼셰비키 혁명을 틈타 1919년 짧게 다시 몽골을
통제하게 되었다. 한때 자치를 체험한 몽골은 다시 중국의 봉건 지

배제제에 예속되기를 거부했다. 1921년부터 몽골은 '붉은 군대'의 지원을 받아 중국의 손아귀에서 해방되고 이번에는 '맏형' 소련에 의존하는 인민공화국이 된다. 더군다나 1950년 소련 정부는 심지어 몽골을 소비에트의 한 공화국으로 만들려는 꿈을 꾸기도 했다!

몽골은 1991년 소비에트 연방이 해체된 후에도 여전히 이러한 종속상태에서 벗어나지 못했다. 민주주의 체제로 전환하기 시작하고 시장경제를 도입한 이래로 몽골은 외국인 투자자들의 관심을 불러일으키고 있다. 농업국가인 몽골에는 석탄, 구리, 금, 몰리브덴, 석유 같은 지하자원이 있기 때문이다. 그런데 러시아와 중국은 오늘날 여전히 몽골의 주요 경제 주체로 남아 있어서 몽골의 지하자원은 이 두 나라에 예속되어 있다.

첫째, 중국의 입장에서 몽골이 제시하는 이점은 그 나라의 석유 매장량이다. 중국은 자국의 성장으로 인해 에너지 부문에서 몽골의 지하자원을 탐내고 있다.

둘째, 몽골의 제1공급원인 러시아에 몽골이 제시하는 이점은 시베리아에서 출발하는 송유관이 중국 쪽으로 지나갈 경우 몽골이 그 길목에 위치해 있다는 것이다.

미국 혹은 제3의 길

이웃한 두 국가의 영향력이 커져가는 상황에 직면하여 몽골은 일본, 유럽연합 그리고 특히나 미국에 바싹 다가가고 있다. 강대국 중국과 지난 시절 적국이었던 러시아 사이에 자리 잡은 몽골의 위치는 전략상으로 중요하기 때문에 사실상 1990년부터 미국의 관심을 불러일으켰다. 그렇지만 미국은 2001년이 되어서야 테러척결 정책과 이라크에서 수행할 군사작전을 위해 몽골과 전략적 동

- 군데군데 나무가 있는 스텝
- 자갈투성이의 스텝
- 불모의 스텝
- 사막

초원의 제국

고원과 세 개의 산맥으로 덮인 몽골은 초원(스텝)의 나라다.
첫째, 북쪽 스텝 지역에는 나무가 듬성듬성 나 있다. 이곳의 초원은 하천유역과 캉가이, 알타이, 켄타이 산 주변에 펼쳐져 있다.
둘째, 중앙의 스텝 지역은 가시덤불로 뒤덮여 있다. 이곳에서는 주로 방목이 이루어진다. 인구의 거의 절반이 특히 캐시미어 모직용으로 3,200만 두(頭)의 양, 낙타, 말, 소, 염소를 키우며 살고 있다.
셋째, 더 남쪽으로는 사막 스텝 지역이며, 고비 사막으로 이어진다.

면적: 150만km²
인구: 280만 명

칼카족의 나라

몽골의 면적은 150만 제곱킬로미터로 프랑스, 독일, 네덜란드, 벨기에, 스페인, 포르투갈을 합한 면적에 해당한다.
그렇지만 몽골의 인구는 불과 280만 명. 다시 말해 프랑스보다 약 20배 더 적다. 이렇게 인구 밀도가 낮은 것은 특히 기후가 혹독하기 때문이다. 수도 울란바토르에는 전체 인구의 3분의 2가량이 살고 있다. 이곳의 평균 기온은 1월에 영하 27도로 떨어지고 7월에는 17도에 달한다.
몽골족이 인구의 85퍼센트를 차지하며 몽골족은 각기 다른 20여 개의 민족으로 나뉘어 있다. 그 가운데 몇몇 민족을 들어보면 대다수를 이루는 칼카족, 부리아트족, 윌뢰트족, 다리안가족이 있다.

몽골 제국

13세기

칭기스칸의 제국

몽골 민족은 전설적인 한 제국에서 유래했다. 몽골 제국을 창시한 인물은 테무친인데 칭기스칸이라는 이름으로 더 잘 알려져 있다.

1206년 위대한 정복자 칭기스칸은 경쟁관계에 있는 유목부족들을 통합하고 최초의 몽골 국가를 세웠다. 그 국가에는 행정부와 엄격한 법전인 바사크(Vassak)가 갖춰져 있었다. 칭기스칸은 세계로 뻗어나가는 몽골 제국의 운명에 대해 확신하고 아울러 경제적인 야욕을 품고 세계 정복길에 나서게 된다. 그때 칭기스칸이 동원한 전술상의 주요 이점은 바로 몽골족이 탁월한 기병이자 궁수라는 것

이었다. 13세기 중반 몽골 제국은 거의 유라시아 대륙 전체를 차지하여 세계에서 가장 광대한 제국이 된다. 그렇지만 1260년부터 몽골족은 서서히 분열하기 시작한다.

제국이 분열하면서 탄생한 몽골의 위안(Yuan) 왕조가 1378년까지 그 지역을 통치했다. 나머지 지역은 14세기부터 경쟁관계에 있는 카나트(Khanat, 국가)로 세분되었다.

수 세기 동안 중국, 러시아의 지배와 영향을 받은 끝에 지난날 몽골 제국이 누렸던 영광스러운 과거는 2006년 건국 800주년을 기념한 그 나라의 정체성의 지표가 되고 있다.

반자 관계를 갖기로 결정했다. 몽골은 당시 이라크에 130명의 군인을 파병하여, 인구 대비 파병 규모로는 세 번째 순위를 기록했다. 그 대가로 미국은 몽골 군대의 현대화 작업을 위해 몽골에 2,000만 달러를 지원했으며 몽골과 미국 군대 상호간의 실전능력을 감독하기 위해 6명의 장교를 파견했다. 미국은 또 100여 명의 '평화단' 자원봉사자들을 보내 2,000명의 몽골 학생들에게 영어를 가르쳤다. 그리고 몽골 역사상 처음으로 미국 대통령이 2005년 11월 몽골을 공식 순방했다. 조지 W. 부시 대통령의 방문에 상응하는 상호간의 쟁점은 다음과 같다.

첫째, 몽골 정부로서는 미국이 자국에 진출함으로써 러시아와 중국의 틈새에 끼어 3세기 전부터 두 나라에 예속되어 있는 상황에서 벗어나게 될 것으로 전망했다.

둘째, 미국 정부의 입장에서 몽골과의 특별한 이웃관계는 미국의 대 러시아 및 중국 견제 정책에 중대한 이점을 제공해주었다.

중국 정부 편에서는 미국과 몽골의 동반자 관계를 중앙아시아 지역의 미군 배치와 미국이 인도, 인도네시아, 베트남과 모색하고 있는 전략적 화해작업에 추가되는 하나의 포위작전으로 인식했다.

결과적으로 몽골 정부가 드러내 보이는 의도대로 미국을 '세 번째 이웃'으로 만들면서 몽골이 이번에는 중국과 미국 정부 간에 불거지는 경쟁관계의 쟁점이 될 위험을 무릅쓰는 것은 아닌지 자못 궁금하다.

정치 지배에서 경제 수요까지

생산과 교역의 척도로 평가되는 몽골의 현 상황은 자국 역사의 연속성 안에 자리매김한다. 조금은 중국과 러시아의 정치적인 틈바구니 대신 두 나라의 경제적인 틈바구니에 끼어 있기라도 한 듯하다.

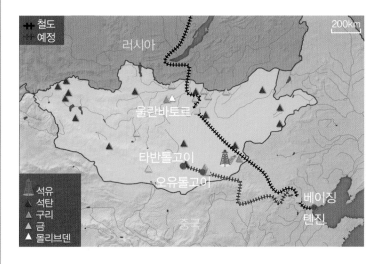

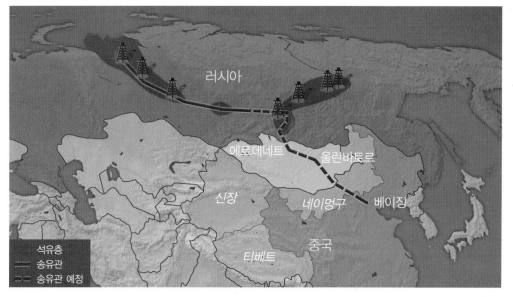

몽골 경제의 약점

몽골은 상당한 규모의 광물자원을 보유하고 있다. 또 고비 사막에 석유가 매장되어 있으며 2005년에 이곳의 채굴 작업이 시작되었다. 오늘날에는 중국, 오스트레일리아, 일본의 여러 석유회사가 몽골에서 탐사 작업을 벌이고 있다. 그렇지만 몽골은 다른 나라 영토에 둘러싸여 있을 뿐 아니라 기반시설이 미약하기 때문에 여전히 이러한 자원의 이송 문제를 안고 있다. 그래서 몽골 당국은 2001년 오유톨고이에서 발견된 금 광산과 구리 광산 그리고 타반톨고이에서 발견된 석탄 광맥을 중국의 철도망에 연결하기 위해 300킬로미터 길이의 철도 건설을 고려하고 있다.

외세의 영향을 받고 있는 경제

몽골의 제1공급원인 러시아 입장에서 몽골이 갖는 큰 이점은 시베리아에서 출발하는 송유관이 중국 쪽으로 지나갈 경우 그 길목에 위치해 있다는 것이다. 러시아에서 멀지 않은 곳에 있는 에르데네트 구리 광산의 지분 49퍼센트는 러시아 소유다. 더 넓게 봐서 러시아는 오늘날 여전히 몽골의 제1공급국이자 핵심 경제 파트너로 이미 러시아와 몽골이 합작한 회사가 200개 이상이나 창설되었다.
에너지 수요가 증대하고 있는 중국에게 몽골이 선보이는 이점은 석유 매장량이다. 몽골 제1의 고객, 제1의 투자국이자 제2의 공급국인 중국도 몽골 경제의 큰 부분을 차지하고 있다. 이러한 영향에 중국인 불법 이민자들이 추가되는데 이들은 몽골에 와서 금을 찾거나 캐시미어 모직 거래를 한다. 그런데 1만 5,000명의 병력으로는 4,500킬로미터의 국경을 감시하기에 충분하지 않아서 몽골은 국경 건너편 네이멍구, 티베트, 신장 자치구들이 당한 경우에 견줄 만한 중국의 식민지 개발 확대를 두려워하고 있다.

에너지와 의존도

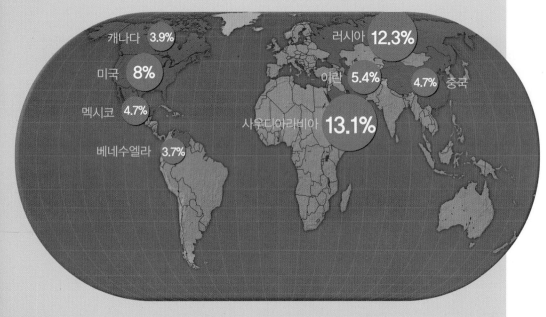

캐나다 3.9%
미국 8%
멕시코 4.7%
베네수엘라 3.7%
러시아 12.3%
이란 5.4%
4.7% 중국
사우디아라비아 13.1%

주요 생산국들

2006년 세계 주요 산유국 순위에서 사우디아라비아가 제1위를 차지했으며 러시아와 미국이 그 뒤를 따랐다. 대개는 이 세 나라가 보유하고 있는 석유층의 규모가 크기 때문에 생산량이 많을 수밖에 없겠지만 이 나라들이 실시하는 투자, 시장 가격이나 세계 수요와 같은 여러 요인이 사전에 개입을 한다. 후속단계에는 이 나라들의 생산능력에 의해 세계의 에너지 의존도, 이 나라들이 국제 무대에서 얻게 되는 비중, 그로 인해 이들 세 나라에 노출되는 위험요소가 결정된다.

세계적인 차원에서 에너지 수요는 꾸준히 증가하고 있다.

이렇게 확인된 사실은 전혀 달라지지 않는다. 그렇지만 오늘날 21세기 초에는 다른 추세, 예를 들어 지리상 수요의 이동이나 화석 에너지 소비가 기후에 미치는 영향에 의해 그 사실이 더욱 명료해 진다.

따라서 에너지 공급과 소비 문제에 관하여 향후 수십 년 내에 무엇을 예상해야 하는가? 에너지 의존도에 의해 오늘날 우리는 어떤 역학관계와 어떤 위험요인에 노출되어 있는가?

지역 간 불균등한 경제성장률은 세계적인 차원에서 향후 25년 동안 평균적으로 연간 3~4퍼센트에 이를 것으로 전망된다. 유럽이나 미국과 같이 아주 개발된 지역의 경우 성장률은 그보다 더 낮지만 이 지역 국가들의 상당한 에너지 수요를 감당하기에는 여전히 높다. 경제 성장은 인도와 중국같이 인구가 아주 많은 국가들에서 더 두드러지며 심지어는 세계의 에너지 소비 증대에 톡톡히 일조할 것으로 보인다.

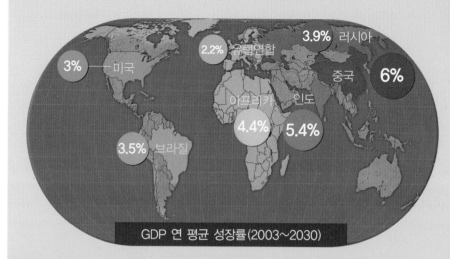

GDP 연 평균 성장률(2003~2030)

성장요인

향후 수십 년간의 에너지 수요를 예상하는 과제는 최소한 장기간에 걸쳐 세계 경제 성장의 구조와 규모를 파악해야 하는 만큼 복잡하다. 그래서 OECD, 세계은행, 국제에너지기구(IEA)나 미국의 에너지국 같은 기관에서는 지역 및 국가, 세계의 차원에서 세밀하게 계산한 GDP와 인구의 평균성장률을 근거로 향후 전망에 대한 연구를 한다. 이러한 연구 결과에서 도출되는 세 가지 사실은 다음과 같다.

첫째, 세계 경제성장률은 통상교역의 세계화뿐만 아니라 국가 간에 그리고 지역통합권 내에서 이루어지는 직접투자에 의해 지탱되어 지금부터 2030년까지 평균적으로 계속 3~4퍼센트 선에 머물 것으로 보인다.

둘째, 오늘날 그리고 향후 25년간 그 어떤 것으로도 급격한 변화를 가져오는 중대 상황, 예를 들어 금융 위기(일례로 1929년의 금융 위기), 세계대전이나 혹은 세계적인 차원에서 가해지는 모든 유형의 위협을 예상할 수가 없다.

셋째, 같은 기간에 걸쳐 '아시아권' 의 성장률은 분명히 세계 평균을 상회한다. 여기서 아시아권은 필리핀 제도에서 아프가니스탄과 파키스탄의 국경에 이르는 지역을 뜻한다.

2030년 인구

세계의 새 동력

2006년에는 중국과 인도 두 나라(친디아)의 인구만 합해도 세계 인구의 30퍼센트에 해당했다. 2030년에는 인구가 가장 많은 다섯 나라 중 네 나라가 아시아 국가가 될 것이다. 네 국가는 바로 인도, 중국, 인도네시아, 파키스탄이다. 그때 그 지역은 연간 평균 6퍼센트의 경제성장률을 보이며, 세계 성장의 동력이자 에너지를 가장 많이 소비하는 지역에 속하게 된다.

아시아 동력

세계경제와 세계의 에너지 수요 차원에서 확실히 아시아의 성장은 가장 결정적인 요인이다. 중국, 인도나 말레이시아는 지속적으로 높은 경제성장률을 보이며 1945년 이후 미국 경제의 역동성이 야기했던 경우보다 훨씬 더 장기간의 세계 성장을 초래할 것이기 때문이다. 아시아의 지속적인 경제 성장에는 현저한 인구 역동성이 중첩되어 있어 에너지 수요 또한 지금부터 2030년까지 크게 증가할 것이다. 이에 따라 에너지원의 가용성과 다양성 문제가 제기되고 있다.

화석 에너지

세계적인 차원에서 향후 60년간 에너지원별로 소비에서 차지하는 비중을 예상해보면 놀랄 만한 결과가 도출된다. 2030년 석탄, 석유, 가스 — 오염을 일으키는 화석 에너지 — 가 여전히 에너지의 80퍼센트를 공급할 것으로 전망된다! 다음 세 가지 요인을 통해 별반 달라지지 않는 소비 동향을 납득할 수 있다.

첫째, 이 화석 에너지들은 사용 가능하며 여전히 그러할 것이다. 그렇게 해서 2006년에는 석탄의 사용 가능 연수가 약 200년이라고 추산되었다. 따라서 석탄은 굉장히 풍부하며 또 매장량이 중동에 집중된 석유보다 지리적으로 더 잘 안배되어 있다는 이점을 가진다. 더군다나 오늘날 유럽에서는 석탄이 덜 소비되긴 하지만 석탄은 여전히 세계 전력의 40퍼센트를 생산하고 있다. 예를 들어 국제에너지기구에 따르면 중국은 매주 한 개의 전력발전소를 가동시킨다. 그런데 그 발전소는 바로 석탄으로 돌아가고 있다. 그래서 속도가 늦춰지기는커녕 석탄 소비는 오히려 지금부터 2030년까지 3배 증가할 것이다. 이러한 전망에 더해 전력 수요의 증가를 예상해

자원의 사용 가능 연수

2006년에 산정한 결과에 따르면 석유는 41년, 가스는 59년, 석탄은 200년 이상 사용 가능한 것으로 추산되어있다. 하지만 이 수치는 채굴 기술의 개선, 새로운 매장층의 발견, 중유 채굴로 인해 변화할 가능성이 있다. 캐나다 알베르타의 유혈암이나 베네수엘라의 오레노크에서 중유가 채굴되고 있다.

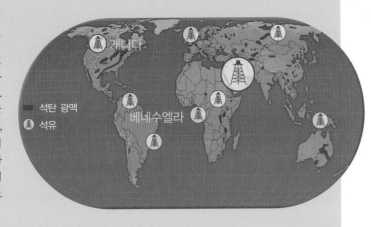

석탄 광맥
석유

캐나다

베네수엘라

2030년의 에너지 수요

경제 역동성과 인구 증가는 직접적으로 에너지 수요에 영향을 미친다. 2003년에는 OECD 국가의 경우 세계 에너지의 56퍼센트, 아시아 국가들은 그중 18퍼센트를 소비했는데 2030년에는 아시아가 차지하는 비율이 31퍼센트, OECD 지역은 43퍼센트가 될 것이다.

56%		
OECD	18% 아시아	
2003		

43%	31%	
OECD	아시아	
2030		

전력 수요

2006년에는 15억 명의 인구가 여전히 전기를 이용하지 못했다. 그런데 2030년에도 그 수치는 그대로 유지될 것으로 보인다. 따라서 전력 수요는 계속해서 세계 에너지 수요에 상당한 압력을 행사할 것이다.

대서양

인도양

전기 제한접근 지역

야 한다. 2006년에는 세계 인구의 4분의 1이 전기시설을 갖추지 못했다.

둘째, 화석 에너지의 접근 가능성이 점점 증가하고 있다. 그렇게 해서 2006년에 추산한 가스(59년)와 석유(41년)의 사용 가능 연수에 채굴 기술의 개선은 물론 끊임없이 발견되는 새로운 매장층을 결부시켜야 한다. 더군다나 2002년부터 석유 가격이 상승하여 베네수엘라 오레노크 지역이나 캐나다 알베르타의 경우처럼 채굴하는 데 돈이 더 많이 드는 중유 개발이 수익 사업으로 바뀌고 있다.

셋째, 바이오연료, 수소 혹은 자동차 부문용 전력이 제공하는 여러 가능성에도 불구하고 여전히 도로교통 부문에서는 화석 에너지가 우세하며 그에 따라 세계 소비에서 우위를 차지하고 있다. 이상하게도 도로교통 부문은 온실가스의 주요 배출원이 되고 있는데 기술진보 속도는 산업 분야보다 더 늦다.

자동차 총 보유고가 아시아에서 급증하고 있다는 사실은 그리 놀라운 얘기가 아니다. 중국의 자동차 보유 수는 이미 1990~2005년에 3배 증가했다. 특히 미국의 자동차 보급 수준에 이르게 된다면 향후 수십 년 내에 3배 더 증가할 것이다. 중국의 경우 아직 자동차 보유 비율이 인구 1,000명당 20대에 불과한데 미국에서는 775대다. 10억 이상의 인구를 가진 한 국가의 차원에서 그 연료 소비가 환경에 미칠 영향을 떠올려볼 수 있다. 따라서 동력 추진장치의 기술 개선이 긴급한 사안이 된다.

요컨대 이러한 예측 정도로 그친다면 답보상태에 있는 세계 에너지 지형과 동시에 생태환경에 무분별하게 대처하는 우리 태도의 심각성이 확인될 것이다. 그건 그렇고 모든 것을 다 예상할 수도, 수치로 나타낼 수도 없다. 지금부터 2030년까지 다른 변수들에 의해 예상 전망이 달라질 수 있는 것이다.

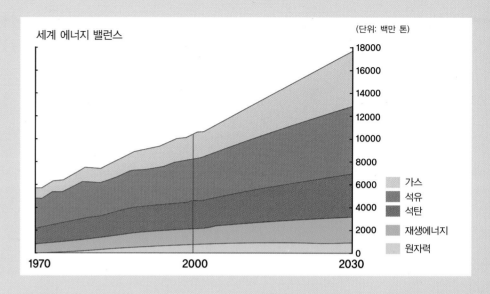

세계 에너지 밸런스 (단위: 백만 톤)

가스
석유
석탄
재생에너지
원자력

여전히 더 높은 화석 에너지 비율

1970~2000년 에너지 소비는 48퍼센트 증가했다. 국제에너지기구에 따르면 세계 에너지 수요는 2000년에서 2030년 사이에 52퍼센트 증가할 것으로 전망된다. 미국의 에너지국에 따르면 그 비율은 심지어 71퍼센트에 이를지도 모른다.

이와 병행하여 어떤 출처를 이용하든 간에 자동차 운행에 관련된 소비가 여전히 세계 에너지 수요에서 차지하는 몫이 우세하다는 사실이 다시 한 번 확인된다.

환경과 기후가 위험에 처해 있다고 해서 상황은 전혀 달라지지 않는다. 2030년에는 에너지원의 소비 분포도에서 가장자리 부분만 변화할 뿐이다. 그러니까 재생 에너지와 마찬가지로 원자력 소비는 미미하게 증가하는 반면 화석 에너지 — 가스, 석유, 석탄 —의 소비는 훨씬 더 급증한다. 2030년에는 화석 에너지가 세계 에너지 소비의 5분의 4를 차지하게 될 것이다.

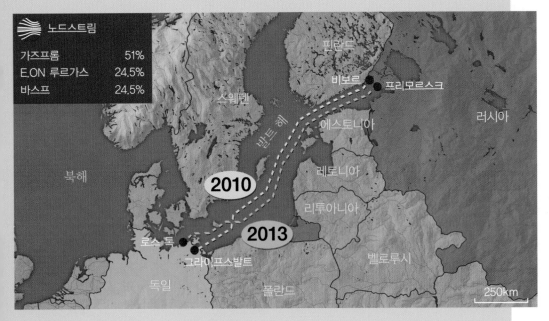

노드스트림	
가즈프롬	51%
E.ON 루르가스	24.5%
바스프	24.5%

수요의 비중: 노드스트림의 예

세계의 경제 성장과 인구 증가는 거기에 부응하기 위해 사용 가능한 에너지 공급 문제를 제기한다. 그로 인해 초래되는 에너지 의존도는 다른 문제, 즉 석유 보유국들이 국제무대에서 가지는 우세한 정치적 비중의 문제를 제기한다. 발트 해를 지나는 가스관 노드스트림의 건설 역시 이러한 전망 속에 자리매김해야 한다.

에너지 관련 결정의 정치적 전략

몇 가지 수치로 러시아가 유럽의 에너지 각축장에서 차지하는 자리를 예측할 수 있다. 유럽연합에서만 러시아가 수출하는 가스의 88퍼센트를 흡수하고 있다(2006년 기준). 그런데 유럽연합에 필요한 가스는 지금부터 2020년까지 여전히 50퍼센트 정도 증가할 것으로 전망된다. 러시아는 지리적으로 근접하고 세계 가스 매장량의 약 3분의 1을 보유하는 이중의 이점을 갖고 있다. 따라서 바로 이러한 방정식의 한복판에서 러시아와 독일은 발트 해를 거쳐 두 나라를 잇는 해저 가스관 '노드스트림'을 건설하기로 결정했다.

가스 공급과 수요의 매개변수 덕택에 가스관 건설이 유리하게 추진되었다고는 해도, 독일과 러시아의 결정을 명확히 밝혀줄 여러 가지 다른 요인이 있다.

첫 번째는 설비 문제다. 오늘날 유럽으로 공급되는 러시아산 가스는 두 개의 지상 가스관을 통해 운송된다. 우크라이나, 슬로바키아, 체코공화국을 지나는 첫 번째 가스관을 통해 가스의 80퍼센트가 운송된다. 두 번째 관은 벨로루시와 폴란드를 거쳐 나머지 20퍼센트를 수송한다. 그런데 그 두 가스관은 현재 최대 용량에 달했다. 따라서 러시아에서 가장 많은 양의 가스를 수입하는 독일의 경우 발트 해를 통과하는 가스관의 건설로 보다 신속하고 안전한 동시

'노드스트림' 프로젝트

독일과 러시아 양측은 2004년 9월 발트 해를 통과하는 가스관 건설을 추진하기로 결정했다. 건설작업은 합작회사인 노드스트림(Nord Stream)사에 위임되었다.

노드스트림은 러시아의 가즈프롬 사와 독일의 두 회사 —EON 루르가스, 빈터샬-BASF —가 합작한 회사로 가즈프롬이 회사 주식 51퍼센트를 보유하고 독일 회사들이 나머지 주식을 나눠 가졌다.

현재 독일의 전직 수상 게르하르트 슈뢰더가 그 회사를 이끌고 있다. 가스관은 2010년 개통할 예정이며, 러시아의 비보르크 근처 포르토바이아에서 출발해 1,200킬로미터 떨어진 독일의 그라이프스발트 항에 도달하게 될 것이다.

종국에는 핀란드, 스웨덴, 발트 해 연안 국가들, 러시아 영토 칼리닌그라드, 영국에 가스를 공급하기 위해 주 노선을 보완하여 확장이 이루어질 것으로 보인다. 접근성 문제를 넘어 새 가스관 건설을 통해 특히 가즈프롬 사는 독일을 교두보로 이용하여 유럽으로 가스를 수출할 수 있게 된다. 유럽의 가스 수요는 증가할 것으로 예상되는데 공급원 노르웨이와 알제리의 몫은 지금부터 2023년까지 감소할 것이다. 그래서 그 가스관으로 2010년부터는 연간 275억 세제곱킬로미터 그리고 2013년에 두 번째 관이 완성되면 무려 550억 세제곱킬로미터의 가스 수송이 가능해질 것이다.

에 현재 지상으로 보내는 경우보다 더 저렴한 수송의 혜택을 누릴 수 있게 된다.

두 번째는 지정학적 요인이다. 이 요인은 한편으로는 러시아, 다른 한편으로는 우크라이나와 벨로루시 간에 만들어지는 역학관계와 관련되어 있다. 사실상 현행 가스 수송로대로라면 러시아는 우크라이나와 벨로루시가 정해둔 수송 조건에 예속될 수밖에 없다. 역으로 러시아에 대한 우크라이나와 벨로루시의 에너지 의존도는 러시아 측에 일체의 공급을 중단하면서 그 두 나라를 예속시킬 수 있는 여지를 남겨둔다. 결과적으로 노드스트림에 의해 러시아는 제3국을 거치지 않고 가스를 수송할 수 있어서 가스관이 통과하는 나라들로부터 받는 제약의 부담을 덜게 될 것이다. 가스관이 통과하는 나라들 편에서는 통행세 수입을 잃을 것이다. 이와 병행하여 새 가스관에 의해 서유럽 국가들은 러시아, 그리고 우크라이나와 벨로루시 간의 이러한 역학관계로 오늘날 자국의 가스 공급에 노출돼 있는 위험을 면할 수 있을 것으로 보인다.

유럽의 에너지 중추

새로운 변화를 보이는 유럽의 수입 대책에 의해 세 번째 요인이 등장한다. 즉 독일과 함께 유럽연합 국가들 간의 정치판에 혼란을 일으킬 수 있는 러시아의 능력이다. 높은 에너지 의존도로 인해 돌발적으로 변하는 러시아의 정책에 예속될 수밖에 없는 유럽연합 국가들은 가스관 건설에 대해 서로 엇갈린 주장을 제시함으로써 에너지 문제는 물론 러시아에 대한 공동 시각의 부재를 드러냈다.

폴란드와 발트 해 연안국 — 이 나라들은 가스를 거의 전부 러시아에서 수입하고 있다 — 의 기존 수송망에 대한 투자 부족은 발트 해를 지나는 가스관에는 득이 되겠지만 그로 인해 에너지 공급이

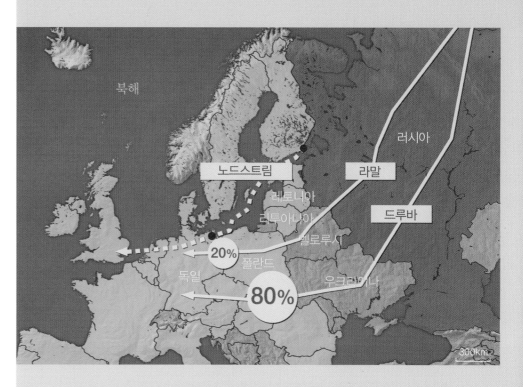

가스 수송로

러시아의 가스는 현재까지 가스관을 연결하는 두 개의 망에 의해 유럽으로 공급되고 있다. 가장 오래된 연결망은 우크라이나를 통과하는 드루바 라인으로 유럽연합으로 수출되는 석유 대부분을 수송하고 있다. 그보다 더 늦게 만들어지고 용량이 더 적은 망이 라말 라인이다. 라말은 벨로루시와 폴란드를 통과하며, 두 나라는 통행료를 받고 있다. 2010년부터는 세 번째 가스관 노드스트림이 유럽연합 국가들로 공급되는 러시아산 가스의 수송 시스템을 보완해줄 것이며 그로 인해 유럽연합의 늘어나는 에너지 수요에 대응하기 위해 고려한 다른 해법들이 타격을 입을 것이다. 그러한 해법은 다음과 같다.

첫째, 라말의 용량 배가. 그러면 폴란드와 벨로루시가 혜택을 받게 된다.
둘째, 리투아니아를 통과하는 새 가스관(Gintaras)의 건설. 이로 인해 러시아는 벨로루시를 거치지 않고 폴란드와 연결될 수 있다.
셋째, 라말 라인에서 폴란드를 지나는 구간에 레토니아를 연결하는 방안. 좀 더 짧은 이 레토니아 수송로를 이용할 경우 해저 가스관과 연결되어 있는 기존의 관도 활용할 수 있을 것이다.
결국 러시아와 독일은 무엇보다 제3국들을 거치지 않아도 되는 경로를 선택하여 더 곧장 이어지고 비용이 더 많이 드는 발트 해 노선을 채택한 것이다.

상호 의존에서 공동 이익으로

2006년 유럽 25개국(루마니아와 불가리아를 제외한 유럽연합 회원국)이 소비한 가스는 세계 가스 시장의 17퍼센트를 차지했다. 국제에너지기구에 따르면 그 비율은 지금부터 2020년까지 50퍼센트 증가할 것으로 전망된다. 그런데 2006년에 이미 50퍼센트를 수입에 의존한 유럽연합은 2020년이

면 생산량이 필요한 양의 3분의 1에 불과할 것이며 2030년부터는 심지어 수입 의존도가 80퍼센트를 넘게 될 것이다. 이미 확인된 사실에 따르면 유럽 제1의 생산국인 영국이 수입국이 되었다. 독일, 이탈리아, 프랑스나 스페인 같은 주요 가스 소비국의 경우 자립도가 점점 더 낮아지고 있다. 따라서 이렇게 대외 에너지 의존도가 높아지는 상황 속에 러시아와 유럽의 관계가 자리매김된다.

러시아는 세계 제1의 가스 생산국이다. 몇몇 추산에 따르면 러시아의 가스 보유량은 세계 매장량의 27~40퍼센트 선이다. 따라서 석유수출국기구(OPEC)에 대한 의존에서 벗어나고 싶어하는 유럽으로서는 러시아가 불가피한 공급국인 것 같다. 2006년 러시아는 이미 유럽이 수입하는 가스의 25퍼센트를 차지했다. 러시아의 에너지 부서에 따르면 러시아는 지금부터 2020년까지 심

지어 유럽이 수입하는 가스의 70퍼센트를 공급하게 될 것이라고 한다. 이러한 비율을 척도로 러시아(유럽의 제1에너지 공급원)와 유럽연합(러시아의 제1통상파트너) 간에 설정되는 역학관계가 가늠된다. 러시아의 전략정세에서 유럽연합이 차지하는 비중도 통상분야 못지않게 크다.

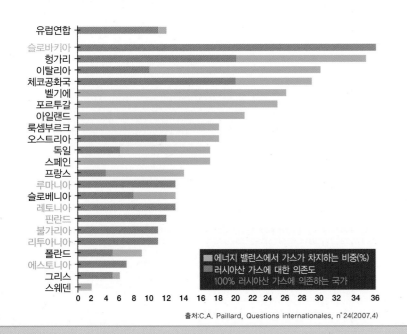

러시아산 가스: 유럽의 의존도(2006)

출처:C.A. Paillard, Questions internationales, n°24(2007.4)

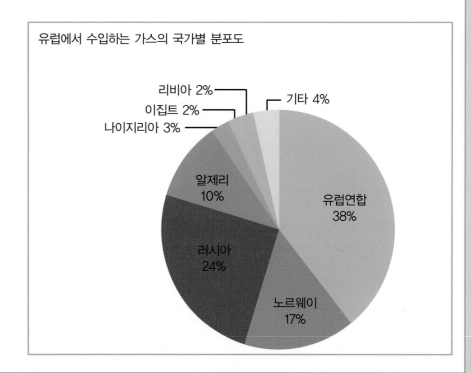

유럽에서 수입하는 가스의 국가별 분포도

불안정해진다. 노드스트림이 러시아산 가스에 대체 노선을 제공하면서 러시아는 운신의 폭을 넓혀 서유럽에 불이익을 가하지 않고도 벨로루시, 우크라이나, 폴란드, 라트비아를 제약할 수 있는 만큼 더더욱 상황이 불안정해지는 것이다.

스웨덴의 관점에서 보면 그 가스관의 건설은 이미 불안정한 발트 해의 생태계에 중대한 위협이 된다. 2차 세계대전 당시의 지뢰가 폭발할 위험성 외에 바다 안쪽에 저장된 화학품이 분산될 우려가 있는 것이다. 또 다른 나라들은 그 가스관이 위험한 정치계략이라고 생각한다. 새로운 수입국들이 연결되고 유럽이 수입하는 러시아산 가스의 양이 증대되면서 에너지원이 다변화되지 못하고 유럽연합의 러시아 에너지 의존도가 심화된다는 것이다.

끝으로 공동체의 차원에서는 노드스트림이 한 건의 투자와 러시아 · 독일의 양자협정에 관련되어 있는 것이긴 하지만, 유럽연합 집행위원회는 공동체에 관련된 트랜스유러피언네트워크(TEN)의 정책틀내 '유럽을 위한 최우선 에너지' 프로젝트에 그 가스관을 포함시켰다. 에너지를 필요로 하는 이러한 상황 때문에 유럽연합은 러시아 정부가 일방적으로 정하는 정치적인 거래 규정을 따라야 한다. 러시아 측이 유럽연합의 에너지 헌장 조인을 거부하기 때문이다. 헌장에 서명할 경우, 러시아는 유럽의 가스회사들이 자유 경쟁과 소비자 이익을 내세워 자국 고유의 국내 시장에 접근하도록 내버려둘 수밖에 없을 것이다.

에너지를 이용해 국제무대에서 러시아의 힘을 복원하려는 푸틴 대통령의 야심과 전략에서 벗어나기 위해 현재 유럽이 갖고 있는 조커는 단 하나, 즉 '나부코' 가스관 건설이다. 나부코가 완공되면 러시아와 가즈프롬 사를 피해서 중앙아시아의 가스를 유럽으로 수송할 수 있을 것이다.

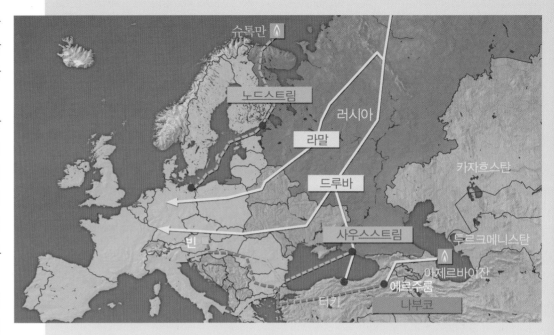

어떻게 하면 아제르바이잔, 카자흐스탄, 투르크메니스탄의 가스를 러시아를 통과하지 않고 가즈프롬 사를 벗어나서 유럽에 공급할 수 있을까? 이러한 지정학상의 문제에 대한 해법으로 유럽과 미국은 터키를 통과하는 방안을 결정했다. 유럽의 전체 가스 공급망 통제권을 장악하기 위하여 러시아의 국영회사 가즈프롬이 구사하는 이중 전술은 다음과 같다.

첫째, 외국 회사들로부터 지분을 매입하는 방법. 이로써 가즈프롬은 생산 공장, 수송 파이프라인, 유통회사의 통제권을 장악한다.

둘째, 장기간의 계약 체결. 이로써 가즈프롬은 유럽의 국내 시장에 직접 접근할 수 있는 권리를 확보한다. 유럽의 에너지 수요가 증가하고 있는 시점이어서 유럽은 특히나 새로운 공급관 노선을 활용해 전략적으로 주도권을 쥔 러시아에서 벗어나야 했다. 바로 그렇게 해서 2002년 유럽연합 집행위원회의 후원을 받아 새 가스관 나부코의 건설작업이 추진되었다. 나부코는 아제르바이잔의 바쿠와 터키의 에르주룸을 연결하는 3,400킬로미터 길이의 가스관으로 2012년 완공 예정이다. 이 파이프라인을 통해 카스피 해와 이란의 가스를 그루지야, 터키, 불가리아, 루마니아, 헝가리를 거쳐 독일에 인접한 오스트리아까지 수송할 수 있을 것이다.

나부코 프로젝트는 이탈리아와 러시아의 합작 프로젝트 '사우스스트림'과 직접적으로 경쟁관계에 놓여 있다. 흑해를 거치는 사우스스트림의 노선은 나부코 노선과 아주 가깝다. 따라서 나부코 프로젝트는 러시아가 벌인 독점판에 저항하는 데 몇 가지 강점을 유럽에 제공해줄 것이다. 미국도 나부코 프로젝트의 성공을 후원하고 있으며 이미 유럽은 결연한 의지로 나부코 건설 작업을 우선순위에 두고 있다.

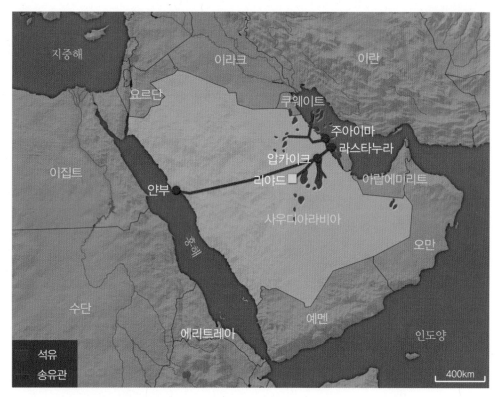

석유
송유관

400km

공격받기 쉬운 종점 기지와 해상로, 지정학상의 긴장, 돌발적인 기후 변화, 지역 분쟁. 향후 수십 년 내에 석유의 생산·소비·가격을 압박하게 될 위험요인은 상당히 많다.

보안이 어려운 송유관

지상 송유관으로 석유를 수송할 경우 특히 카프카스, 중앙아시아나 중동과 같이 정치적으로 불안정한 지역에서는 파손과 방해공작의 위험에 노출된다. 그리하여 이라크에서는 송유관 연결망이 직접적으로 전쟁의 영향을 받았다. 그 결과 이라크의 석유 수출은 2000년대 초와 비교해서 약 20퍼센트 감소했다.

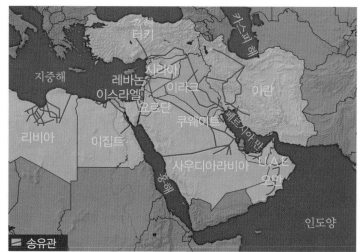

송유관

공격받기 쉬운 종점 기지

세계 제1위의 석유 매장국 사우디아라비아는 세계 제1의 산유국이기도 하다. 사우디아라비아의 동부에서 채굴되는 석유는 얀부를 거쳐 홍해로, 주아이마와 라스타누라를 거쳐 인도양으로 수출된다. 라스타누라는 세계에서 가장 큰 석유항으로 이곳에는 또 거대한 정유소가 있다. 이 세 지역은 세계 소비에서 차지하는 비중에 의해 세계경제의 사활이 걸린 곳이 되었다. 만일 그곳들이 테러의 표적이 된다면, 특히나 그러한 사건으로 석유의 가격 상승이 야기될 수 있기 때문에 전체 세계 시장의 공급에 차질을 빚을 것이다. 그런데 2001년 9월 이래로 테러 척결조치가 강화되었음에도 불구하고 2006년 2월 압카이크 정유시설을 표적으로 테러가 시도되었다. 그 테러 시도는 사우디아라비아의 경찰에 의해 가까스로 실패로 돌아갔다. 달리 말하면 감시 시스템이 정교해지긴 했지만 석유 생산, 정유나 운송의 기반시설들은 여전히 취약하다.

경제의 생명선

송유관으로 수송되지 않을 경우 석유는 유조선에 실려 해상으로 수출되는데 유조선도 다양한 위험에 노출되어 있다. 그러한 위험 가운데 테러나 해적행위가 있다. 이 경우 먼 바다에서는 오히려 그 위험성이 낮으며, 국제 해상 수송로의 주요 길목인 몇몇 해협이 테러나 해적행위의 표적이 될 가능성이 높다. 그러한 해협의 예는 다음과 같다.

첫째, 호르무즈 해협. 이란의 남쪽, 페르시아 만을 벗어나는 지점에 위치해 있다. 호르무즈 해협으로 매일 1,500만 배럴이 수송되고 있다. 이 양은 미국에서 소비 되는 석유의 4분의 3(하루에 2,000만 배럴)에 상당하며, 사우디아라비아의 1일 생산량(하루에 1,100만 배럴) 보다 훨씬 많다.

둘째, 수에즈 운하. 지중해와 중동 사이에 있는 유일한 통로로 하루에 약 380만 배럴을 수송한다.

셋째, 바브엘만데브 해협. 아프리카에서 뿔처럼 솟은 귀퉁이, 홍해의 출구에 위치해 있으며 매일 약 330만 배럴의 석유가 이 해협을 통과한다. 해협을 통제하고 특히나 습격 위험을 차단하기 위해 지부티에 주둔한 프랑스 해군이 미군과 협력하고 있다.

넷째, 말라카 해협. 이 해협은 말레이시아, 싱가포르, 인도네시아의 수마트라 섬 사이에 960킬로미터 상당 북에서 남으로 뻗어 있으며 오래전부터 해적의 습격을 받아 오고 있다. 그런데 중국, 일본, 한국으로 수출되는 석유의 80퍼센트가 이 해협을 지나간다. 세 나라 모두 중동산 원유를 상당히 많이 수입하는 국가들이다.

달리 말하면 말라카 해협의 보안 문제는 국제적인 쟁점이 되고 있다. 그렇지만 그 해협을 감시하기 위해 연안 국가들은 상당히 제한된 수단만을 보유하고 있을 뿐이다. 예를 들어 1만 7,000개 섬을 통제하는 데 인도네시아 해군이 보유한 선박은 수십 척에 불과하다! 따라서 바로 그러한 정황에서 미국 해군이 개입을 하고 있다. 세계 제1의 원유 소비국인 미국 ― 세계에서 소비되는 석유의 4분의 1을 차지 ― 은 유일하게 세계 각지에 상당한 규모의 병

력을 주둔시킬 수 있는 국가로 일본 요코스카 기지에 제7함대, 바레인 기지에 제5함대를 배치해두고 있을 뿐만 아니라 태평양의 괌이나 인도양의 디에고가르시아에 대형 해군기지를 건설해놓고 그러한 기지의 지원을 받는다.

그렇지만 2003년 10월, 군 감시가 강화된 지대인데도 예멘 연안에서 유조선 랭부르호에 테러 공격이 감행된 사실에서 알 수 있듯이 결코 테러 위험이 완전히 배제될 수는 없을 것이다.

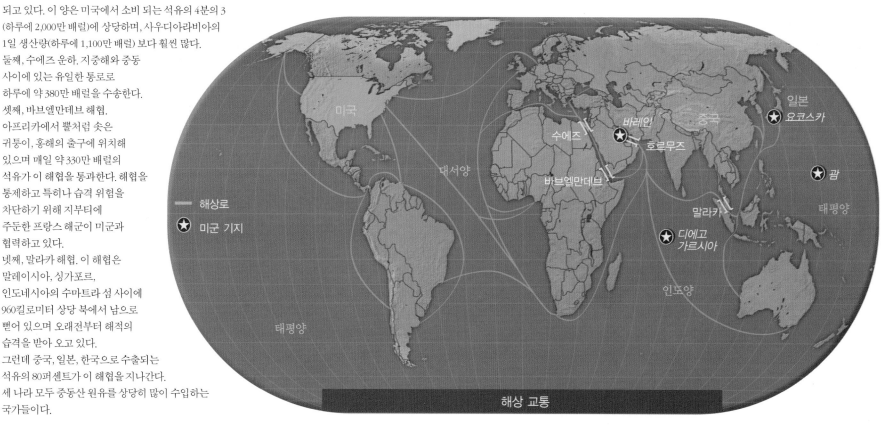

해상 교통

발루치스탄, 지정학적 요인

발루치스탄은 인도 아대륙의 한 지역으로 서쪽으로는 이란, 북쪽으로는 아프가니스탄, 동쪽으로는 파키스탄에 걸쳐 있다. 1947년 인도가 나뉘면서 발루치 왕국의 분할이 승인되었다. 발루치족 수장들과 제후들이 제기한 독립 요구에도 불구하고 발루치 왕국은 파키스탄의 지배를 받는 처지에 놓이게 된 것이다. 그때부터 오랜 반란기가 시작되었다.

풍족한 지하자원, 가난한 부족들, 민족 및 정치적 고유성의 부인. 그러한 방정식에 의해 파키스탄 군대를 상대로 다섯 차례나 이어진 분쟁이 조장되었다. 1947~1948년 독립할 때, 1955년, 1958~1969년, 1973~1977년, 끝으로 2003년 이래로 일어난 분쟁이다. 매번 요구사항은 동일했다. 즉 파키스탄의 네 지역 간 적정한 소득 배분 그리고 발루치족의 정체성에 대한 공식적인 인정. 분쟁을 유발하는 이 두 가지 요인에 이제 한 가지 요인이 더 추가되었다. 바로 가스 수입의 재분배다. 2005년 발루치스탄은 파키스탄 연방정부에 판매하는 가스 대금의 경우 펀자브보다는 7배 적게, 신드보다는 6배 적게 받았다. 그런데 그 같은 가격 격차를 정당화하는 기술상의 차이는 전혀 없다.

발루치스탄의 지정학적 방정식은 그에 못지않게 복잡하다. 발루치스탄은 아프가니스탄, 이란과 국경을 공유하고 있을 뿐만 아니라 중앙아시아 국가들이 오만 해에 접근할 경우 지나는 길목에 위치해 있기 때문이다. 발루치스탄을 통해 미국의 석유회사 등은 이슬람 국가인 이란을 우회할 수도 있다. 이러한 이중의 전망 속에서 2007년 8월 가스관 및 송유관 프로젝트가 승인되었다. 그 프로젝트가 성사되면 중앙아시아의 석유를 아프가니스탄 서부를 거쳐 발

주권을 빼앗긴 왕국

발루치족은 먼 옛날 카스피 해 기슭에서 태어나 유목생활을 하며 가축을 키우던 민족의 후예다. 이 민족은 1000년경 이주해 오만 해 근처 페르시아의 국경 지역에 정착했다. 발루치 부족들은 칼라트 왕국에 통합되었으며 19세기에 영국 치하의 인도 제국이 형성될 때 처음으로 분할되었다. 인도 제국이 형성되면서 발루치스탄의 일부는 페르시아에, 다른 일부는 아프가니스탄에 들어가게 된다. 인도 제국이 건립될 당시 골드스미드 라인에 이어 모티머 더랜드 라인으로 인도 제국과 이웃 국가들의 국경이 정해졌다.

루치스탄을 통과해 인도양의 과다르 항까지 수송할 수 있게 된다. 중국이 공동으로 재정지원을 하는 이 항구는 2010년부터 다음과 같은 야심에 부합할 것으로 전망된다.

첫째, 이 항구를 통해 중국 서부의 자치구들은 해상 무역을 확대할 수 있을 것이다.

둘째, 중동이나 아프리카에서 수입되는 석유를 이 항구에서 중국의 서부 지역까지 지상 수송로를 통해 공급받을 수 있을 것이다. 그러면 중동과 아시아 간의 해상 수송로를 이용하지 않아도 되고 미국 함대의 통제를 피할 수 있을 것이다.

셋째, 중국 해군은 동쪽으로는 호르무즈 해협과 가까우면서 서쪽으로는 경쟁국 인도에서 멀리 떨어진 항만시설을 이용할 수 있을 것이다.

과다르 항이 명백히 발루치스탄 영토에 위치해 있긴 하지만 지금까지는 파키스탄 정부만이 그 항구를 통제해왔으며 작업장에서 일하는 몇몇 일용노동자들을 제쳐두면 발루치스탄 사람들은 그 프로젝트에 연계되어 있지 않다. 발루치스탄 지도자들은 결정과정이나 지배민족 펀자브족, 파탄족에게 자동적으로 할당되는 계약에서 배제되어 있으며 자국의 지하자원 수입에서도 밀려나 있는 처지다. 파키스탄 당국이 그 수입을 착복하고 있는 것이다.

가스 수입의 불공정한 재분배, 기반시설 프로젝트의 중앙집권화, 인정받지 못하는 정체성. 발루치스탄 사람들은 그러한 박탈감을 게릴라전으로 표출했다. 2003년 이래 족장 무함마드 마리의 주도로 수행되고 있는 게릴라전은 특히 펀자브 도시들의 가스관을 표적으로 하는 테러 그리고 파키스탄 군 수비대나 항구 건설에 고용된 중국인들에 대한 공격 양상을 나타냈다.

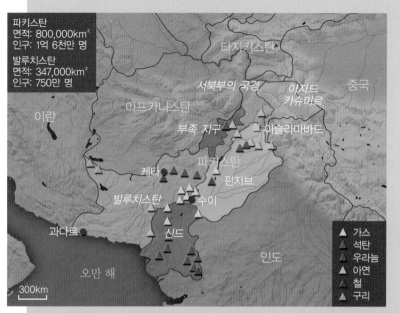

이례적인 발루치스탄

파키스탄의 차원에서 발루치스탄이 제시하는 이중의 특이성은 다음과 같다.
첫째, 그 지역만으로 국토의 42퍼센트를 차지하지만 인구가 가장 적다는 점.
둘째, 파키스탄의 자연자원의 대부분이 발루치스탄에, 특히 가스자원이 수이 지역에 집중되어 있는데 1인당 소득이 가장 낮다는 점.

기반시설 프로젝트

지리적으로 발루치스탄은 전략적 관점은 물론 지정학적 관점에서 민감한 지대다. 관련 국가 차원에서 제각각 그러한 사실을 가늠해볼 수 있다. 발루치스탄은 이란, 아프가니스탄의 국경과 맞닿아 있으며, 석유는 풍족하지만 바다에 접해 있지 않은 중앙아시아 국가들이 해상무역을 할 때 이용하는 길목에 자리잡고 있다.

법치국가의 기틀 위에서 정치 관행이 아직 정립되지 못한 많은 산유국에서는 석유와 가스에 의해 점점 더 늘어나는 상당한 수입이 긴장을 만들거나 증폭시킨다. 때로는 일부 국가의 권위주의가 석유 가격의 상승으로 더 심화되는 것 같기도 하다. 어쨌거나 '석유 전제주의' 체제인 알제리, 카자흐스탄, 투르크메니스탄이나 러시아에게서 바로 이런 인상을 받는다. 이러한 나라의 정책은 세계의 석유 수요에 의해 유지된다. 베네수엘라도 마찬가지로 이와 같은 복잡한 문제를 제기한다.

베네수엘라 볼리바르 공화국

베네수엘라는 남아메리카의 한 연방공화국으로 인구는 2,700만 명이고 면적은 91만 2,000제곱킬로미터, 그러니까 프랑스의 거의 2배다. 베네수엘라인들의 67퍼센트는 스페인 사람, 포르투갈인, 아프리카인(노예들), 지역 토착 인디언의 피가 섞인 혼혈인들로 이들은 베네수엘라 식민 역사의 증인이다. 오늘날 인디언은 베네수엘라 인구의 2퍼센트에 불과하다. 그 가운데 주요 부족은 여전히 와라오족, 페몬족, 야노마미족이다.

석유 주권

베네수엘라에는 2,700개의 유전과 생산이 진행 중인 1만 7,000개의 유정(油井)이 있다. 그 가운데 3분의 2가 북동부 마라카이보 지역에 위치해 있다. 거기에 오레노크 벨트의 중유가 포함된다면 오늘날 베네수엘라는 세계 제1의 석유 매장량을 보유한 국가가 될 것이다. 석유 수입을 회수하기 위해 베네수엘라 당국은 2006년 민영회사로부터 석유층과 생산 통제권을 다시 가져올 목적으로 '석유 주권' 정책을 시도했다. 그렇게 해서 2006년 국제 및 민영 석유회사 전체가 국유화되었다. 그 결과 신규 법안의 영향으로 외국 업체의 지분은 2006년 하루에 약 100만 배럴에서 2007년 30만 배럴 미만으로 떨어지게 되었다.

석유는 19세기에 발견되었으며 그 이후 석유로부터 나오는 수입은 베네수엘라의 경제 동력이 되었다. 2007년에는 석유 수입이 베네수엘라 GDP의 30퍼센트가량을 차지했다. 우선 영국, 네덜란드, 미국계 회사들이 석유 생산업을 시작했으며, 베네수엘라는 1946년 석유회사들과 함께 자국의 이익분을 정했는데, 이것은 국가 예산에 톡톡한 이득이 되었다. 그리고 1975년 석유 생산부문을 국유화하고 국영회사 '페트롤레오스 데 베네수엘라'를 창설한 이후 더 많은 이익을 얻게 되었다. 우고 차베스 대통령이 최근에 실시한 개혁에 따라 외국의 파트너 업체들은 전 회사에서 지분을 조금밖에 가질 수 없다. 그렇게 해서 우고 차베스는 원유 가격을 억제하기 위해서든 가격 상승을 부추기기 위해서든 자유롭게 석유 생산을 조정할 수 있게

되었다. 장기간 베네수엘라 석유층(오레노크에 매장된 중유가 포함될 경우 2007년 기준으로 세계 제1의 매장량)의 개발사업을 신중히 운영하려는 석유회사들은 예속되는 길을 선택함으로써 에너지에 의해 만들어지는 역학관계를 확실히 보여주었다. 동일한 취지에서 베네수엘라는 석유수출국기구(OPEC)에서 상당히 역동적으로 관여하고 있는 당사국이다. OPEC는 1960년 석유의 가격 하락에 대처하기 위해 이란과 베네수엘라의 공동제의로 창설되었다. 주요 산유국들이 그 기구에 가입해 있으며 본부는 오스트리아 빈에 있다. 이후 OPEC는 석유 가격에 미치는 영향력 그리고 그에 따라 베네수엘라 같은 주요 수출국의 소득에 미치는 영향력을 계속해서 강화했다.

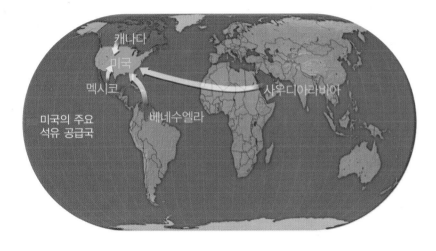

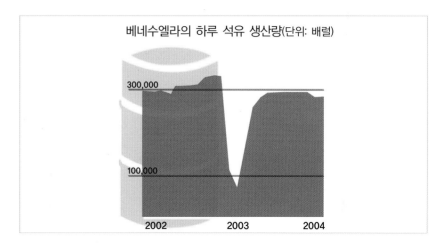

베네수엘라의 하루 석유 생산량(단위: 배럴)

300,000

100,000

2002   2003   2004

역설적인 반미주의

우위를 점하고 있는 석유

베네수엘라의 대통령은 우고 차베스 프라아스다. 우고 차베스는 1998년 처음 대통령에 선출되었고 2000년 7월에 이어 2006년 12월에 다시 당선되었다. 우고 차베스 대통령은 미국의 경제정책은 물론 대외정책에 대해 분명한 반미주의를 표명하여 두각을 나타내고 있다. 군인 출신의 우고 차베스는 반미주의라는 표현을 써서 정당성을 내세우고 있는데 이러한 수사법으로는 미국 시장에 대한 베네수엘라의 의존도를 가릴 수 없다. 베네수엘라는 2006년 캐나다, 멕시코, 사우디아라비아에 이어 미국 시장의 네 번째 공급국이었다. 그렇게 해서 사우디아라비아와 더불어 베네수엘라는 때로 정치 사상, 공식 발언, 경제 이익 간의 큰 격차를 낳기도 하는 현실 원칙의 선례가 되고 있다.

2006년 기준으로 베네수엘라는 세계 석유 생산의 3.7퍼센트를 차지했으며 제6위의 석유 수출국이었다. 국가 차원에서 석유는 국가 전체 수입의 50퍼센트 이상, 심지어 수출 소득의 85퍼센트를 차지했다. 그렇게 해서 석유 부문 외에는 산업 생산성이 낮다는 사실이 드러났다. 베네수엘라는 수입에 의존할 수밖에 없으며, 석유의 가격 상승 혜택을 누리면서 수입에 의존한다. 그런데 OPEC 내에서 의도적이든 2003년의 사례처럼 의도적이지 않든 베네수엘라가 바로 제일선에서 가격 상승을 주도하고 있다. 2003년에는 국영기업에서 파업이 일어나 생산이 감소하기도 했다.

'뉴 그레이트 게임'을 향해 가는가?

러시아는 제국에 연이어 소련에 속했던 한 지역의 모국이자 계승국으로 계속 그 지역에서 정치 · 경제 · 군사 부문의 후원국으로 나서고 있다.

그렇게 해서 독립국이 되었고 러시아가 '가까운 외국'이라고 지칭하는 이 전체 지역 내에서, 러시아 정부는 다른 주체들이 그곳에서 품고 있는 야심과 점점 더 자주 충돌을 빚으며 대놓고 다양한 이권을 유지해가고 있다. 다른 주체들이란 서쪽 편의 유럽연합과 나토, 남쪽 편의 중국과 미국이다. 그렇게 복합적인 경쟁구도의 한복판에서 전개되는 책략들을 보면 19세기에 대영제국과 제정러시아가 중앙아시아를 통제하기 위해 벌인 '그레이트 게임'이 연상된다.

둘 사이에 끼어 있는 위치

우크라이나와 벨로루시는 국경이 맞닿아 있는 유럽연합과
수 세기 동안 두 나라를 지배한 러시아의 틈바구니에 끼어 대륙의 지정학에서 자국의 길을 찾고 있다.
두 신생국가는 이미 이렇게 둘 사이에 끼어 있는 위치로 제약을 받아온 한편
러시아에 대한 의존도로 인해 속박되어 있기 때문이다.

우크라이나와 벨로루시, 영향권하의 독립

러시아인들과 마찬가지로 우크라이나인들과 벨로루시인들은 동방계 슬라브족으로, 서기 3세기 이래로 동부 유럽에 모습을 드러냈다. 오늘날에도 여전히 러시아인들에게 우크라이나는 '소러시아'로, 벨로루시인들은 '백러시아인들(러시아어로 Bielorusski)'로 남아 있다. 1991년 소비에트 연방의 해체로 두 민족은 다소 엉겁결에 독립을 하게 되었다. 우크라이나 지역이 882년부터 최초의 슬라브계 국가를 구성했다고 해도, 우크라이나는 이웃한 벨로루시와 마찬가지로 결국에는 소련이 붕괴되면서 비로소 '정식' 독립국가가 되었기 때문이다. 하지만 아직 두 국가는 '사실상의' 독립국가가 되기에는 계속해서 어려움을 느끼고 있다.

두 나라가 독립하면서 러시아는 서유럽에 면해 있는 전략 지역을 잃고, 북해에 쉽게 접근할 수 없게 되었다. 그래서 러시아의 지정학적 정세는 뚜렷이 변화되었다. 그렇다고 해서 러시아가 그 이웃 국가들에 행사하는 영향력도 심지어는 해를 끼칠 수 있는 역량도 전혀 손상되지 않은 것 같다. 러시아의 '가스 외교'로 그 사실을 확인할 수 있다.

에너지 무기

러시아는 여전히 벨로루시와 우크라이나의 주요 가스 공급국이다. 러시아는 강제수단으로 이용되는 가스 가격을 원동력 삼아 벨로루시는 물론 우크라이나와 자국에 유리한 역학관계를 유지한다. 우크라이나 정부가 국영회사 가즈프롬이 요구하는 가격 인상을 받아들이지 않자 러시아는 2006년 1월 며칠 동안 우크라이나에 가스 공급을 중단했다. 러시아는 그렇게 단호하게 맏형 러시아에 대한 어린 우크라이나의 종속관계를 재정립했다.

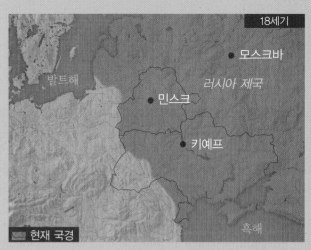

동방계 슬라브족

러시아인들과 마찬가지로 벨로루시인들과 우크라이나인들은 동방계 슬라브족이다. 그들은 18세기에 정치적으로 러시아 제국에 통합되었다. 그때 러시아 제국은 이 민족을 '러시아인'으로 여겼으며, 그들을 대상으로 '러시아화' 정책을 실시했다.

가스관과 송유관이 통과하는 두 나라

우크라이나와 벨로루시는 지리적인 위치로 인해 유럽연합과 러시아 간 통상 관계의 핵이 될 뿐만 아니라 유럽으로 수출되는 러시아산 가스와 석유 대부분이 이 두 나라를 거치기 때문에 전략적 쟁점을 이룬다.

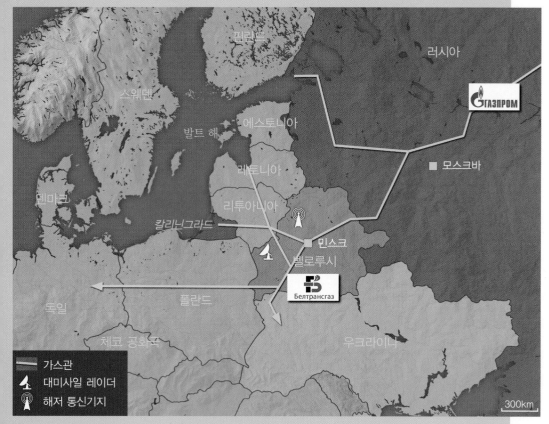

스웨덴
핀란드
러시아
발트 해
에스토니아
모스크바
레토니아
덴마크
리투아니아
칼리닌그라드
민스크
독일
벨로루시
폴란드
체코 공화국
우크라이나

ГАЗПРОМ
Белтрансгаз

300km

가스관
대미사일 레이더
해저 통신기지

피할 수 없는 러시아

러시아와 벨로루시는 전략적 관점은 물론
경제적 관점에서 많은 이권을 함께 나누고 있다.
벨로루시는 유럽 국가들뿐만 아니라 러시아 영토 칼리닌그라드 쪽으로
공급되는 러시아산 석유의 수송로에 위치해 있다. 그리고 벨로루시는
바라노비치의 대미사일 레이더 기지와 빌레이카의 잠수함용 연락기지를
비롯하여 러시아와 항공방위 시스템을 공유한다.

게다가 유럽에서 수입하는 러시아산 가스의 80퍼센트가 우크라이나를 통과하기 때문에, 이렇게 일방적인 러시아의 결정은 유럽연합 내부에 공급이 단절되는 상황을 초래했다. 우크라이나에 압력을 가한 것 말고도 러시아는 그렇게 해서 유럽연합이 2004년 12월 우크라이나에서 일어난 민주적이고 친유럽 성향의 '오렌지 혁명'을 지원한 데 대해 유럽연합 국가들에 분명한 메시지를 전할 수 있었다. 러시아 외교의 관점에서는 연속적으로 이어진 나토와 유럽연합의 확대 — 발트 해 연안국들, 헝가리, 폴란드, 루마니아, 불가리아 — 에 대한 대응이 관건이었다. 이제 유럽연합의 경계가 러시아의 국경과 맞닿게 된 것이다.

벨로루시 지도자들이 우크라이나 지도자들보다 러시아에 대해 더 타협적인 태도를 보이긴 하지만, 충실한 동맹국 벨로루시는 가스를 미끼로 한 협박을 피해가지 못했다. 지리적인 위치상 벨로루시 역시 러시아와 유럽의 통상로에 자리 잡고 있는 만큼 더더욱 그런 협박을 면하기는 어려웠다.

가즈프롬은 가스 가격을 3배 인상하겠다고 벨로루시를 위협해서, 2006년에 벨로루시 영토상의 가스 수송을 관리하고 있는 벨트란스가스의 통제권을 쥐게 되었다. 그 방법은 벨로루시가 1991년 이래로 시장 가격보다 낮은 특혜 요금 — 시장 가격으로는 1,000세제곱미터에 250달러인 데 반해 30달러 —의 혜택을 받았던 것보다 더 큰 효과를 발휘했다. 그리고 2007년 1월 벨로루시 정부가 가스 거래에 통행세를 부과하면서 러시아의 협박에 대응하기로 결정했을 때, 러시아 정부는 주저하지 않고 벨로루시를 거쳐 유럽으로 공급되는 석유의 수출을 중단했고 결국 그 피해는 러시아 석유의 주요 수입국인 폴란드와 독일에까지 미쳤다. 그때가 겨울, 그러니까 연중 석유가 가장 많이 소비되는 시기였다. 그러니 3일로 충분히

합의를 끌어낼 수 있었다. 필연적으로 러시아에 유리한 합의였다. 이 사안으로 러시아와 그 '어린 자매국' 간 역학관계의 현황뿐만 아니라 공급국 러시아에 대한 유럽연합의 의존도가 부각되었다.

벨로루시의 독재체제, 강압을 받는 러시아의 동맹국인가?

우크라이나와 달리, 벨로루시는 러시아 이외에 동맹국이 전혀 없다. 벨로루시의 대통령은 알렉산드르 루카셴코. 국영농장을 이끌던 그는 1994년 소비에트 연방 시절의 향수를 이용해 민주적으로 대통령에 선출되었다. 그는 정치경찰 ― KGB ― 에 기대고 전제체제를 마련하여, 계속 권좌에 남은 다음 2006년에 재선되었다. 정당들은 부수적인 존재로 전락하고, 미디어는 탄압을 받았으며, 사법권은 박탈당했다. 사형 유지, 소수당에 대한 공격, 자의적인 체포, 반체제인사나 언론인들의 실종. 이렇게 인권에 대하여 국제 엠네스티가 종합적으로 내린 평가는 명료했다. 그렇지만 공식적으로는 거의 0퍼센트에 가까운 실업률과 아주 높은 성장률(2005년 기준으로 8퍼센트)을 유지하면서 그리고 벨로루시인들에게 어느 정도의 생활수준을 제공하면서 루카셴코는 유럽 무대에서 벨로루시가 대단히 고립되었음에도 불구하고 국민의 지지를 지켜내게 되었다.

그때까지 배타적으로 러시아 쪽에 돌아서 있던 벨로루시 ― 유럽연합 이사회에 가입하지 않은 국가 ― 는 더군다나 유럽연합 집행위원회가 2006년 대선 당시 야당을 지지했기 때문에 결코 유럽연합과 협력이나 동반자 관계 협정을 비준하지 않았다. 사정이 이러한데 양자 간의 관계에서 많은 문제에 대해 불성실하다고 판단되는 러시아에 대응하여 루카셴코가 2007년 이래로 유럽연합에 대해 한결 앙심이 잦아든 어조를 취하고 있다는 사실이 주목된다.

세계화에서 벗어나 있는 벨로루시의 경제

벨로루시는 구소련 시절과 마찬가지로 국가가 경제의 80퍼센트를 통제하고 있다.
그렇게 해서 경제 이익이 직접적으로 루카셴코 대통령의 도당에 돌아갈 수 있다.
주요 경제 부문은 금속업, 정유업, 트랙터와 트럭 제조업이다. 벨로루시 농업 부문의 경우,
여전히 국영농장으로 조직되어 있으며 순무를 비롯한 무 종류, 밀, 보리, 감자를 생산한다.
솔리고르스크와 모지르에서는 포타슘염이 채취되고 있으며 그 소금으로 비료를 만든다.
벨로루시 경제의 실적은 그 신뢰도가 어떻든 간에 그래도 자국의 산업생산에 의거하지 않는다는
견해를 제시할 수 있다. 산업 분야의 생산품 대부분은 판매되지 않고 여전히 저장되어 있다.
벨로루시의 높은 성장률은 여전히 주요 경제 파트너인 러시아의 성장과 석유 가격의 상승에 연계되어 있다.
석유 가격이 올라가면 자동적으로 벨로루시의 정유업 부문에 이익이 돌아간다.

중앙아시아의 지정학

1991년 독립 당시부터 민주주의 체제를 갖춘 발트 해 연안국들과 달리, 중앙아시아의 신생국가들은 전형적으로 소련식 규준과 반사 신경의 틀에 입각하여 국가 건립을 도모했다. 소련 치하의 유력 엘리트 계층은 전제주의 유형의 체제를 고수하면서 권력을 유지하여 경제적인 부와 자연자원을 독점한 것이다. 그 체제에서는 민족주의가 공산주의를 대체했다. 하지만 이 중앙아시아의 신생국들이 일체의 내부 제약에서 벗어난다고 해도, 그 국가들의 지리와 자원에 의해 대외적인 관점에서는 운신의 폭이 더 좁을 수밖에 없다.

중앙아시아의 주요 특징 가운데 하나는 남의 영토에 둘러싸인 내륙국이라는 점이다. 예를 들어 세계에서 남의 영토에 가장 많이 둘러싸인 나라인 우즈베키스탄에서 부동해에 이르기 위해서는 두 나라를 거쳐야 한다. 석유 자원이 풍부한 중앙아시아의 국가들은 특히나 석유 수송문제에 관해서 주변 정세에 종속되어 있다.

자원, 지리 그리고 권한. 바로 이것이 그 지역 지정학 체스판의 주요 말이다. 오늘날 여러 당사국이 이 체스판을 노리고 있다.

각축전이 벌어지고 있는 거대한 체스판

이 새로운 '그레이트 게임'의 첫 번째 당사국은 러시아이다. 러시아는 지리적 위치는 물론 중앙아시아에서 지켜가고 있는 자국의 영향력에 의해 이점을 취한다. 그렇게 해서 카자흐스탄 석유가 2001년 텐기즈 유전과 러시아의 노보로시스크 항 간에 건설된 송유관 덕택에 러시아를 거쳐 수송되었다.

2005년 9월에는 가즈프롬이 투르크메니스탄에서 출발해 우즈베키스탄을 거쳐 수송되는 가스의 전체 통제권을 얻게 되었다.

전략적인 관점에서 러시아는 여전히 그 지역에서 확고한 자리를

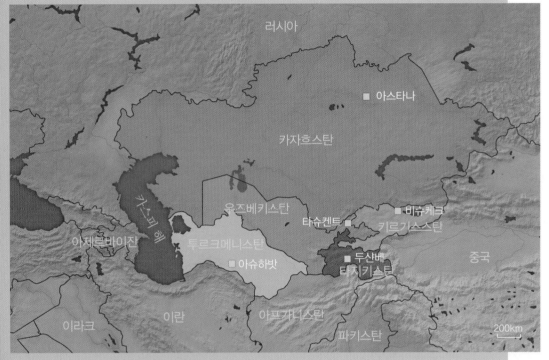

중앙아시아의 윤곽

지도상에서 중앙아시아의 면적은 카스피 해에서 몽골까지 약 400만 제곱킬로미터에 달한다. 오늘날 중앙아시아는 지리상의 한 지역이라기보다 오히려 러시아에 이어 소비에트의 식민지배에 의해 만들어진 정치적 집합체에 가깝다. 사실상 대개 중앙아시아라고 하면 카자흐스탄, 우즈베키스탄, 키르기스스탄, 투르크메니스탄, 타지키스탄, 다시 말해 예전에 소련에 속한 공화국들로서 1991년 소련이 해체되면서 독립을 하게 된 5개국을 함께 가리킨다.

지키고 있다. 그러니까 러시아는 계속 카자흐스탄의 바이코누르에 우주기지를 두고 있으며, 타지키스탄에도 군사기지를 유지하고 있다. 2003년부터는 키르기스스탄에 군사기지를 두기 시작했다.

그리고 2005년 11월 우즈베키스탄은 러시아와 조약을 체결함으로써 동맹의 방향을 미국에서 러시아로 선회하게 되었다.

'기사' 말, 미국

놀랄 일도 아닌 것이 미국은 1990년 말부터 그 지역 게임의 두 번째 당사국이 되었다. 카스피 해 석유에 관심을 보인 미국의 석유회사들은 이란을 경유하지 않고 석유를 수송하기를 원했다. 그래서 아제르바이잔 석유를 바쿠에서 터키를 경유하여 수출할 수 있도록 해주는 송유관 건설에 참여했다. 카스피 해에서 유조선으로 수송될 카자흐스탄 석유를 그 송유관을 통해 운송하는 것은 중장기적인 목표가 되었다. 더 동쪽으로 가서 미국은 투르크메니스탄의 가스를 이번에는 아프가니스탄의 서쪽을 통과해 파키스탄의 과다르 항구까지 수송할 계획을 세웠다.

미국은 그 지역에서 자국의 경제적 이익과 아울러 전략적 이익을 추구하는 동시에 러시아의 영향력을 축소시키려고 애썼다. 1997년 미국의 지원을 받아 소련에 속했던 그루지야, 우크라이나, 아제르바이잔, 몰도바가 구암 동맹을 결성했다. 우즈베키스탄은 1999년 이 동맹에 합류하게 된다.

2001년 9 · 11 테러로 인해 미국은 아프가니스탄에서 수행하는 작전을 지원하기 위해 키르기스스탄의 마나스 공항은 물론, 우즈베키스탄의 카나바드 기지에 군사를 배치하는 문제를 협상했다. 러시아뿐만 아니라 그 지역 게임의 세 번째 주요 당사국인 중국이 그 문제에 이의를 제기하고 나섰다.

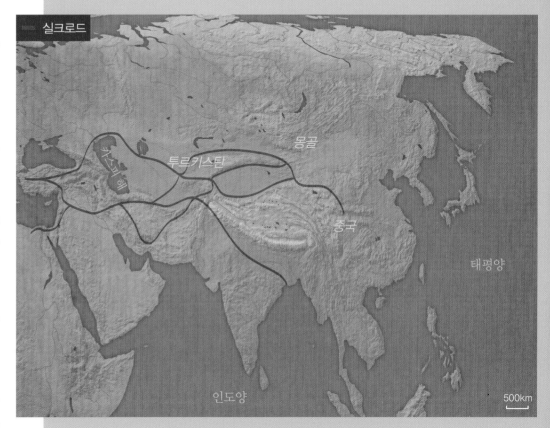

실크로드

중앙아시아의 지리

초원과 사막 지대로 이루어진 중앙아시아는 오랫동안 투르키스탄이라는 이름으로 알려진 지역, 다시 말해 역사상 투르크족의 지역에 해당한다. 이 지역은 유럽과 중국 간 교역의 장소이자 기원전 1000년부터 실크로드가 거쳐간 교차로로, 그리스, 투르크 – 몽골, 페르시아, 아랍의 세력, 그리고 러시아에 이어 소련의 세력에 예속되었다.

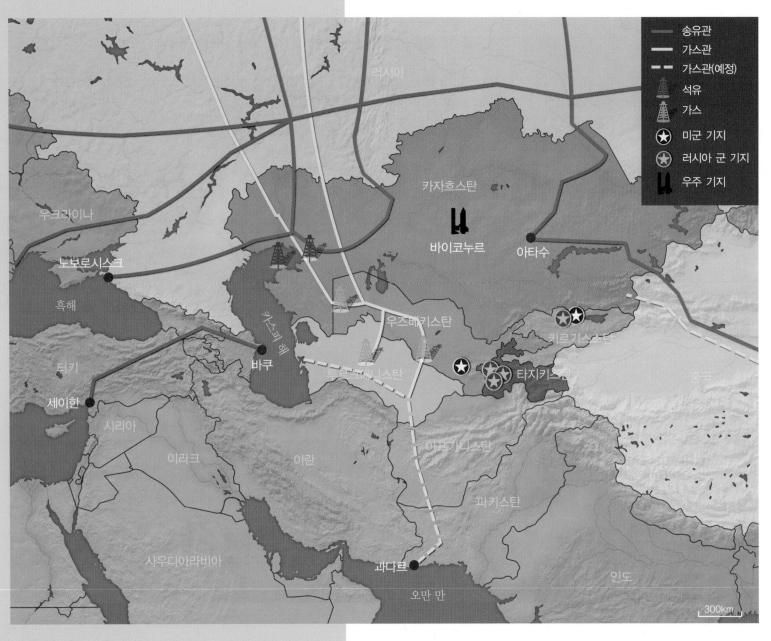

자원이 풍부하고 전략상으로 중요한 지역

석유가 풍부한(세계 5위의 매장량) 동시에 지리적으로 중동과 가까운 중앙아시아는 새로운 '그레이트게임'의 핵심에 위치해 있다. '뉴 그레이트 게임'의 주요 당사국은 러시아, 중국, 미국이다. 이란, 터키, 파키스탄, 인도 역시 그 게임에 가담하려고 애를 쓰며 아직은 주요 당사국들의 전략을 지원하는 역할에 그치고 있다.

지도 범례
- 송유관
- 가스관
- 가스관(예정)
- 석유
- 가스
- 미군 기지
- 러시아 군 기지
- 우주 기지

지명
러시아
우크라이나
카자흐스탄
바이코누르
아타수
노보로시스크
흑해
카스피 해
우즈베키스탄
키르기스스탄
터키
바쿠
투르크메니스탄
타지키스탄
중국
세이한
시리아
이라크
이란
아프가니스탄
파키스탄
사우디아라비아
과다르
오만 만
인도

300km

'귀부인' 말, 중국

카자흐스탄, 키르기스스탄, 타지키스탄에 맞닿아 있는 중국 또한 그 지역에 점점 더 적극적으로 관여하고 있다.

이미 중국 상인들은 타지키스탄과 중국의 신장 자치구를 연결하기 위해 크로그와 카슈가르 간에 새로 건설된 도로를 이용해 알마티와 비슈케크에 점점 더 많이 진출하고 있다.

에너지 수요가 계속 증가하고 있는 중국이 특히 탐을 내는 것이 바로 카자흐스탄의 석유다. 2005년에 카자흐스탄의 중심부와 중국의 신장 간에 첫 번째 송유관이 건설되었다. 두 번째 송유관은 건설 프로젝트가 진행되고 있으며, 2009년부터는 이 송유관으로 카자흐스탄과 투르크메니스탄의 가스를 카자흐스탄 영토를 거쳐 수입할 수 있을 것으로 전망된다. 끝으로 중국의 석유회사 CNPC는 보다 편리하게 작업하기 위해 2005년에 카자흐스탄의 페트로카자흐를 인수했다. 이 회사는 카자흐스탄에서 제일 큰 정유시설을 심켄트에 갖고 있을 뿐 아니라 서남부 지역에 여러 개의 유전을 갖고 있다. 따라서 이는 중국의 전방위 전략으로, 이러한 전략이 노리는 파급효과는 중앙아시아의 가스 수출을 독점하는 러시아의 권한을 저지하는 것이다.

전략적인 관점에서 중국 정부는 이슬람을 표방하는 정치적 움직임이 부상하고 있는 상황에 맞서, 영토를 온전히 보존하려고 애쓰고 있다. 중앙아시아 접경지역의 신장 자치구에는 투르크어를 쓰는 무슬림, 위구르족, 카자흐족이 사는데 이들은 중국 내에서 더 많은 자치권을 얻으려고 한다. 이 사람들의 자치권 요구를 불식시키고 그 지역의 안정을 위협하는 요소를 근절하기 위해 중국 정부는 러시아 정부와 함께 1996년 상하이협력기구(SCO)를 발족했다. 중국과 러시아를 중심으로 중앙아시아 4개국이 이 기구에 가세했다.

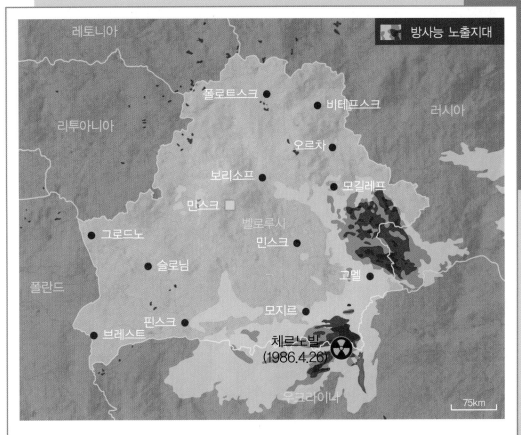

방사능 노출지대

레토니아 / 리투아니아 / 러시아 / 폴로츠크 / 비테프스크 / 오르차 / 보리소프 / 모길레프 / 민스크 / 벨로루시 / 그로드노 / 민스크 / 슬로님 / 고멜 / 폴란드 / 핀스크 / 모지르 / 브레스트 / 체르노빌 (1986.4.26) / 우크라이나 / 75km

체르노빌이 벨로루시에 미치는 영향

1986년 우크라이나에 있는 체르노빌의 한 원자로에서 폭발이 일어났을 때, 그 발전소가 대기 중에 내보낸 방사성 핵종의 70퍼센트가 인근의 벨로루시로 흘러들었다. 그 후 벨로루시의 출생률은 현저하게 떨어졌다. 기형아 출산율도 눈에 띄게 증가하여(78퍼센트) 낙태에 의존하는 빈도가 높아졌다.

현재 벨로루시 땅과 하천의 27퍼센트가 여전히 감염되어 있으며, 수 세기 동안 그런 상태가 지속될 것이다. 그럼에도 1,000만 명의 벨로루시인 가운데 300만 명이 여전히 방사능에 노출된 지대에 살고 있다. 벨로루시 체제가 20년이 지나도록 자국인들에게 그러한 상황에 대해 정확한 정보를 제공하지 않기 때문이다.

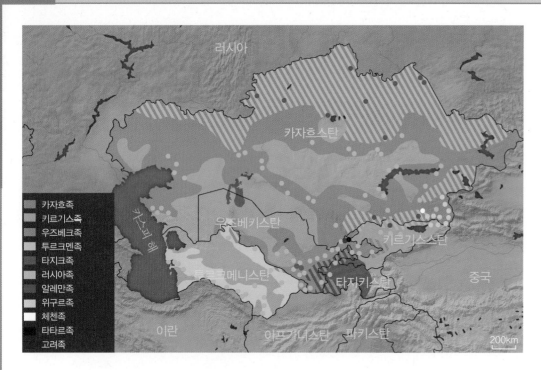

모자이크 민족

중앙아시아 민족들은 카자흐족, 키르기스족, 우즈베크족이나 투르크멘족같이 투르크어를 사용하는 민족이든 타지크족같이 페르시아어권 민족이든 한 가지 공통점을 공유하고 있다. 바로 이슬람교도라는 것이다. 그들의 종교 정체성은 70년간의 공산주의 체제에 의해 강화되었다.

일차적으로 이렇게 모자이크처럼 다양한 민족에다가 러시아의 식민 지배에 의해 고려인을 비롯한 다른 소수민족들이 추가되고 소비에트 권력에 의해 추방된 민족들, 즉 독일인, 체첸족, 타타르족도 이런 소수민족들에 합세했기 때문이다. 게다가 중앙아시아의 각 국가 내 인구의 다양성을 이해하려면, 1924~1936년 스탈린이 그 지역에 있는 각 공화국의 사람들을 세분화하려는 정치적 목표에 따라 그 국가들 간의 경계를 그렸다는 사실을 상기해야 한다.

우즈베키스탄, 타지키스탄, 키르기스스탄이 공유하는 페르가나 계곡은 그러한 정책을 잘 보여주는 사례다. 지도에 나와 있듯이 세 나라가 페르가나 계곡에서 소유하고 있는 9곳의 땅은 타국 영토로 둘러싸여 있다.

상하이협력기구: 아시아의 나토인가?

  소련이 해체된 후 중앙아시아 국가들이 겪은 과도기는 경제적 차원은 물론 정치적 차원에서도 힘겨웠다. 체제에 반하는 것을 일절 용납하지 않는 전제주의 체제가 들어서면서 다음과 같이 이슬람의 권리를 요구하는 급진 운동이 부상하게 되었다.

  첫째, 타지키스탄에서는 구공산주의자들과 이슬람 근본주의 정치단체 간에 내란이 벌어졌다.

  둘째, 우즈베키스탄에서는 아프가니스탄 일부 급진세력의 영향을 받아 이슬람 근본주의 운동이 확대되었다.

  이러한 운동으로 불안정이 우려되는 상황에 직면하여 그 지역 국가들이 상하이협력기구(SCO) 같은 공동 지역기구에 가입한 것은 전제주의 체제들에게 하나의 안정요인, 더 나아가 테러나 분리독립 운동 개념을 폭넓게 용인함으로써 그 체제들이 스스로에게 급격한 변화를 허가하는 대가로 권력을 유지해주는 버팀목이 된다.

경쟁관계에 놓여 있는 동맹국들

  처음에 상하이협력기구는 1996년 예전 소련과 중국의 국경(3,000 킬로미터)을 따라 국경과 영토 문제를 관리하기 위해 창설되었다. 역내 체제의 안정을 약화시키는 위험에 직면하여 상하이협력기구는 테러, 더 나아가 극단주의와 분리독립에 대항하는 기구로 변모했다.

  체첸 분리독립 운동을 진압하기 위해 애쓰던 러시아와 끝내 위구르 분리독립 운동을 제압하지 못한 중국은 본토에서 급진 이슬람 근본주의 운동이 확산되는 것을 우려했다. 그와 동시에 1996년 탈레반(종교학을 배우는 학생)이 카불에서 권력을 장악한 사건이 두 나라의 분석에 힘을 실어주게 되었다.

상하이협력기구(SCO)

1996년 중국, 러시아, 그리고 소비에트 연방에 속했던 중앙아시아의 5개국 가운데 네 나라(투르크메니스탄은 제외)가 상하이 조약을 체결하여 상하이협력기구를 창설하였다. 현재 이 기구는 헌장을 보유하고 있으며, 베이징에 사무국이 있다. 옵서버 국가로는 몽골, 인도, 파키스탄, 이란이 있다.

그렇지만 처음에 러시아와 중국은 중앙아시아 지역에서 경제적 이익부터 시작하여 모든 것을 두고 대립관계에 놓였다. 그 지역의 상당한 에너지 자본에 열을 올린 중국 정부는 SCO를 근간으로 경제 협력을 증진시키려고 노력하는 반면 러시아는 중앙아시아를 '가까운 외국'으로 간주하면서 전략 및 에너지 부문의 독점권을 획득하려고 한다. 이런 전망이 예상되는 가운데 러시아 정부는 경제는 물론 군사 부문에서 중앙아시아와 러시아의 지역적 통합을 강화하면서 중국의 경제적 야심을 물리치려고 애쓰고 있다.

그렇지만 서로 상반되는 야심에도 불구하고 러시아와 중국은 그 지역에서 증대되고 있는 미국의 영향력을 저지해야 할 필요성에 대해서는 어렵지 않게 합의를 이끌어냈다. 그러한 목적을 위해 SCO는 두 나라에 협력틀은 물론 그 지역에서 영향력을 행사할 수 있는 수단을 제공하고 있다. 기구의 확대 작업이 수년 전부터 가속화되어 2002년에는 헌장 제정과 사무국 창설로 제도화의 기틀을 마련하고 공동 군사훈련을 조직했으며 타슈켄트에 지역 테러척결 기구를 설치했다.

SCO: 아시아의 '나토'인가?

SCO는 미국의 영향력이 조금씩 확대되고 있는 지역 내 지정학 및 전략상 복잡한 각축장의 한복판에 위치해 있다. SCO는 이제 국제무대에서 비중이 큰 지역기구로 부상하고 있다. 그렇지만 러시아가 SCO를 나토와 경쟁할 수 있는 '아시아 공동체'로 만들기 위해 노력하고 있음에도 불구하고, SCO는 지금까지 전략적 동맹이라기보다는 경제 연맹에 가까운 기구다.

반미주의 공유

나토와 같은 영향력은 없어도, SCO는 미국에 대한 적대감을 함께 키워가면서 다음과 같이 실효성 있는 입장을 취했다.

첫째, 2005년 6월 정상회담 당시 SCO 국가들이 중앙아시아에 있는 미군 기지의 주둔 기간에 대해 발표한 선언으로 넉 달 후 우즈베키스탄의 기지가 폐쇄되었다.

둘째, 같은 해 SCO와 아프가니스탄의 교섭단체를 새로 구성함으로써 아프가니스탄의 안정을 이끌어내지 못하는 미국과 나토의 무능력함을 강조하면서 아프가니스탄의 안보 문제에 적극 개입하려는 SCO의 의도를 표출했다.

셋째, 러시아와 중국 정부는 2006년 6월의 정상회담에 이란을 초청하여 이란 내의 모든 군사 개입에 대항하겠다는 두 나라의 결의를 보여주었다.

초기의 성과에 힘입어 SCO는 옵서버 국가인 인도, 파키스탄, 이란, 몽골을 영입해 확대 개편을 시도할 것이다. 더 뒤에는 베트남, 태국, 말레이시아, 인도네시아, 필리핀도 합류하게 될 것이다. 이 국가들의 관점에서 보면 SCO에 가입함으로써 자국의 경제를 보강하고 에너지 안보에 기여할 수 있는 추가 수단을 제공받을 것이기 때문이다. 그렇지만 현재로서는 SCO에 가입하기를 희망하는 국가들은 기다려야 할 것이다. 왜냐하면 이 '그레이트 게임'에서 인도 같은 나라에 SCO의 문호를 개방하면 즉각 그 기구에서 중국의 영향력이 희석되고 대신 러시아의 영향력이 강화되는 결과를 초래할 것이기 때문이다.

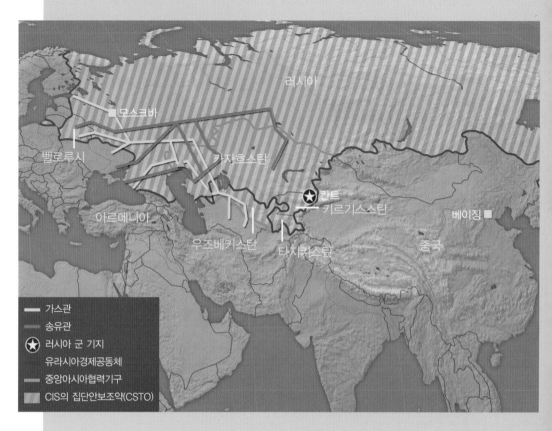

가스관
송유관
⊛ 러시아 군 기지
유라시아경제공동체
중앙아시아협력기구
CIS의 집단안보조약(CSTO)

러시아의 영향권

중앙아시아 국가들이 독립한 지 15년이 지났다.
그런데도 러시아는 계속해서 중앙아시아를 자국의 세력권으로 간주하고 있다.
첫째, 이 지역에 점점 더 많이 진출하고 있는 미국과 중국에 맞서기 위해
러시아는 예를 들어 중앙아시아산 석유의 수송 독점권을 지키려고 애를 쓴다.
이와 병행하여 러시아는 2005년에 중앙아시아협력기구(CACO)와 유라시아경제공동체(EAEC)를
합병하면서 러시아와 중앙아시아의 경제 통합을 강화하는 데 전념하고 있다.
둘째, 군사 부문에서 그 지대는 집단 안보조약에 의해 보호를 받는다. 심지어 미국의 동맹국이던
우즈베키스탄도 2005년 마침내 이 조약에 가입했으며, 조약의 범위 내에서 러시아는 2003년 말
키르기스스탄의 칸트에 공군 기지를 열었다. 당시 러시아는 2001년 9월 11일 이후로 미국이
중앙아시아에 주둔지를 늘리고 중국 정부가 키르기스스탄이나 우즈베키스탄에 군사 기지를
만들려고 한다는 소문이 나돌았던 만큼 더욱더 열의를 보였다.

소련이 추진한 개발의 황무지

정치적 차원, 사고방식은 물론 경제구조에서 소련의 유산으로부터 지속적인 영향을 받고 있는 중앙아시아는 환경 부문에서도 마찬가지다. 심각한 환경 악화는 사람들의 안전을 압박하고 중앙아시아 5개국 간에 야기되는 긴장의 한 근원이 되고 있다. 그리고 이들 나라는 경작 가능한 땅은 물론이고 수자원 관리 문제와 관련해 분열되어 있다.

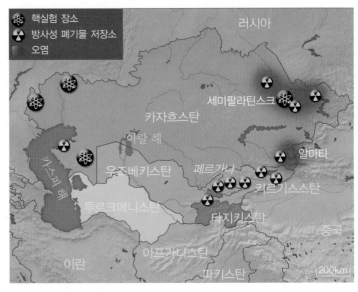

지속적인 유산

중앙아시아에서 70년간 소련이 추진한 개발의 결과를 정리해보면 다음과 같다.
첫째, 구 핵실험장(예를 들어 카자흐스탄 북동부에 있는 세미팔라틴스크) 주변 사람들 그리고 방사성 폐기물 저장소 근처(예를 들어 페르가나 지역) 사람들의 건강에 대한 직접적인 위협.
둘째, 지나친 집중 관개에 의한 아랄 해의 건조와 토양 악화.
셋째, 광산 채굴(금, 안티몬, 수은)에 의해 축적된 폐기물.
넷째, 과도한 산업폐기물과 농업폐기물에 의한 강의 오염과 카스피 해의 오염, 그리고 알마티 도시들과 카자흐스탄 북부 도시의 대기 오염.

물을 둘러싼 긴장

1980년대에 소련을 세계 제1의 목화 생산국으로 만들기 위해 아무다리아 강과 시르다리아 강에서 집중 관개가 과도하게 실시되었다. 비옥한 지역들이 그로 인해 결국 불모지로 변하고 말았다. 중앙아시아 관개지의 약 40퍼센트는 축적된 광염에 의해 건조되어 아랄 해와 마찬가지로 사막화가 진행 중이다. 아랄 해의 면적은 40년 새 절반가량 줄어들었다. 이러한 토양의 염화 문제에 더해 현재 그 지역의 여러 국가들 간에 물의 분배를 둘러싸고 긴장이 높아지고 있다. 아무다리아와 시르다리아 강의 발원지는 키르기스스탄과 타지키스탄에 있는 반면 목화의 관개 경작으로 취수 비율이 가장 높은 곳은 바로 하류 지역이다. 취수 비율을 보면 투르크메니스탄에서는 20퍼센트,

세계 제2의 목화 수출국인 우즈베키스탄에서는 52퍼센트이다.
이러한 취수 비율에 의해 물을 보유한 국가들과 물을 소비하는 국가들 사이에 정기적으로 긴장이 유발되고 있다.

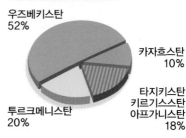

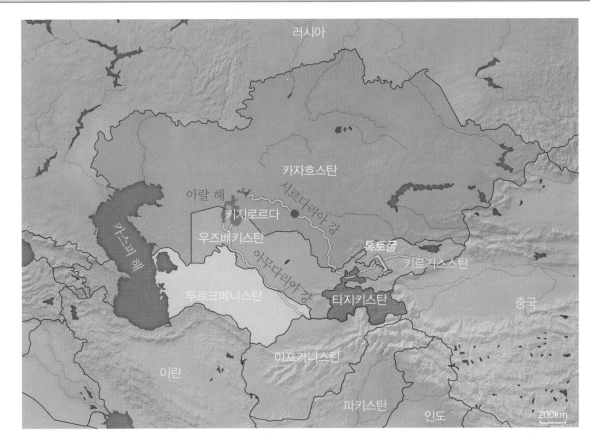

페르가나 계곡

중앙아시아의 다른 지역과 마찬가지로 페르가나 계곡은 오늘날 관개 개발의 부작용으로 인한 피해를 톡톡히 치르고 있다. 그러니까 토양의 염도가 증가했고 영농 면적의 거의 3분의 1이 줄어들었으며, 비료와 살충제 사용으로 이미 오염된 물의 수질이 악화되었다.

그런데 페르가나 계곡은 중앙아시아에서 가장 인구가 많은 지역으로, 약 1,000만 명이 살고 있으며 인구 밀도는 제곱킬로미터당 최대 500명에 이른다. 인구의 압력으로 인해 계곡의 자원도 고갈되어 경작 가능한 토양이나 수자원의 분배와 통제를 둘러싸고 심각한 긴장이 조성되었다(예를 들어 키르기스스탄의 코젠트, 오시나 남부 지역의 경우). 그런데 이제 세 국가가 아주 복잡하게 뒤얽혀 있는 페르가나 계곡의 인구를 나눠 갖고 있다. 물과 토양을 둘러싼 긴장에 더해 또 다른 차원의 문제가 있다. 즉 스탈린이 불합리하게 결정해 놓은 국경선 문제와 우즈베키스탄에서 이슬람 근본주의 운동이 부상하면서 야기되는 불안정 문제다.

톡토굴 댐의 사례

아무다리아와 시르다리아 강의 용수 분배를 둘러싼 긴장의 근원에 키르기스스탄의 톡토굴 댐이 있다. 소비에트 시대가 종말을 맞으면서 공평하게 분담하여 댐을 관리하는 체제가 무너지게 된 것이다. 당시 용수의 75퍼센트는 사실상 여름에 방류되었으며 소련의 키르기스스탄 공화국은 그렇게 생산된 수력전기를 석유와 맞바꾸어 이웃한 우즈베키스탄과 카자흐스탄의 공화국에 재분배했다.

그후 키르기스스탄 공화국은 독립국이 되었고, 석유 가격은 급등했다. 키르기스스탄은 전기 난방을 중시하게 되어서 이제 자국의 전력 수요를 충당하기 위해 여름에는 물을 적게 방류하고 겨울에는 많이 방류했다. 그리하여 하류에 위치한 국가들과 긴장을 불러일으켰다. 2004년과 2005년 키지로르다 지역의 경우처럼 여름에는 물이 부족했고 겨울에는 홍수가 발생했다. 우즈베키스탄과 카자흐스탄 남부의 농민들에게는 공동 관리의 끝이 재앙이 된 셈이다.

새로운 탐욕의 대상, 아프리카

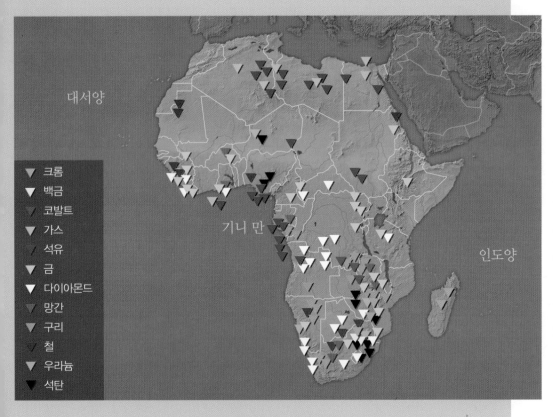

대서양

기니 만

인도양

▼ 크롬
▼ 백금
▼ 코발트
▼ 가스
／ 석유
▼ 금
▼ 다이아몬드
▼ 망간
▼ 구리
／ 철
▼ 우라늄
▼ 석탄

에너지 수요, 이주, 기후 온난화, 테러 공포에 의해 향방이 결정되는 국제 정세 속에서 아프리카는 여러 가지 주요한 국제 현안의 핵심에 놓여 있다. 더 넓게 보면 아프리카는 전략적인 차원에서도 중심 위치를 차지해가는 것 같은데 경제적인 차원에서는 변화의 조짐이 보이지 않은 채 여전히 가장자리에 머물러 있다.

중국과 미국은 풍부한 자원을 염두에 두고 아프리카를 우선순위에 올려두는데 아프리카는 그 자원에 의해 두 나라의 경쟁구도 한가운데에 놓이면서 차드의 경우처럼 빈곤이 조장되기 때문이다.

광물자원의 보고, 아프리카

아프리카 대륙에만 크롬은 세계 매장량의 거의 100퍼센트(짐바브웨와 남아프리카공화국), 백금은 90퍼센트(남아프리카공화국), 코발트는 50퍼센트(콩고민주공화국과 짐바브웨)가 집중되어 있다. 아프리카 대륙에는 또 금, 다이아몬드, 망간, 구리, 철, 우라늄이나 석탄뿐만 아니라 북부 지역, 수단과 기니 만에 가스와 석유가 상당량 매장되어 있다.

검은색 금을 향해 아프리카로 달려드는 미국

오래전부터 안정적인 에너지 공급은 미국이 구상하는 미래 전략의 초석을 이루었다. 이러한 전망은 1973년과 1979년에 잇따라 터진 석유 파동으로 힘을 얻게 됐으며, 20년 후에는 이슬람 근본주의 테러조직에 의해 더 부각된다. 이러한 전망 속에서 미국이 구사한 전술은 자국의 공급원 다변화를 통해 의존도를 줄이는 동시에 탐사를 재개하고, 해적행위와 특히 테러에 연관된 위험으로부터 국제 수송라인과 송유관을 보호하기 위해 군사적인 수단을 동원하는 방안이었다. 오늘날 아프리카에 관련된 미국의 정책도 바로 이러한 전망 속에 자리매김한다.

다변화

두 번의 석유 파동과 이어진 1차 걸프전이 한 경고가 되어 미국의 에너지 정책 수정을 불가피하게 만들었다. 미국 석유회사들은 몇몇 주요 생산국에 대한 의존도를 줄이면서 끊임없이 증가하는 석유 수요에 대응하기 위해 1990년대부터 전 세계에 걸쳐 탐사작업과 투자를 늘렸다. 9·11 테러 이래로 미국과 사우디아라비아(2006년 기준으로 캐나다와 멕시코의 뒤를 이은 세 번째 공급원)의 관계가 악화되면서 더더욱 그러한 활동을 증대시켰다. 워싱턴에서는 전제주의 및 신정정치 속성의 사우디아라비아 체제를 용인하는 사람들의 수가 점점 줄어들었다. 역으로 사우디아라비아의 종교계와 국민 가운데 상당수는 점점 더 자국에 진출하는 미국을 배척하고 미국이 행사하는 영향력을 거부했다.

그렇게 해서 미국이 수입하는 석유에서 중동이 차지하는 몫이 1990년대 초 25퍼센트에서 오늘날 약 15퍼센트로 줄어들었다. 이제 그 비율은 2005년에 미국이 소비하는 석유의 14퍼센트를 공급

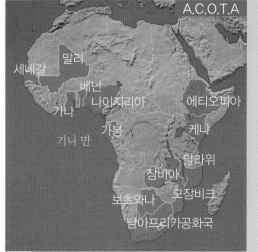

무역에 의한 개발?

미국이 아프리카에서 실시하는 투자는 아프리카 대륙의 개발에 거의 영향을 미치지 못하고 있다. 왜냐하면 몇몇 국가, 무엇보다 석유와 광물 부문에 집중적으로 투자가 이루어지기 때문이다. 개발을 진작시키기 위해 미국은 성장 잠재부문이라고 판단되는 무역에 역점을 두었다. 그렇게 해서 2000년 5월, 미국은 아프리카의 무역 자유화와 성장에 관한 신규 법안, AGOA — 'African Growth and Opportunity Act' — 를 채택했다. 이 법을 통해 아프리카의 37개국은 자국의 일부 상품 특히 섬유제품의 경우 더 좋은 조건으로 미국 시장에 접근할 수 있게 되었다.

미국의 석유회사들 편에서는 다음과 같이 상당히 폭넓게 아프리카의 자원에 접근할 수 있는 혜택을 입었다.

쉐브론 사는 앙골라의 카빈다에서 생산되는 석유의 75퍼센트를 통제하게 되었다. 차드에서는 엑슨모빌 사와 쉐브론 사가 운영하는 컨소시엄이 카메룬을 거쳐 석유를 수출하기 위해 2004년에 개통된 송유관을 관리한다.

끝으로 기니 만에서는 미국의 여러 석유회사가 2003년 이래로 적도 기니, 상투메프린시페 그뿐만 아니라 세계 제9위의 원유 생산국인 나이지리아의 해양을 탐사하고 있다.

아프리카의 '평화군'

미국은 1992~1995년에 소말리아에서 수행한 개입작전이 실패한 이래로 아프리카의 평화유지 임무에 더 이상 파병을 하지 않았다. 그런데 그 이후 라이베리아, 시에라리온, 코트디부아르, 콩고민주공화국에서 위기상황이 속출했다. 그러한 상황에 대응하기 위해 미국이 제안한 해법은 평화유지 임무를 띤 아프리카 군대를 양성하는 방안이었다. 그러면 유엔이 아프리카에서 수행하는 평화유지 임무에 자체 병력을 제공할 수 있을 것이다. 오늘날 나이지리아와 남아프리카공화국을 비롯한 아프리카의 13개국이 이러한 양성프로그램, ACOTA(African Contingency Operations Training Assistance)의 혜택을 입고 있다. 사하라 이남 지역의 나이지리아와 남아프리카공화국은 미국의 주요 동맹국이다. 2006년 말 현재, 이 ACOTA 프로그램의 일환으로 이미 약 1만 7,000명의 아프리카 '평화군'이 양성되었다.

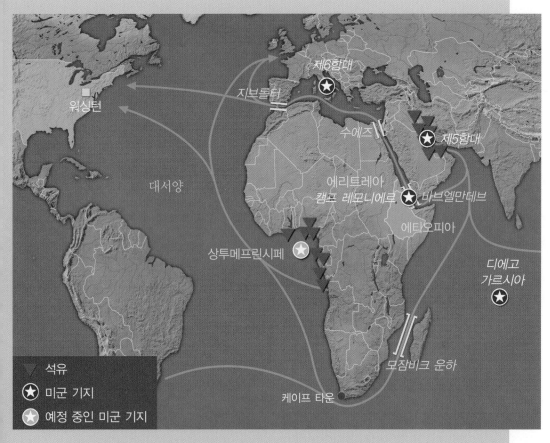

한 아프리카 대륙의 몫에 견줄 만하다. 미국의 목표는 더 나아가 이 몫을 지금부터 2010년까지 20퍼센트로 끌어올리는 것이다. 미국이 보기에 아프리카는 우선 풍부한 매장량과 상대적으로 가까운 지리적 위치 등 여러 가지 전략적 이점을 갖고 있기 때문이다.

보안

다른 사안들 가운데 예멘 연안에서 벌어진 테러, 즉 2000년 미 구축함 USS 콜 습격사건과 2002년 프랑스 유조선 랭부르호 습격사건은 미국에 보안 문제를 제기했다. 그리고 그에 따라 중동과 아프리카의 생산지에서 지중해를 통하든 아프리카 대륙을 둘러서 오든 미국의 항구까지 공급되는 석유의 수송비 문제도 제기되었다. 이 권의 안보를 강화하기 위해 미국은 2000년대에 들어서 아프리카 대륙에 병력을 재배치하고 새로운 대책을 전개했다.

2002년 미국은 '합동태스크포스 – 아프리카의 뿔(CJTF-HOA)'을 설립해 프랑스 기지였던 지부티의 캠프 레모니에르에 약 1,000명의 인력을 배치했다. 이와 병행하여 미국 정부는 에티오피아 공항과 에리트레아 항구를 편리하게 이용할 수 있는 혜택을 얻었다. 그렇게 해서 미국은 아프리카의 뿔 지역에 새롭게 구축한 진지를 통해 수에즈 — 매일 온갖 유형의 선박 40척이 지나간다 — 의 해상로를 더 잘 통제하고, 그와 동시에 에리트레아, 에티오피아, 소말리아, 예멘을 쉽게 감시할 수 있게 되었다.

미국은 또 9·11 테러 이래로 수행해온 대테러전의 일환으로 2004년 말리, 차드, 니제르, 알제리가 '살라피스트전도전투그룹(GSPC)'을 상대로 벌인 군사작전을 지원했다. GSPC는 사헬 지역에 근거지를 둔 테러 조직으로 알카에다와 연계되어 있다는 의혹을 받았다. 그 작전을 보강하기 위해 미국 군대는 이 4개국에 상당한 규모

미국 석유 수송로상의 아프리카

석유와 원자재 수송을 위해 주로 이용되는 해상로는 모두 아프리카 주변의 해상로다. 그 길들은 지브롤터 해협, 수에즈 해협, 바브엘만데브 해협, 모잠비크 운하, 희망봉을 거쳐 간다. 그래서 미국은 아덴 만과 인도양에 제5함대를, 지중해와 기니 만에 제6함대를 배치했다. 이와 병행하여 미국은 아프리카에 있는 미군 기지의 지원을 받을 수 있다. 2002년 10월 이래로 지부티에 캠프 레모니에르가 건설되었고 에티오피아 공항과 에리트레아 항구를 편리하게 이용할 수 있으며 건설 승인을 받으면 상투메프린시페에 해군 기지가 들어설 예정이다.

의 군사 수단, 즉 CIA에 연결되어 있는 특별 부대, 긴급공수, 방공수단, 사전배치 장비를 동원할 수 있는 재량권을 부여했다.

재배치

미국의 관점에서 자국의 에너지 안보를 위해 기니 만이 제시하는 중대한 이점은 다음과 같다.

첫째, 미국의 동부 해안과 훨씬 더 가깝다. 둘째, 석유층이 풍부하다(상투메, 나이지리아). 셋째, 아프리카 여러 지역의 접점이자 차드의 석유를 카메룬으로 수송하는 송유관의 종착지다. 그래서 2006년 12월, 미국은 자국의 석유회사들이 진출해 있는 기니 만에 해양 감시용 레이더 장비를 배치했다. 2007년 봄, 미국은 또 미 해군과 상투메프린시페의 해안 경비대 간에 합동 군사훈련을 마련했다. 이러한 조치를 보완하기 위해 이제 상투메프린시페 열도 내에 해군 기지를 건설하는 방안이 거론되고 있다. 아프리카의 석유 문제에 대해 공식적으로 심사숙고하는 '아프리카 석유정책 주도그룹(The Africain Oil Policy Initiative Group)' 이 그 방안을 제안했다. 결론적으로 이 단체는 아프리카의 석유를 미국의 국가 안보를 위한 우선순위 대열에 끌어올리고, 기니 만을 '사활이 걸린 이익지대' 로 선포하며 그 지역에 미국 군대의 사령부를 설치할 것을 권고했다.

전략적으로 내세운 슬로건은 "기니 만을 차지하는 자가 아프리카를 차지한다" 는 것이다. 기니 만은 자원, 그리고 아프리카 대륙의 많은 하위지역과 연결되는 지리적인 위치 덕분에 오늘날 제1순위 전략지로서의 혜택을 누리고 있다. 이제 미국만 그곳에 눈독을 들이는 것은 아니다. 많은 나라 특히 중국이 이곳을 두고 이익을 따져볼 것이기 때문이다.

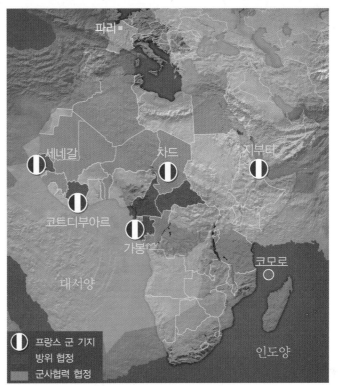

프랑스 군 기지
방위 협정
군사협력 협정

프랑스는 아직 아프리카에서 한자리를 갖고 있는가?

아프리카에서 미국의 영향력이 커가고 있음에도 불구하고 프랑스는 아직 뒤로 물러서지 않았다. 그렇지만 두 나라 간에 이중의 경쟁, 즉 통상 부문(시장 접근과 자원)과 문화 부문(앵글로색슨어 모델에 대응하는 프랑스어 사용 활성화 정책)의 경쟁이 확대되고 있다. 프랑스는 예전의 식민강국

으로 아프리카에서 정치 및 경제 부문의 많은 유대관계를 지켜가고 있으며, 군사 부문에서는 방위협정과 군사 협력협정에 의해 여러 국가에 연계되어 있다. 프랑스는 또 아프리카에 다섯 개의 기지를 보유하고 있다. 약 7,000명의 인력이 배치되어 있으며 이 병력에 더해 2,500명의 군인이 '유니콘' 작전의 일환으로 코트디부아르에 주둔해 있다. 그리고 프랑스 헌병대는 공공질서를 뒤흔드는 폭동 진압임무를 맡아달라는 청원을 정기적으로 받는다.

따라서 프랑스는 여전히 아프리카 대륙에 특히 북부와 서부에 모습을 드러내고 있다. 하지만 이제 프랑스는 양자간 협력협정보다 지역협정을 더 중시한다. 프랑스는 자발적으로 다자간의 활동에 가담하는데 2002년에는 유럽연합의 공동 대외 안보정책의 범위 내에서 콩고민주공화국에 개입을 했다. 코트디부아르에서도 마찬가지로 프랑스 군대는 2003년 유엔의 위임을 받아 코트디부아르에 상륙했다.

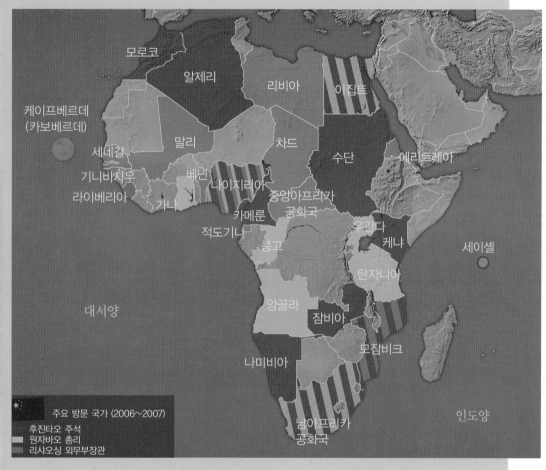

중국은 아프리카에서 무슨 일을 하고 있는가?

2006년 11월, 아프리카의 53개국 가운데 48개국이 베이징에서 개최되는 중국 – 아프리카 포럼에 참석했다. 이제 미국과 마찬가지로 중국에게 아프리카는 '효용가치가 있는 지대'로서 21세기의 지정학 시나리오 장면마다 다시 등장하고 있다. 미국과 중국은 아프리카에서 에너지 자원에 대한 접근 문제를 두고 대립하게 될 세계 역학관계에 연루되어 있다. 그런 가운데 미국과 중국은 상당히 다른 방법을 구사하며 아프리카의 자원에 접근하고 있다. 중국은 군사 부문의 협력보다 통상의 효율성에 역점을 둔다.

두 중국 사이의 아프리카

몇 년 전부터 미디어에서 아프리카에 진출한 중국에 대해 폭넓게 논평을 하고 있다. 그런데 중국이 아프리카에 모습을 드러낸 것은 사실상 미디어에서 눈에 띄게 그 문제를 다룬 시점보다 훨씬 더 오래되었다. 처음 1950년대에는 타이완을 외교무대에서 고립시키고 국제무대에서 자국의 자리를 차지하려는 중국 정부의 의도에 따라 중국이 아프리카에 진출했다. 1949년 이래로 막 베이징에서 권좌에 오른 공산체제가 아니라 타이완에 피신해 있던 중국 국민당(친서방 성향의 민족주의자들) 체제가 유엔에서 중국을 대표했기 때문이다. 중화인민공화국의 새 지도자들은 당시 아시아, 라틴아메리카, 아프리카에서 외교관계를 늘려 국제 승인을 받으려고 노력했다. 1955년 어느 진영에도 동조하지 않는 국가들은 인도네시아 반둥에서 가진 회의를 통해 아프리카의 몇몇 독립국가와 유대관계를 엮어나갈 첫 번째 기회를 갖게 되었다. 중국은 탈식민 절차를

주요 방문 국가 (2006~2007)
후진타오 주석
원자바오 총리
리샤오싱 외무부장관

중국의 외교 순방

중국은 아프리카의 자연자원에 많은 관심을 보이고 있다. 중국 관료들이 아프리카 국가를 방문한 횟수를 짚어보면 잘 알 수 있다. 2006년 1월 ~ 2007년 6월에 이르는 18개월 동안 아프리카 국가의 절반은 중국 고위지도자(국가주석, 총리나 외무부장관)의 방문을 받았다.

지원했으며, 그 틈을 타 그 다음에는 당시 주권을 얻은 아프리카의 여러 신생국가에 재정 및 기술 부문의 원조를 제공했다. 1965년부터 중국은 잠비아의 루사카와 탄자니아의 다르에스살람 항구 사이에 건설되는 탄잠 철도에 재정 지원을 했다. 그에 힘입어 잠비아는 교통로를 확충하여 무역항을 이용할 수 있는 길이 열리게 되었다. 1971년, 중화인민공화국은 특히나 아프리카 26개국의 표 덕택에 타이완 대신 유엔에 가입할 수 있었다.

중국의 '리얼이코노미즘' (경제적 이익을 우선으로 하는 노동운동의 형태로, 20세기 러시아 사회민주주의자들이 주장했다 - 옮긴이)

오늘날 상하이나 베이징의 관점에서 보면, 아프리카가 제시하는 이점은 무엇보다 아프리카의 시장, 자원, 그리고 아프리카에 필요한 인프라다.

통상 부문에서 중국은 미국과 프랑스에 이어 아프리카의 세 번째 파트너다. 중국은 아프리카에 섬유제품, 의복, 기자재, 차량, 식품(예를 들어 쌀)을 수출한다. 역으로 중국은 자국의 성장에 필요한 원자재, 즉 목재, 목화, 망간, 철, 구리, 크롬, 콜탄을 수입한다. 석유 하나가 아프리카에서 중국으로 수입되는 물품 가치의 70퍼센트를 차지할 정도로 교역에서 가장 큰 몫을 차지하는 것은 석유다. 중국의 투자가 여전히 에너지와 광산 부문에 편중되어 있긴 하지만 점

타이완을 승인하는 국가
최근 중화인민공화국을 승인한 국가
(타이완은 타격을 입게 되었다)

중국
타이완
세네갈
감비아
기니비사우
라이베리아
부르키나파소
차드
중앙아프리카
공화국
상투메
프린시페
말라위
인도양
대서양
스와질란드
남아프리카
공화국

두 중국 간 경쟁구도의 한복판에서

수십 년 전부터 개발도상국들은 중국 본토 체제와 타이완 체제 간의 대립구도에서 무대 구실을 해왔다. 중화인민공화국과 자유중국은 도로, 병원이나 학교를 지어줌으로써 기반시설을 든든한 원군으로 삼아 국제 외교승인을 '매수했다.' 그런데 1971년 중화인민공화국이 유엔에 가입하면서 그 경쟁자를 날려보내긴 했지만, 두 국가는 아프리카를 무대로 다시 대립구도에 돌입하게 되었다. 그렇게 해서 타이완이 타격을 입었다. 남아프리카공화국 정부는 아파르트헤이트 체제가 폐지되고 4년이 지난 1998년에 중화인민공화국을 승인하는 결정을 내렸던 것이다. 2003년에는 중앙아프리카공화국, 기니비사우, 라이베리아, 2005년에는 세네갈, 2006년에는 차드가 남아프리카공화국의 뒤를 이었다. 2007년 기준으로 타이완이 아프리카에서 외교관계를 유지하고 있는 국가는 5개국에 불과하다. 타이완의 입장에서는 특히 세네갈을 비롯하여 아프리카의 여러 국가에서 수년간 투자를 해왔는데 결국 고립된 처지에 놓인 만큼 더더욱 그 상황을 받아들이기가 어려운 실정이다.

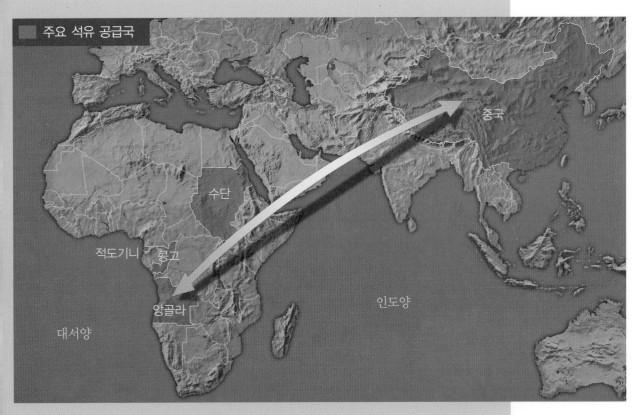

주요 석유 공급국

중국

수단

적도기니 콩고

앙골라

대서양

인도양

석유의 끝

2006년 중국은 미국에 이어 세계에서 두 번째로 석유를 많이 소비했으며, 아프리카 대륙에서 석유를 점점 더 많이 조달하고 있다. 이미 아프리카는 중국에서 수입하는 석유의 30퍼센트를 공급한다. 중국에 석유를 공급하는 국가로는 앙골라를 비롯해, 적도기니, 수단, 콩고브라자빌이 있다. 앙골라는 세계에서 중국에 원유를 가장 많이 공급하는 국가다. 앙골라와 수단 두 나라가 남아프리카공화국 다음으로 중국의 주요 통상 파트너라는 사실은 그리 놀랄 일이 아니다.

점 투자 방향이 이동통신, 도로나 건물 같은 다른 부문으로 옮겨가고 있다.

부작용

중국 외교관들과 사업가들의 방법은 효과를 가져왔다. 10년 사이 중국과 아프리카의 무역은 1995년 30억 달러에서 2006년 550억 달러에 달해 20배가량 증가했다. 하지만 아프리카가 얻는 이익의 관점에서 보면 중국의 방법은 많은 문제를 제기했다.

정치적 차원에서 중국은 특히 석유나 광물자원 생산국에 관련된다면, 짐바브웨의 로베르트 무가베나 수단의 우마르 알바시르 체제와 같이 배척을 당한 체제에 민주적인 보상 없이 온갖 유형의 경제 봉쇄에서 벗어날 수 있는 여지를 주었다. 중국 정부는 그러한 미심쩍은 체제의 권력 유지에 일조했으며, 국가의 주권 존중과 내정 불간섭 원칙을 주장하며 그 체제에 대한 자국의 호의를 정당화했다. 아프리카의 많은 국가는 중국이 유럽이나 미국과 달리 좋은 지배구조라는 '신식민지' 요구조건을 강요하지 않는 것에 대해 고마워하며 중국의 이권에 자국을 내주었다.

전술적 차원에서 중국은 균형 잡힌 교역체제를 만들려고 신경을 쓰면서 아프리카 국가들에 자국을 개발도상국으로 소개했다. 사실상 중국은 ─ 가봉의 목재에 대해 그렇게 했듯이 ─ 독점 구매의 지위에서 생산국들을 강압해 가격 하락을 유도할 수 있었다.

개발의 차원에서 중국의 방법은 위험천만하다. 아프리카가 세계 GDP에서 차지하는 비율은 2퍼센트에 불과하며, 산업생산의 경우 1퍼센트 미만이다. 그런데 중국의 진출은 아프리카의 경제를 증진시키기는커녕 이렇게 가장자리로 밀려난 상황을 심화시키고 있다. 알제리에서 중국의 국무원 산하 건설기업인 CSCEC가 중국 노동력의 투입조건을 내걸며 어떻게 해서 많은 계약을 따냈는지 이해가 된다. 알제리의 노동자들은 효율적이고 특히나 아주 저렴한 중국 노동자들에 의해 밀려나게 되었다.

통상의 차원에서도 마찬가지다. 중국 정부는 자국에 관심을 보이는 국가 체제에 투자나 군 장비를 제안하고 그 대가로 시장 개방을 얻어냈다. 초강력 경쟁력을 갖춘 'Made in China' 제품들은 아프리카 경제의 산업화 노력을 전부 다 제지해버렸다. 위조품, 섬유제품, 저렴한 전자장비로 중국의 수출품이 아프리카의 무역 적자에 미치는 영향력은 점점 증대되었다. 아프리카 제품의 수출 협정은 어떠한 경우에도 중국의 수출 규모를 상쇄하지 못하는 만큼 그 영향력은 더욱더 컸다. 그래서 2006년 아프리카가 중국의 통상교역 전체에서 차지하는 비율은 여전히 3퍼센트에 불과했다.

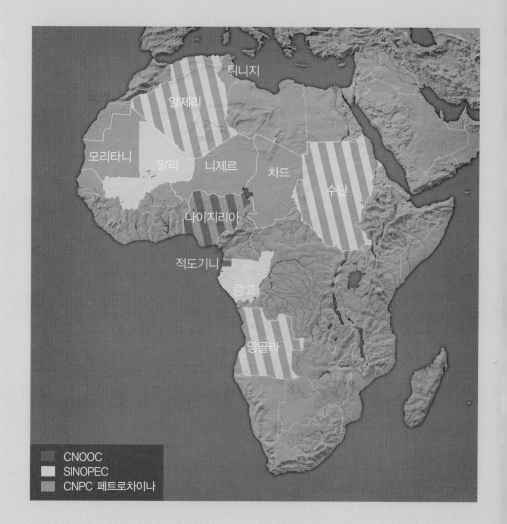

중국을 위한 검은색 금

중국은 안정적인 에너지 공급을 보장하기 위하여 오늘날 아프리카에서 전방위 투자 정책을 벌이고 있다. 중국의 석유회사(SINOPEC, CNPC 페트로차이나, CNOOC)는 많은 나라에 진출하여 대대적인 매입 활동을 펼쳤다.
예를 들어 CNOOC는 2006년 나이지리아에서 악포 필드 유전의 자본 45퍼센트를 23억 달러에 취득했는데 이는 그 회사가 이제까지 실시한 해외투자 가운데 가장 큰 규모였다.

다르푸르의 석유 쟁점

2003년 이래로 수단의 다르푸르 지방은 푸르족, 자가와족, 마살리트족과 수단 군대, 수단 정부가 이끄는 민병대 간의 분쟁으로 참화를 겪고 있다. 이 복잡한 사태의 주요 쟁점은 수단의 자원 재분배 문제다. 수단은 석유 자원이 풍부한 나라이며 다르푸르 지방에 상당량의 석유층이 있을 것으로 추정된다. 그래서 수단 정부는 다르푸르 지방에 대해 엄격한 통제권을 유지하려고 하는 것이다. 2007년 여름, 이미 분쟁으로 인한 피해는 심각했다. 유엔의 추산에 따르면 20만 명이 목숨을 잃었고 적어도 그보다 10배나 많은 수의 사람들이 이주했다.

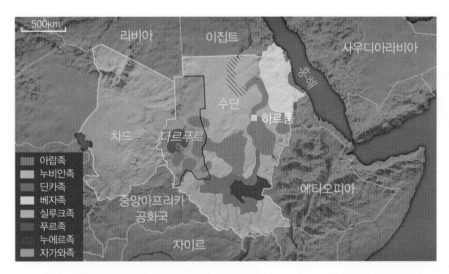

수단의 이해관계

2003년에 시작된 다르푸르 분쟁이 차드에 미친 영향은 다음과 같다. 첫째, 인도주의 차원에서 보면 차드는 23만 명의 수단 난민을 동쪽 지역 영토에 받아들였다. 거기에 더해 오늘날 약 13만 명이 내전으로 그 지역에 이주했다.
둘째, 정치적 관점에서 보면 그 분쟁으로 수단과 차드의 대립구도가 구체화되었다. 한편으로 차드는 자가와족의 반란군을 지원하는 방법으로 다르푸르 사태에 끼어들었다. 자가와족은 국경 양편에 살고 있으며, 차드의 데비 대통령이 자가와족 출신이다. 그에 대한 보복으로 수단은 차드의 반체제 인사들을 받아들였다. 이들은 무장을 하고 수단과 동맹을 맺어 2006년 4월의 경우처럼 데비 대통령의 전복을 기도했다. 수단 체제는 도바에서 수단에 이르는 송유관을 지어 그 송유관을 통해 차드의 석유를 중국으로 수출하려는 야심을 중국과 공유하고 있다. 차드의 반체제 인사들을 지원하면서 수단 체제는 그러한 야심에 더 호의적인 대통령이 차드의 권좌에 오르기를 희망했다.

중국의 호의

중국은 수단에서 외국인 투자 부문 1위에 오른 국가이자 수단 석유의 주요 구매국으로서 수단 정부에 압력을 행사할 수 있는 수단을 갖고 있다. 그렇지만 중국은 계속해서 우마르 알바시르 체제에 상당한 호의를 보인다. 2005년 중국은 수단에 대한 국제 제재의 강화를 목적으로 하는 유엔 안전보장이사회의 1591호 결의안 의결을 거부했다(중국은 유엔 안보리의 상임이사국이다). 압력을 행사하기는커녕 중국은 유엔의 무기 통상금지 조치를 위반하고 계속해서 수단 정부에 군 장비를 제공했다. 그렇지만 공공연한 국제 압력에 직면하여 2008년 베이징 올림픽을 앞두고 이미지 관리에 신경을 쓰던 중국은 끝내 안전보장이사회가 2007년 8월 1일 만장일치로 채택한 1769호 결의안을 의결하게 되었다. 1769호 결의안은 수단에 새로운 제재를 부과하지 않았으며, 다르푸르에 약 2만 6,000명의 군인과 경찰로 구성된 유엔·아프리카연합 혼성평화유지군(Unamid)의 배치를 허가하는 선에 그쳤다.

차드, 검은색 금의 색깔

차드는 세계에서 가장 가난한 나라 가운데 하나다. 2006년의 통계에 따르면, 차드 인구의 80퍼센트가 하루 1달러 미만으로 살아간다. 2006년 인간개발지수는 177개국 가운데 171위이며 평균수명은 45세로 세계에서 평균수명이 가장 낮은 국가 중의 하나이기도 하다. 그래서 2003년부터 석유 생산이 유발하는 경제에 대한 기대가 가늠되었다.

좋은 지배구조 대 석유

1973년에 발견된 도바 지역의 유전은 빠른 속도로 차드가 저개발 상태에서 벗어날 수 있는 수단으로 등장했다. 그렇기 때문에 세계은행은 카메룬을 거쳐 석유를 수송하는 데 필요한 송유관 건설에 재정지원을 하기로 결정했다. 그래서 세계은행은 37억 달러로 추산되는 총 공사비용의 13퍼센트를 떠맡았다. 세계은행의 출자액과 보증금이 없었다면 틀림없이 석유회사들은 투자를 주저했을 것이다. 그 대가로 세계은행은 차드 정부에 석유 수입의 재분배에 관한 기틀을 조성하라고 공식적으로 권고했다.

그렇게 해서 마련된 1999년 12월 31일자 차드 법(석유수익관리법)에 따르면,

첫째, 석유 수입의 80퍼센트는 국가 예산 중 교육, 보건, 환경, 물, 인프라 부문에 할당되어야 한다.

둘째, 10퍼센트는 미래 세대를 위해 해외 계좌에 예치되어야 한다.

셋째, 5퍼센트는 석유 생산지의 지역 발전을 위해 쓰여야 한다.

넷째, 나머지 5퍼센트는 차드 정부에 귀속된다.

개발도상국의 빈곤퇴치와 부패 척결에 있어 종종 무능력하다고 비판을 받아온 세계은행은 그런 식으로 '좋은 지배구조'를 위하여 계약에 의한 후원방식을 고안했다.

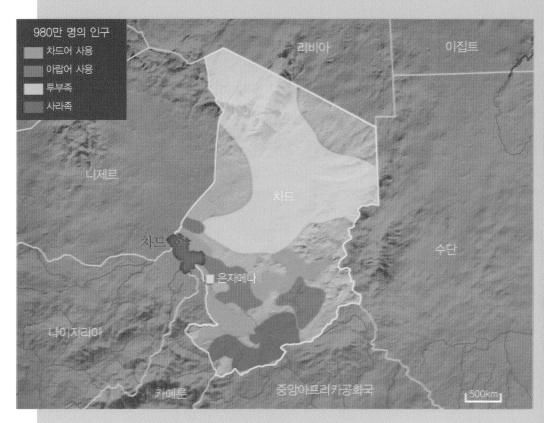

모자이크 국가, 차드

차드는 자연환경이 세 가지 유형(사막, 사헬, 아열대)으로 나뉘며
총 인구가 약 1,000만 명이다.
인구의 대부분은 남서부 지역 차리 강과 로곤 강 연안에 집결되어 있다.
차드인은 무슬림, 기독교인 그리고 정령숭배자들이며, 약 150개 민족으로 구성된다.
중심 민족은 사라족으로 농업에 종사하고 인구의 약 20퍼센트를 차지한다.
또 펄족, 유목민 투부족, 차드어를 쓰는 사람들과 아랍어권 민족들이 있다.

1973년 차드의 도바 지역에서 발견된 석유는 미국의
엑슨모빌(40퍼센트)과 쉐브론(25퍼센트)은 물론
말레이시아의 페트로나스(35퍼센트)가 참여하는
컨소시엄에 의해 개발되었다.
내륙국 차드에서 해상으로 석유를 수송하기
위해서 유전이 있는 도바와 카메룬 해안의 크리비 항구
사이에 길이 1,070킬로미터의 송유관이 건설되었다.
2003년에 개통된 이 송유관의 투자 규모는 아프리카에서
가장 컸다. 이 송유관에 투자된 금액은 40년에 걸쳐
외국인들이 차드에서 투자한 금액의 6배를 차지한다!

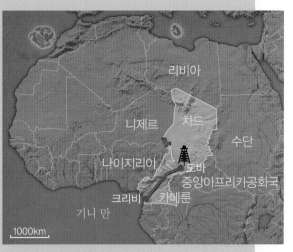

'효용가치 있는' 차드

차드의 주요 경제활동은 농업이다. 경제활동인구의
75퍼센트가 농업에 종사하고 농업이 GNP에
기여하는 몫은 35퍼센트다.
중부 지역에서는 주로 축산, 조와 수수 경작이
이루어진다. 남부 지역은 아열대 기후로 목화와
사탕수수 집약 농업이 개발되고 있는데
이 목화와 사탕수수는 모두 수출용이다.
이 지역은 인구가 더 많으며
목화 수입과 동시에 2003년 이래로는
석유 수입이 그곳에 집중되어 있기 때문에
경제학에서 일명 '효용가치 있는 차드' 라고 불린다.

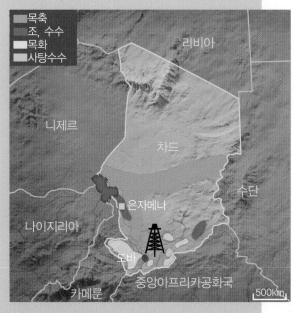

대통령직을 위한 석유

그러나 송유관 건설 프로젝트와 세계은행의 후원은 차드의 구조
적인 문제를 해결하지도, 1960년 독립 이후 조성된 권력의 대립구
도를 종식시키지도 못했다. 오히려 차드에는 해묵은 긴장이 다시
팽배하고 새로운 긴장이 유발되었다.

각기 다른 여러 민족(약 150개 민족)과 종교(정령숭배, 이슬람, 기독
교), 생활방식(유목, 정착생활)이 서로 교차하는 차드는 나라와 인구
를 갈라놓는 여러 가지 분열 양상으로 고통을 받고 있다. 이 가운데
대부분 유목민들이 살고 있는 북부와 농민들이 살고 있는 남부 간
의 대립구도가 가장 두드러진다. 이러한 기존의 단층선에 '효용가
치 있는 차드' 와 나머지 지역을 가르는 단층선이 추가된다. '효용
가치 있는 차드' 지역은 남서부에 위치해 있으며 목화를 수출한다.
이 지역은 도바의 석유자원 개발로 인해 그 중요성이 더 부각되었
는데 이번에는 도바의 석유 수입을 둘러싸고 차드의 권력 내부에
서 대립이 일어났다.

차드를 이끌고 있는 수장은 아이드리스 데비다. 장군 출신인 데
비는 히세네 하브레 대통령을 상대로 쿠데타를 일으켜 1990년에
권력을 잡았다. 1993년 새로 국가 수반이 된 데비는 프랑스의 압력
을 받아 다당제를 도입했다. 프랑스는 군사 부문에서 리비아에 맞
서 있는 차드를 지원해주었다. 그 후 데비는 두 차례, 그러니까 1996
년과 2001년에 대통령에 선출되었는데 당시 국민투표는 큰 논란
을 불러일으켰다. 2005년 6월, 15년간의 권력이 끝나가는 시점이
다가오자 데비 대통령은 헌법을 개정하여 두 번으로 제한한 대통
령 연임제를 폐지하고 재출마했다. 반란세력이 가세하여 대대적
으로 일어난 정치 · 군사 소요에도 불구하고 데비는 2006년 5월에

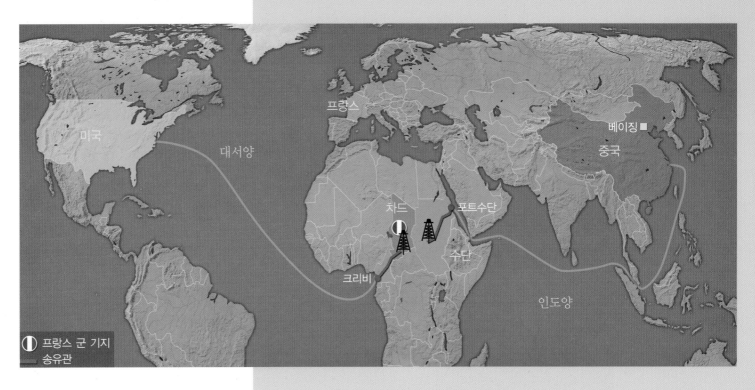

(map labels)
미국
대서양
프랑스
베이징 ■
중국
차드
포트수단
수단
크리비
인도양

◖ 프랑스 군 기지
━ 송유관

64.67퍼센트의 공식 득표율로 대통령에 당선되었다. 그래서 그는 수단 체제에 맞서 있는 다르푸르의 반란군을 계속 지원할 수 있었다. 그는 자신의 강권적인 역학관계에 돈을 대기 위하여 세계은행과 맺은 계약을 파기하고 국고에 예정된 석유 수입의 일부를 사용했다. 그래서 석유가 그 나라 전체에 이익이 되길 바라는 기대는 무산되었고 4년 후 석유로 인해 그 나라는 훨씬 더 어려운 상황 속에 빠지게 되었다.

세계에서 가장 가난한 나라 중의 하나인 차드는 민감한 세계 각축장의 한복판에 놓여 있다. 첫째, 한쪽 편에는 수단이 있고 수단 뒤에는 중국이 있다. 수단은 생산되는 석유의 85퍼센트를 중국으로 수출한다. 이미 여러 유형의 통상협정(소비재, 석유, 군 장비 등)으로 연계되어 있는 두 나라는 차드의 석유에 대해 동일한 이해관계를 공유한다. 중국은 수단으로부터 차드의 석유를 수입할 수 있을 것이다. 둘째, 다른 편에는 미국이 있다. 이러한 계산에 맞서 미국은 차드의 석유 개발과 그 석유를 카메룬을 거쳐 바다로 수송하는 사업에 관여하는 자국 석유회사들의 이권을 수호하고 있다. 셋째, 차드 무대에 관여하고 있는 세 번째 당사국은 프랑스다. 프랑스는 1990년 아이드리스 데비가 권좌에 오른 이래로 그와 동맹을 맺어왔다. 프랑스는 여전히 차드 영토에 1,200명의 병력을 주둔시키고 있다.

사하라, 그렇게 황량하지는 않다!

신비스럽고 몽상에 잠긴 듯하며 시적인 사하라 — 아랍어로 '사막'을 뜻한다 — 는 많은 환상을 구현하고 그만큼이나 많은 이미지를 간직하고 있다. 국경, 사막, 고독, 오아시스의 환상 그리고 지중해와 아프리카의 자연 경계, 투아레그족의 몇몇 유목민이 뚫고 지나가는 불모지의 이미지. 그렇지만 오늘날에 사하라는 삶의 터전이자 통상지역, 아울러 유럽과 아프리카를 이어주는 곳으로 등장한다.

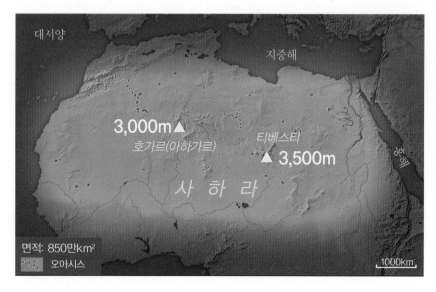

세계 최대의 사막

대서양에서 홍해, 지중해에서 사헬 지역의 스텝에 이르는 사하라는 세계에서 가장 큰 사막이다. 알제리의 호가르 산맥이나 차드 북부의 티베스티 산맥을 비롯한 여러 산악지대(레그)가 이 사막을 관통하고 있다. 메마른 모래와 조약돌의 세계인 사하라의 동쪽으로는 나일 강이 흐른다. 사하라 사막에는 초목이 풍부한 오아시스가 많이 있다. 알제리, 리비아, 수단에서 다시 발견된 동굴 암벽화들을 보면 예전에는 이곳이 풍요로운 자연의 모습을 간직했다는 사실을 알 수 있다. 이 그림들에는 사하라의 기후가 변화하기 3,000~4,000년 전의 아주 다양한 동식물군이 표현되어 있다.

도시 네트워크

1950년대에는 사하라에서 알제리의 관문에 있는 비스크라 시만이 유일하게 인구가 5만 명을 넘었다. 오늘날에는 인구 10만 명을 넘어서는 도시가 알제리, 나이지리아, 서사하라나 모리타니를 불문하고 수십 개에 달한다. 모리타니의 수도 누악쇼트의 인구는 70만 명이다.

그렇게 해서 1970년대 이래로 사하라의 인구는 약 500만 명에 달했다. 애초에 사하라에서는 원자재(석유, 철, 구리, 우라늄, 인) 개발과 운송 인프라 건설로 인해 도시개발이 이루어졌다. 그 두 가지 사업을 하려면 지역에서 동원을 하든 수입을 하든 상당한 규모의 노동자들을 고용하지 않을 수 없었기 때문이다. 또 사헬 지역의 도시개발은 농업의 현대화와 다각화에 기인했다. 댐 건설, 양수펌프 보급, 운하의 보수, 지하수층을 이용한 관개를 통해 곡물농업과 채소재배가 활성화되었다. 점차 대추야자 열매와 과실수에 기반을 둔 오아시스 농업 대신 곡물농업과 채소재배가 확산되었다. 그렇게 해서 리비아에서는 지중해와 쿠프라 사이에 '커다란 인공 하천'을 건설함으로써 '사막을 옥토로 만들' 수 있었다. 그리고 그 대가로 상당한 생태환경 비용을 치르게 되었다(침식, 토양의 염도 증가).

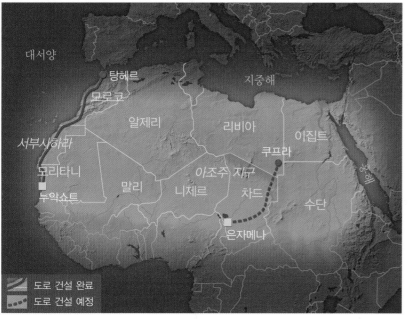

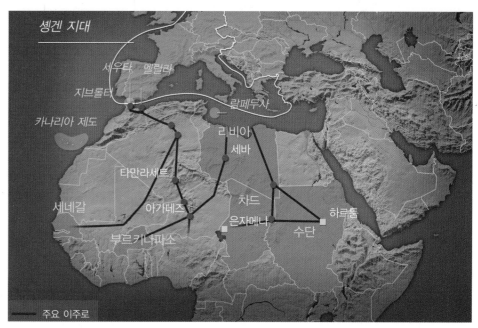

무역시장

사하라의 도시개발 요인 가운데 꼭 짚어봐야 할 요소는 교역 강화다. 그 지역 국가들의 정치적 화해에 의해 좀 더 쉽게 교역이 이루어지게 되었다. 그렇게 해서 1994년에 아오주(Aozou) 지구(리비아는 영토 반환을 요구했다)를 두고 리비아와 차드가 벌인 영토 분쟁이 해결됨으로써 이웃한 두 국가는 교역을 재개했다. 나아가 두 나라는 1990년대 말부터 아베셰를 거쳐 리비아의 쿠프라와 차드의 수도 은자메나 간에 아스팔트 도로를 건설하는 계획을 세웠다. 마찬가지로 2000년대 모로코와 모리타니 간에 관계가 회복됨으로써 누악쇼트와 서사하라 남쪽의 누아디부 간에 도로를 건설했으며 그렇게 해서 이미 모리타니의 국경과 탕헤르를 연결하던 연안 도로가 연장되었다.

유럽으로 갈 때 통과하는 구역

유럽연합에 들어오려고 하는 아프리카 이주민들은 사하라를 가로지르는 도로를 따라 길을 나선다. 그 도로들은 세네갈, 부르키나파소, 차드, 수단에서 출발하여 북부 지역에 있는 모로코와 리비아의 해안으로 통한다. 사하라 사막 횡단에 성공한 경우 이민을 희망하는 사람들은 이탈리아의 람페두사 섬이나 스페인의 카나리아 제도행 배에 몰래 올라타든 모로코에 있는 스페인령 — 따라서 유럽 영토 — 세우타와 멜릴라로 들어오든 유럽 땅을 밟으려고 기도한다. 심지어는 헤엄을 쳐서 14킬로미터에 이르는 지브롤터 해협을 넘으려고 시도하는 사람들도 있다. 1997~2004년에 그곳에서 건져낸 유해가 4,000구 이상이었다. 유럽연합은 특히 셍겐 지대를 마련한 덕에 국경 통제를 강화해 불법 이민을 제한하면서 사전의 일부 문제를 마그레브의 연안 지역 그리고 사하라의 도시 안으로 이동시켰다. 사하라의 도시 아가데즈, 타만라세트, 세바는 레스토랑, 차고, 트럭 주차장, 전화시설, 사진촬영소를 구비하여 아프리카 이민의 진정한 '요충지'가 되었다. 이주자들은 그곳에 체류하면서 약간의 돈을 마련한다. 그렇게 해서 이번에는 이주자들이 사하라의 개발에 기여하게 된다.

정치와 종교: 대혼돈

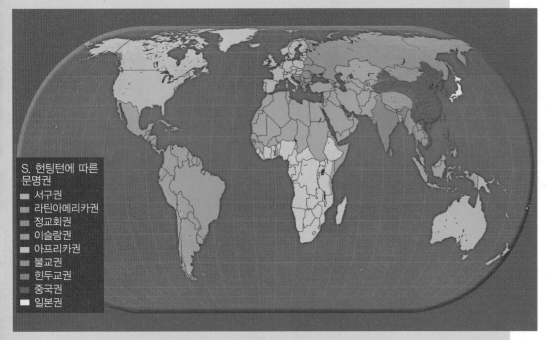

S. 헌팅턴에 따른
문명권
- 서구권
- 라틴아메리카권
- 정교회권
- 이슬람권
- 아프리카권
- 불교권
- 힌두교권
- 중국권
- 일본권

문명의 충돌

새뮤얼 헌팅턴은 자신의 저서 《문명의 충돌》에서 분쟁의 변천사를 분석했다. 분쟁은 정복전과 권력전으로
이어졌고, 1차 세계대전까지는 우선 제후들 간에 그리고 그 다음에는 국가 간에 일어났다는 것이다.
그에 따르면 1917년의 러시아 혁명을 전환점으로 이때부터는 이데올로기가 분쟁의 주요 원동력이 되었으며
특히 두 사회관이 대립한 냉전 시대에는 주로 이데올로기 문제로 분쟁이 일어났다. 공산주의 세계가 붕괴되고
나서는 새로운 시대가 열렸는데 이번에는 문화 대립이 부상했다. 사실상 헌팅턴은 이제 국가들 간의 동맹은
이데올로기가 아니라 문명의 근접성을 중심으로 이루어진다고 본다.
그는 새로운 분쟁이 세계 도처에서 다시 부상하고 있는 정체성에 대한 자각에 기인한다고 생각한다.
헌팅턴은 거대한 '문명권' 간에 새로운 분쟁이 일어날 것으로 내다봤는데
그러한 문명권의 공통점은 위대한 종교를 기원으로 형성되었다는 것이다.

"21세기는 종교의 세기가 되거나 그렇지 않을 것이다."

앙드레 말로는 자신이 말한 사실을 부인했는데, 이 문장은 여전히 그의 말이라고 자주 차용되고 있다. 설령 말로가 그 사실을 부인했다고 하더라도, 이 말에 함축된 타당성은 오늘날 진정 현실로 다가온 문제를 50년 전에 예상했다는 것이다. 정체성, 영성에 관련되든 정치나 문명에 관련되든 미국에 있든 유럽이나 중동에 있든 종교는 논쟁의 핵심에 있다. 또 종교는 분쟁의 한복판에 있지 않은가? 세계에 대한 어떤 해석이 점점 확산되고 있는데 그러한 해석은 종교와 관련된 쟁점들이 세계의 역학관계 양상을 재편한다는 생각이 들게끔 유도한다. 과연 그러한가?

여하간 미국의 대학교수이자 보수주의자인 새뮤얼 헌팅턴이 《문명의 충돌》에서 바로 그러한 전망을 제시했다. 2001년 9 · 11 테러 이후 대단한 성공을 거둔 이 책은 많은 문제를 제기한다.

문명의 충돌?

헌팅턴은 세계는 문명의 충돌 여명기에 있다고 말했다. 그는 '문명권' 간의 충돌을 긴장과 분쟁의 시기로 묘사하고 있으며 많든 적든 이미 그러한 분쟁은 시작되었다. 저자는 다른 대립구도 가운데에서 한편으로는 서방세계와 중국권, 다른 한편으로는 서방세계와 이슬람 세계가 맞설 것으로 전망되는 대립구도를 언급했다.

문명의 충돌 이론은 여러 지도를 통해 알 수 있듯이 역사학, 정치학이나 전쟁사회학에 의해 학술적인 관점에서 재빨리 신망을 잃었다. 그렇지만 그 이론에 남아 있는 정치적 이해관계는 특별한 맥락, 즉 냉전이 끝나고 얼마 지나지 않은 시절의 상황에 부합했다.

서방세계는 교역의 세계화를 가속화하거나 유럽의 건설을 완수하는 데 전념하고, 러시아에 모욕을 주지 않으면서 독일의 통일을

달성하는 데 신경을 썼다. 서방세계는 정치적 합의의 양상을 드러냈으며, 확실히 기억상실증에 걸려서 어떤 이들은 행복감에 젖어들었고 또 어떤 이들은 오만에 빠져 있었다. 그때 헌팅턴의 저서는 동서 분쟁에 의해 은폐되고 있었던 복합적인 단층선이 세계를 지나가고 있다는 사실을 상기시켜주었다. 그는 문화 및 종교 단층선을 판별해내면서 일본을 포함한 서방세계와 나머지 세계 간에 심화되고 있던 다른 내막의 대립을 배제했다. 10년 뒤에 부상한 신흥 국가들은 별도로 하고 인구, 수입, 군사력, 세계 지배구조는 물론 역사 해석(아메리카 정복, 종속 경제, 식민지배 등) 등에서 격차는 계속 벌어졌다. 특히 냉전 이후 세계의 화해에 대한 희망이 낙관주의를 불러일으킨 데 이어 2001년 이래로 이슬람 근본주의 테러조직이 서방세계에서 많은 우려를 낳았다. 그래서 수년 동안 배척당해온 헌팅턴의 저서가 복권되었을 뿐 아니라 거의 전 세계에 보급되었다.

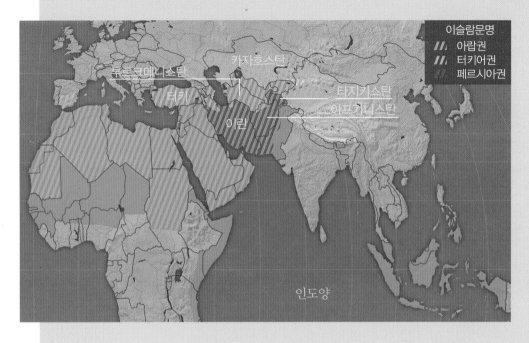

무지의 충돌

　서방세계와 이슬람 세계의 '문화 분쟁'에 대한 헌팅턴의 분석을 공유하든 그렇지 않든 이 이론이 세간에 거둔 성공과 정계에서 일으킨 반향을 인정하지 않을 수 없다. 따라서 이제 문제는 세계의 긴장에 대해 너무 단순하게 내린 해석에 어떻게 저항할 것인가가 아니라 오히려 그러한 해석이 이슬람 세계와 서방세계 상호간의 현저한 몰이해 징후는 물론 체험시간에 미친 영향을 고려하는 것이다. 상호간의 오해는 공을 들이는 교육과 향상되는 정보에도 아랑곳하지 않고 지속된다. 오해는 그렇게나 깊어서, 다소 단호한 세력은 아주 사소한 일이 터져도 무지를 이용하고 조종해서 그 오해를 부풀릴 수 있다. 마호메트의 캐리커처, 차도르의 착용, 도시의 소요 사태, 파트와, 교황의 발언, 수정주의 역사. 이렇게 첫 번째 구실로

민족에 의거하여

민족 지도에 의거해 헌팅턴의 '문명권'을 분석해보면, 지리상에 새겨진 이슬람의 흔적은 '하나'가 아니라 여러 문명을 가리키고 있다는 사실이 확인된다. 그러한 여러 문명에 민족, 문화 혹은 정치상의 분열이 중첩되어 있다.
이러한 분열양상에 의해 이슬람 세계는 여러 거대 집단으로 세분화된다.
첫째, 아랍권. 무슬림의 20퍼센트가 여기에 속하며 아랍계의 정치적 내분은 이슬람만큼이나 오래되었다.
둘째, 터키권. 터키는 물론, 투르크메니스탄이나 카자흐스탄의 경우처럼 터키어를 쓰는 중앙아시아 사람들이 여기에 포함된다.
셋째, 페르시아권. 이란, 중앙아시아와

아프가니스탄의 타지크족이 여기에 속한다.
끝으로 이 세 가지 주요 문명에 서부 아프리카의 소닌케족, 인도와 파키스탄의 펀자브족, 인도네시아의 자바족, 중국의 휘족 문명 등을 추가해야 한다. 그렇게 해서 이라크에서는 권력을 두고 시아파와 수니파가 서로 분열되었다.
또 1990~1991년의 걸프전과 많은 이슬람국(사우디아라비아, 터키, 이집트, 아랍에미리트연합, 오만, 시리아, 바레인, 방글라데시, 모로코)이 함께 연합하여 이라크에 대항한 역사가 기억난다.
10년 뒤 아프가니스탄에 맞서 개입을 할 때도 마찬가지로 파키스탄, 바레인, 우즈베키스탄, 요르단이 지원에 나섰다.

체첸
잉구슈
다게스탄
압하지야
남오세티아
북부지역
트란스니스트리아
신장
이스라엘/팔레스타인
아프가니스탄
카슈미르
남티롤
이라크
네팔
가자
아삼
투아레그
발루치스탄
차드
시아파
낙살라이트
중앙아프리카
다르푸르
미얀마
공화국
오가덴
남태국
민다나오
콜롬비아
말타
소말리아
이투리와 북키부
우간다
서부
스리랑카
파푸아
카빈다
카탕가

2006~2007년 분쟁
권력
분리독립
소수민족
영토

전쟁에 의거하여

전쟁에 의거하여 분석해보면
문명의 충돌 이론은 분쟁의 역학을 명확히 밝혀준다기보다 판도를 어지럽힌다.
종교전으로 위장되든 아니면 문화 충돌로 위장되든 전쟁은 언제나 이해관계가 상충되어 일어났으며
다음과 같이 이해관계의 갈등이 다른 쟁점보다 우위에 있는 것으로 판명되었다.
첫째, 이라크, 수단, 차드, 아프가니스탄, 소말리아, 아이티, 콩고 - 킨샤사 등. 권력 분쟁이 가장 많이 일어났다.
그러한 분쟁은 부차적 동기(소속되어 있는 민족이나 종교, 민주주의를 위한 투쟁, 테러 척결)에 의해
쉽게 가려지며, 주요 쟁점은 정치 권력의 지배와 권력을 통해 얻는 부(富)다.
둘째, 영토 분쟁의 주요 쟁점은 어떤 영토를 독점적으로 통제하는 것이다. 자연자원 때문이든
팔레스타인의 경우처럼 정치적 주권 때문이든 혹은 남레바논의 경우처럼 안보 때문이든
영토 분쟁은 어떤 영토를 배타적으로 통제하기 위해 일어난다.
셋째, 소수민족의 분쟁은 주류 집단과 소수민족의 대립이다. 소수민족은 종교, 정치, 경제상의 권리 혹은
발루치스탄의 경우처럼 언어상의 권리를 승인받기 위해 투쟁을 한다.
넷째, 때로 스리랑카, 아브카지(그루지야)나 오가덴(에티오피아)의 경우처럼
분리독립 양상으로 표현되는 분쟁도 있다.
이 경우 독립을 주장하는 민족들과 사력을 다해 독립을 저지하려는 본국이 대립을 한다.

종교가 소환된다. 한쪽 편의 반계몽주의에 다른 쪽이 신성을 모독하는 언사로 맞받을 경우 일종의 자폐증에 걸린 분쟁이 조장될 우려가 있다. 그러한 분쟁은 정치적 단순화와 아울러 민족이나 종교상의 급진주의 성향을 띤다.

표상의 벽

이러한 나선형의 메커니즘에서는 표상과 긴장이 서로에게서 양분을 취하며 커간다. 이 메커니즘에 우려를 나타내며, 스페인의 호세 루이스 로드리게스 자파테로 총리와 터키의 레셉 타이프 에르도간 총리가 주도적으로 나섰다. 2004~2006년에 그들은 유엔 사무총장의 후원 아래 약 20명의 국제 인사를 소집하여 문화 간 거리를 좁히고 문화와 종교가 다른 민족들을 갈라놓는 오해와 편견을 극복할 수 있는 구체적인 수단에 대해 심사숙고했다. 〈문명의 동맹〉이라는 보고서에서 작성한 권고안(청소년 교육, 교과서와 학교 교류, 미디어의 차별 반대 캠페인, 스포츠 및 문화 행사 등)과 병행하여 그들은 다른 문제들과 아울러 이슬람과 서방 간 긴장의 기원 문제를 제기했다. 그러니까 그 기원은 아랍의 정복 전쟁으로 거슬러 올라가야 하는가? 아니면 1096년 십자군 전쟁이 시작된 때로? 1830년 프랑스 군인들이 알제리에 상륙한 때로? 1924년 칼리프의 직위가 폐지된 때로? 오스만 제국이 와해된 시기로? 1948년 이스라엘이 창건된 때로? 이란의 모사데그 수상에 대항해 CIA가 쿠데타를 조직한 때로? 우리는 이슬람 세계와 기독교 세계가 연관된 역사에 무수히 많은 분쟁 요인이 점철돼 있다는 것을 깨닫게 된다. 그렇지만 몇 가지 요인은 체험시간보다 우세하다.

첫째, 석유 자원에 대한 접근. 이 요인은 서방세계가 중동에 대한 정책을 규정할 경우 하나의 기조를 이룬다. 이 문제로 인해 1990

종교에 의거하여

문명의 충돌 이론에서 '문명권'은 대부분 기반이 되는 종교가 뿌리를 내린 지역에 상응한다. 헌팅턴은 자신의 이론을 뒷받침하기 위하여 특히 가톨릭 국가 크로아티아와 회교국 보스니아의 단층선을 따라 유고슬라비아를 갈기갈기 찢어놓은 전쟁에 의거했다. 그런데 발칸의 역사를 짚어보면, 이러한 단층선은 그 지역 북부의 오스트리아 ― 헝가리 제국과 남부의 오스만 제국을 갈라놓은 정치적 경계의 유산이라는 것을 알 수 있다.

더 넓게는 분쟁 지도를 세계의 종교 지도에 포개어볼 경우 전쟁은 대부분 '문명권'의 경계보다 바로 '문명권' 내에서 훨씬 더 많이 벌어졌다는 사실을 알 수 있다. 다르푸르, 가자 지구, 아프가니스탄, 예멘, 이라크, 차드, 중앙아프리카공화국, 콩고민주공화국, 콜롬비아의 경우 문명권 내부뿐만 아니라 동일한 종교와 대개는 동일한 문화를 공유하는 주모자들 사이에서 분쟁이 벌어졌다. 마찬가지로 서방 국가들은 이스라엘과 팔레스타인의 분쟁, 이라크 전쟁, 이란 문제에 대하여 서로 다른 입장을 취하고 있어서 '서구 문명권' 개념의 정치적 타당성 문제가 제기된다.

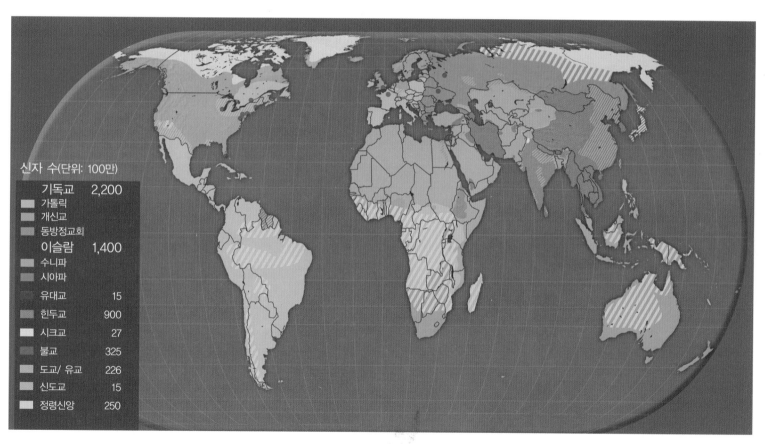

신자 수(단위: 100만)

기독교	2,200
가톨릭	
개신교	
동방정교회	
이슬람	1,400
수니파	
시아파	
유대교	15
힌두교	900
시크교	27
불교	325
도교/ 유교	226
신도교	15
정령신앙	250

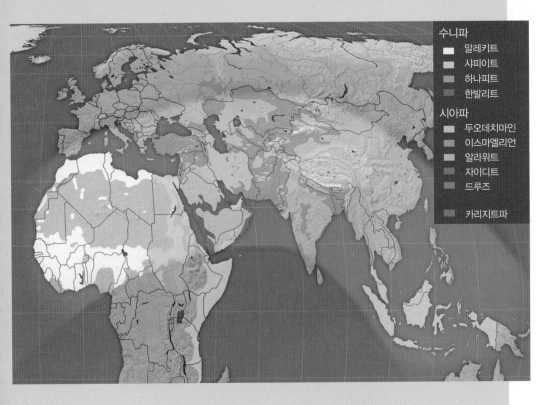

수니파
- 말레키트
- 샤피이트
- 하나피트
- 한발리트

시아파
- 두오데치마인
- 이스마엘리언
- 알라위트
- 자이디트
- 드루즈

카리지트파

지도에 의거하여

여느 종교집단과 마찬가지로 '이슬람 문명' 은 지도상에서 다양한 양상으로 표현된다. 위의 이슬람 지도는 사막 지대를 고려하고 있으며 이슬람 인구가 극소수인 지역을 배제하고 정치적인 국경을 무시한다. 그와 반대로 지도에 표시되어 있는 이슬람 세계는 신조와 권리, 신앙행위가 각기 다른 학파와 분파로 나뉘어 있다. 그렇게 해서 여기에 제시되어 있는 이슬람 세계는 헌팅턴의 시각에서 바라본 이슬람 문명권보다 규모가 더 적으며 동질성이 더 약하다. 특히 이 지도로 인해 종종 이슬람에 결부되는 표현, 다시 말해 '역사 – 지정학상으로' 커가는 연속체라는 표현이 설 자리를 잃게 된다. 그렇게 표현할 경우 기니, 사우디아라비아, 카자흐스탄, 인도네시아 만큼이나 각기 다른 국가들이 거의 위협적으로 꽉 들어차 있는 한 집합체 속에서 가까이 붙어 있게 될 것이다. 본질적으로 종교 지도는 제공하는 정보만큼이나 한계를 포함하고 있다. 그러한 예로는 통계 도구의 격차나 결점, 각기 다른 현상을 동일한 범주 속에 혼합하는 경우, 비교할 수 있는 현상을 한계 및 색깔 효과에 의해 인위적으로 구별하는 경우, 계량화할 수 없는 현상(믿음, 신앙행위, 신조, 영성)을 통계로 표시하는 경우가 있다. 헌팅턴의 '문명권' 지도는 이러한 한계에서 전혀 벗어나지 못하고 있다. 한편으로 헌팅턴의 종교 지도는 현실에 의해 세분되는 지리상의 광역권을 통합하며, 다른 한편으로 '문명권' 내에서 각기 다른 전통, 언어, 문화들을 결합한다. 결국 헌팅턴은 문화 종교상의 복잡성을 기반으로 이론을 정립한 게 아니라, 지도를 가지고 자신의 이론에 봉사하는 '아말감' 을 만든 것이다.

~1991년에 대이라크 전쟁이 유도되었으며, 이슬람의 성지인 사우디아라비아에 1만 명의 미군 병사를 배치하게 된다.

둘째, 세계화 그리고 1990년대부터 세계화에 의해 문화나 전통의 구별 없이 확산되는 획일적인 모델.

셋째, 다당제로 진화하고 시민사회의 창설을 촉진하는 데 요지부동인 아랍권 체제들. 그렇게 경직된 체제는 욕구불만을 낳고, 욕구불만으로 극단주의 운동이 확산되는 추세가 조장된다.

넷째, 1979년 소련의 아프가니스탄 침공 그리고 그에 대응하여 친아프가니스탄 저항운동을 지원한 CIA. CIA가 지원한 조직에는 소수의 이슬람 근본주의자들도 포함되어 있었는데 이들의 사상과 방법은 1990년대에 외국인 투사들이 그들의 본국으로 귀환할 때 여기저기 분산되었다.

다섯째, 2003년 국제적인 정치 조작을 근간으로 한 이라크 침공. 미국의 공화당 행정부는 가공의 대량살상 무기에 대하여 대대적인 정치 조작을 벌였다. 그뿐만 아니라 이라크의 아부그라이브 감옥에서 고문을 가한 당사자들이 처벌을 받지 않은 사례.

여섯째, 팔레스타인 문제 그리고 무조건적으로 이스라엘을 지원하는 미국.

끝으로 테러행위. 설령 테러행위가 이슬람과 서방 간 대립의 기원이 아니라고 하더라도 테러에 대한 언론 보도가 여론에 미치는 영향력은 강력하다. 여론은 테러와 그 이미지의 폭력성에 분개하며 비판적 사고나 화해의 과정을 일절 거부하게 된다.

결국 헌팅턴의 논문을 신뢰하지는 않지만 우리는 서방세계와 이슬람 세계가 어떻게 해서 흘러가는 시간을 따라 끝내 오늘날 두 세계를 가르는 표상의 벽을 함께 세웠는지 알 수 있다.

이슬람 근본주의 테러에 의거하여

지난 15년 동안 세계에서 발생한 테러를 문명의 충돌이라는 척도에서 검토해보면, 다음과 같이 상반되는 지적이 제기된다.

첫째, 대부분 이슬람 근본주의를 내세우는 사람들에 의해 자행된 테러는 이제 널리 퍼져 있는 한 표현, 다시 말해 점점 더 급진적인 성향을 띠고 계몽주의에 역행하는 이슬람 정치종교 집단이라는 표현에 배치되지 않았다. 그러한 집단에서는 이슬람, 이슬람 근본주의, 테러행위가 기계적으로 연결되어 있을 것이다.

둘째, 이러한 테러는 대부분 '이슬람권' 내에서 일어났으며, 이슬람교도가 다른 이슬람교도를 대상으로 저지른 테러가 서방세계의 이익에 반하는 테러보다 더 잦았다. 따라서 이슬람 대 서방 충돌의 가설이 효력을 잃게 된다.

사실 이 지도를 통해서는 신뢰할 만한 결론을 거의 얻어낼 수 없다. 하지만 이 지도에 교차시킬 수 있는 다른 매개변수는 다음과 같다.

첫째, 2천 년에 걸친 테러의 역사. 이 역사에서 급진적인 이슬람 근본주의가 차지하는 자리는 사슬의 끝에 불과하다.

둘째, 상당히 다양한 이슬람 근본주의 테러조직(하마스, 알카에다, 헤즈볼라, 제마 이슬라미야), 각기 다른 목표와 주동자들. 심지어는 공통의 이슬람 근본주의를 표방하거나 알카에다의 세력권에 속해 있다고 주장할 때도 목표, 주동자는 모두 다르다.

셋째, 아랍권 체제의 경직화. 이러한 체제에서는 몇 세대 전부터 동일한 엘리트 계층이 권력을 독점해오고 있다.

넷째, 경제 및 군사 부문에서 우위에 있는 서방세계. 테러 수법을 통해서만 뉴욕, 아프가니스탄이나 이라크에서 아주 일시적으로 서구를 능가할 수 있다.

다섯째, 때로 테러 시도가 일어나기도 전에 미디어가 테러리스트뿐만 아니라 대테러리스트 항전에 제공하는 넓은 시야. 달리 말하면, 우선 이슬람 근본주의 테러가 종교의 문제인지, 개발, 석유, 부의 불균등이나 정치적 욕구불만의 문제인지 아닌지 말하기는 정말 어렵다. 그것은 단순한 문명의 발현이 아니라 복잡한 현상이다. 그로 인해 지나치게 단순한 설명으로 만족해버릴 위험에 노출된다. 도식적인 설명으로 이끌어낸 답은 부적합할 수밖에 없다.

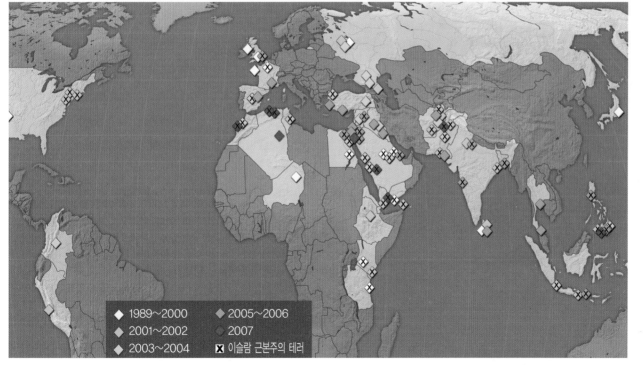

◆ 1989~2000
◆ 2001~2002
◆ 2003~2004
◆ 2005~2006
◆ 2007
☒ 이슬람 근본주의 테러

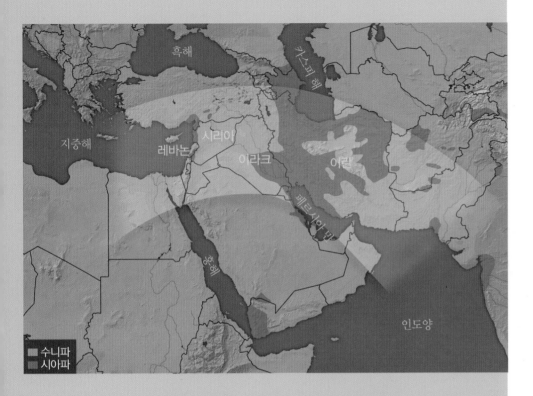

지중해

흑해

카스피 해

시리아

레바논

이라크

이란

페르시아 만

홍해

인도양

■ 수니파
■ 시아파

시아파 아치를 향해 가는가?

표상의 벽으로 이슬람 세계와 서방세계의 거리가 멀어졌듯이 이슬람 세계도 나뉘게 되었다. 그 가운데 '지정학상의 시아파 아치'가 있는데 2003년 사담 후세인의 실각, 2006년 남레바논에서 발발한 전쟁 그리고 오늘날 이란의 핵문제가 희미하게 그 아치에 연결되어 있다. 그래서 이러한 인식을 통해 "시아파 아치는 어떠한 현실에 상응하는가?" 그리고 "시아파 공동체는 어떤 점에서 이슬람 세계의 안정에 위협이 되는가?"라는 문제가 제기된다.

시아파의 정치적 부상

시아파는 이슬람의 제2분파로 시아파 인구는 약 1억 6,000만 명이다. 이란과 아제르바이잔 이외의 지역에 있는 시아파 교도는 자신들의 나라에서 소수이든 대다수를 이루든 모두 수니파 권력의 지배를 받았다.

그렇지만 30년 전부터 다음의 여러 사안에 의해 시아파와 수니파의 정치적 역학관계가 다른 방향으로 흘러갔다.

첫째, 1979년 이란에서 정권을 차지한 시아파 체제. 이 체제가 지역 차원에서 품은 야심이 이웃한 수니파 체제들 특히 중동 지역 수니파 체제의 우려를 자아냈다.

둘째, 레바논에서 '신의 당' 헤즈볼라의 부상. 헤즈볼라는 시아파 정치·군사 조직으로, 레바논을 침공한 이스라엘에 대응하여 1982년 6월 이란과 시리아의 지원을 받아서 창설되었다.

셋째, 2003년 4월 사담 후세인의 실각. 이로 인해 이라크에서 대다수를 이루는 시아파가 처음으로 권좌에 오르게 되었다.

넷째, 2006년 여름 남레바논을 공습한 이스라엘에 맞서 헤즈볼라가 상대적으로 거둔 성공. 이로써 헤즈볼라는 레바논과 지역의

시아파 아치: 환상인가, 현실인가?

일부 수니파 국가들은 지정학상의 '시아파 아치'가 형성되고 있다고 주장하는데, 그러한 시아파 아치에 상반되는 여러 논거들이 있다. 첫째, 교리의 관점에서 볼 때 시아파는 동일한 이맘(이슬람 교단의 지도자 - 옮긴이)을 인정하지 않고 동일한 계율을 따르지 않는 여러 집단으로 나뉜다. 그렇게 해서 주류인 두오데치마인(12이맘파)은 12명의 이맘을 인정하는 반면 인도와 중앙아시아의 이스마엘리언은 7명, 예멘의 자이디트는 5명의 이맘을 인정한다. 알레비스, 알라위트, 드루즈의 경우 신조와 특별한 관례로 구별된다. 둘째, 정치적 관점에서 볼 때 이라크의 시아파와 이란의 시아파는 같은 분파에 속함에도 불구하고 1980~1988년 이란과 이라크 간에 전쟁이 일어났을 때 서로 싸움을 벌였다. 더 최근에 와서는 수니파와 시아파의 대립에도 불구하고 2006년 이스라엘과 시아파 헤즈볼라의 분쟁이 끝난 후에 많은 수니파 교도는 승리의 감정을 느꼈으며 그 이후 헤즈볼라의 최고지도자 나스랄라는 아랍권에서 숭배를 받았다. 결국 시아파 공동체들이 이란 밖의 지역에서는 자신들이 속해 있는 분파가 대부분 비주류라는 점뿐만 아니라 대부분 항상 긴장이 감도는 지역에 산다는 점과는 다른 공통점들을 공유하는지 자못 궁금하다.

정치무대에서 제1열에 자리 잡게 되었다.

시아파가 중동에서 정치적으로 부상하고 지리상으로 지중해에서 인도까지 비교적 죽 이어져 있는 상황에 직면하여 일부 수니파 정부는 언론과 여론의 뒤를 이어 그들을 위협할 수 있는 '시아파 아치'의 등장을 두려워하고 있다.

유럽 근동 지역에서는 요르단이나 이집트 같은 아랍국 체제들이 시아파 연대가 지역 및 국제무대에서 강력하게 부상하는 이란에 지원을 제공하지나 않을까 우려한다.

중동에서는 수니파가 이러한 정치 – 종교적 '국제연맹'이 역내 시아파 공동체들의 정치적 요구 및 정체성에 관련된 요구에 원군을 보내주지 않을까 우려한다. 그 지역의 시아파 공동체들은 사우디아라비아나 이라크의 경우처럼 대부분 석유가 풍부한 지대에 살고 있다.

국제시아파연맹인가?

그렇지만 현장에서는 현실이 동일한 지정학상의 아치 내에 지리상으로 모여 있는 범시아파 연대운동의 정치적 환상을 전혀 신뢰하지 않는다. 이미 계율과 신조가 각기 다른 여러 파로 나뉘어 있는 시아파는 대개 정치적 목표에서도 분열되어 있다. 시아파 공동체의 입장에서는 무엇보다 이라크, 바레인이나 레바논의 경우처럼 각각의 국가에 의해 그리고 그 내부에서 인정을 받는 것이 관건이다. 사우디아라비아에서도 마찬가지로 와하비트 권력에 의해 주변부로 밀려난 소수 시아파는 표현의 권리와 예배의 자유를 인정받으려고 애쓰고 있다.

또 이라크에서 확인되는 바에 따르면 권력을 차지한 시아파들은 이웃한 페르시아권 국가들에 의해 조종되는 게 아니라 반대로 이

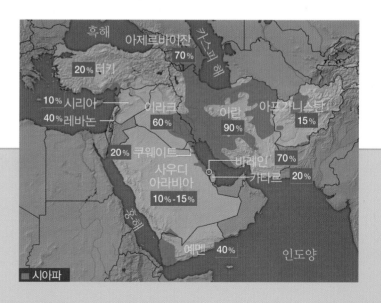

세계 속의 시아파

이슬람 세계는 단 한 명의 예언가와 단 하나의 경전, 다시 말해 마호메트와 코란만을 인정하지만 거기에는 여러 종파가 교차하고 있다. 그 가운데 주요 두 종파는 압도적인 다수를 이루는 수니파와 이슬람교도의 12~15퍼센트를 차지하는 시아파다.

역사적으로 시아파는 아랍권에서 탄생했다. 그래서 규모가 큰 시아파 공동체들은 이라크(60퍼센트), 레바논(40퍼센트), 바레인, 예멘, 카타르, 쿠웨이트, 사우디아라비아(15퍼센트)에 있다.

인구 면에서 볼 때 오늘날 가장 규모가 큰 시아파 공동체는 페르시아권에 있다. 7,000만 명의 이란인 가운데 90퍼센트가 시아파다.

특히 이란은 1501년 이래로 시아파 이슬람을 국교로 삼은 유일한 국가다. 이란과 아랍권 이외의 지역에서는 아제르바이잔에서 규모가 큰 시아파 공동체가 발견된다. 아제르바이잔의 시아파는 파키스탄, 아프가니스탄의 경우와 마찬가지로 인구의 대다수를 이루며 인도와 중앙아시아의 경우보다는 더 산재되어 있다.

끝으로 특유한 의례와 신조에도 불구하고 터키의 알레비스, 시리아의 알라위트, 그리고 시리아, 이스라엘, 레바논 사이에 분포되어 있는 드루즈도 시아파에 속한다.

분열의 역사

원래 시아파와 수니파는 승계 문제를 근거로 분열되었다. 선지자 마호메트가 632년 메디나에서 사망했을 때, 그는 자신을 대신할 후계자도 지침도 남겨두지 않았고 이로 인해 두 집단 간에 지속적으로 이어지게 될 분쟁의 서막이 열렸다. 두 집단은 다음과 같다.

첫 번째 집단에 모인 사람들은 선지자 마호메트가 만든 전통 — 수나(Sunna) — 에 의거했으며, 칼리프는 도덕적·종교적·정치적 자질을 근거로 선정되어야 한다고 생각했다. 이들이 수니파다.

두 번째 집단의 구성원들은 마호메트 가족의 일원만이 이슬람 공동체를 인도할 수 있다고 여겼다. 이들은 그 선지자의 사촌이자 사위인 알리 — 아랍어로 시아 알리 — 의 신봉자들로 알리의 이름을 따서 시아파라고 했다.

결국에는 마호메트의 가까운 동반자였던 아부 바크르가 선출되었다. 그렇게 해서 그는 '후계자', 칼리프의 직위를 만들었다. 그의 뒤를 이어 우마르와 우스만이 본산지인 아라비아 반도 너머로 신흥종교를 지탱해갔다.

656년 우스만이 암살되었을 때 그의 뒤를 이은 이가 바로 알리였다. 알리는 메디나의 이슬람교도에 의해 4대 칼리프로 인정받았다. 하지만 이슬람 공동체인 움마 내부에서는 특히 시리아-팔레스타인의 강력한 통치자 무아위야가 여전히 그의 자격에 이의를 제기했다. 결국 658년 시핀 전투로 권력에서 밀려난 알리는 3년 후 암살되었다.

그때 그의 승계에 의해 이슬람 공동체의 분할은 일단락된다.

한편, 5대 칼리프로 인정받은 무아위야는 이내 세습 권력을 확립했다. 그렇게 해서 그는 오마이야드 왕조를 세웠으며, 그 왕조는 다마스에서 750년까지 계속 통치를 한다.

다른 한편으로 시아파는 알리의 장남 후사인에게 충성을 서약했다. 후사인은 680년 카르발라에서 오마이야드의 칼리프 야지드에 의해 암살당했다. 그의 죽음을 기반으로 시아파 이슬람이 정립된다. 카르발라와 알리의 영묘가 있는 나자프는 시아파 이슬람의 중요한 성지가 되었으며, 매년 후사인의 순교를 기념하는 '아슈라'는 축제가 된 것이다.

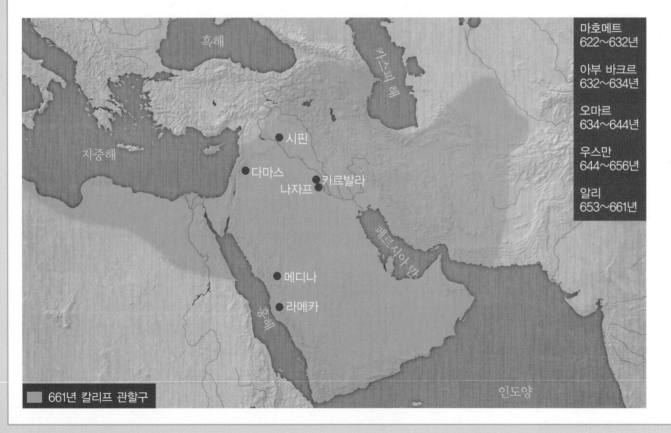

흑해
카스피 해
지중해
시핀
다마스
나자프
카르발라
페르시아 만
메디나
홍해
라메카
인도양

마호메트
622~632년

아부 바크르
632~634년

오마르
634~644년

우스만
644~656년

알리
653~661년

661년 칼리프 관할구

란의 종교당국에 대한 시아파 성직자의 독자성을 보호하려고 노력했다. 그렇게 해서 이라크의 시아파 체제가 나자프에 '시아파 이슬람의 수도' 지위를 복원시키려고 하여 이란의 도시 쿰이 불리한 입장에 놓였다.

마찬가지로 헤즈볼라가 2006년 이스라엘에 대항하여 레바논에서 수행한 활동의 주요 목표는 대내적인 목표였던 것 같다. 그러니까 헤즈볼라의 목표는 자기 조직만이 레바논을 방어할 수 있다는 사실을 보여주는 것이었다. 비록 부차적인 의도로는 헤즈볼라의 동맹국인 이란 정부가 핵문제에 대해 보다 우호적인 국제 역학관계를 회복하는 것일지라도 말이다.

따라서 사실 시아파 이슬람이 두려움을 불러일으킨다면 그것은 틀림없이 현재의 모습 때문이라기보다 1979년 이슬람 혁명 이래로 간직되어온 시아파의 표상 때문이다. 혁명 당시 시아파는 극단주의 성향의 종교와 혼동될 정도로 혁명적이고 복수심에 불타는 종파로 세상에 등장했던 것이다. 결정적인 변화로 대다수의 시아파가 이라크를 이끌고 이란이 핵무기를 요구하면서 '시아파의 위협'에 대한 인식이 강화되어 더 큰 혼란을 낳았다.

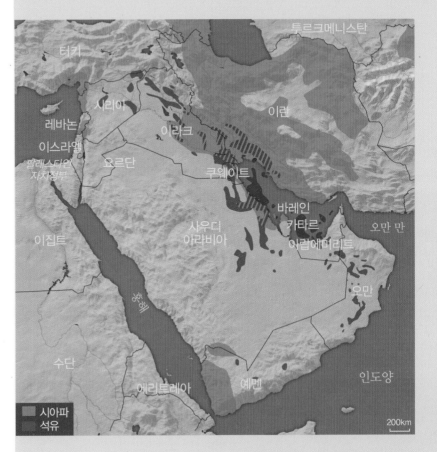

시아파와 석유

이라크 남부 늪지대의 시아파와 사우디아라비아 하사 지역의 시아파가 갖고 있는 공통점은 그 두 나라에서 가장 규모가 큰 석유층이 있는 지대에 산다는 것이다. 2003년 사담 후세인이 실각할 때까지 그들은 공통적으로 수니파 정부의 지배를 받았는데 수니파 정부는 석유 수입을 독점하기 위해 그들을 권력에서 배제시킬 궁리를 했다. 그렇기 때문에 아랍권 수니파 체제들의 관점에서 보면 정체성에 관련된 시아파 공동체의 요구와 정치운동의 연대가 그들의 권력과 수입원에 심각한 위협이 될 수 있을 것이다.

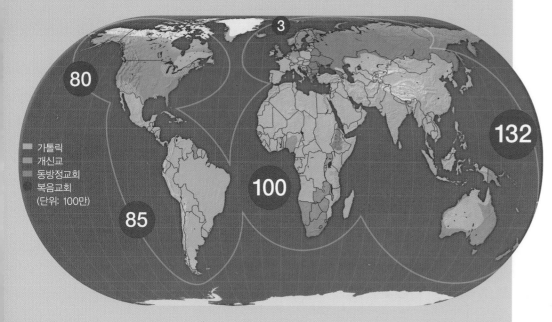

3

80

132

100

85

- 가톨릭
- 개신교
- 동방정교회
- 복음교회
(단위: 100만)

세계 공략

오늘날 전 세계에서 집계되는 기독교인의 수는 약 22억 명으로
이들은 크게 가톨릭 신도(11억), 정교회 신도(2억 5천), 개신교도로 나뉜다.
개신교는 다시 여러 분파로 갈라지는데 한 예로 복음교회가 있다.
복음교회 신자들은 아프리카와 태평양 지역의 아시아를 비롯하여
세계 도처에 있으며, 2007년에는 복음교회 신도가
기독교인의 18퍼센트를 차지했다.

복음교회, 21세기의 십자군 병사

오늘날 이슬람이 널리 전파되면서 세계에서 이슬람 인구가 가장
급격하게 증가하고 있다. 복음교회는 미디어의 조명을 덜 받긴 하
지만 현재 지리상으로 가장 널리 확산되고 있다. 2007년 여름 아프
가니스탄에서 인질로 붙잡힌 한국의 복음교회 신자들이 예증해주
듯이 복음교회는 지역을 막론하고 선교에 열을 올리고 있다.

마찬가지로 이슬람교의 정치화가 급진 이슬람 근본주의 유형의
체제에서 민주주의나 여성 인권 존중에 대한 문제를 제기한다면
어떤 이들은 미국과 같은 나라들에서 복음교회가 점점 더 큰 영향
력을 가지는 상황에 대해 의문을 가진다. 미국에서는 낙태 권리,
HIV/ AIDS에 대한 예방 문제는 물론 다르푸르나 이스라엘의 정세
에 대해 복음교회가 개입을 하고 있다.

기독교의 '대각성'

감리교, 그리스도 재림교, 팬티코스트파(성령의 작용을 강조하고 생
활의 성성을 역설하는 분파 – 옮긴이), 신의 집회 등 사실 아주 많은 '교
회'가 애매모호하게 복음주의를 표방하고 있다. 종교개혁에서 탄
생한 복음교회는 오늘날 적어도 다섯 가지 항목에서 여타의 신교
분파와 구별된다. 차이점은 다음과 같다.

첫째, 신앙의 증거이자 신에 대한 개인적인 약속으로 그리고 더
나아가 새로운 탄생으로 체험하게 되는 개별적인 개종. 더군다나
미국에서는 복음교회 신자의 별칭이, '다시 태어난 자(Born Again)'
이며, 일례로 조지 W. 부시 대통령이 'Born Again'이다.

둘째, 복음주의자들이 성경에 부여하는 중심 위치. 그들은 신의
말씀인 성경이 오류가 없으며 규범이라고 판단한다.

셋째, 요한묵시록에 대한 믿음 그리고 아마게돈 전투에서 선이

악을 물리치고 궁극적으로 승리할 것이라는 믿음.

넷째, 그리스도의 희생에 의한 속죄를 상징하는 십자가의 용도.

끝으로 새로운 신자들에게 복음을 전하기 위해서든 자신들의 일과 공동체에 관여하기 위해서든 개인적으로 그리고 전투적으로 참여하는 속성.

복음교회 신자들이 대단한 적응력으로 자리를 잡은 나라의 관례에 잘 맞춘 덕택에 그리고 복음서가 개종한 신자들에게 약속하는 건강, 번영, 개인적인 성공에 힘입어 오늘날 선교활동은 세계 도처에서 확산되고 있다.

세계 공략의 야심을 품은 과열 선교

2007년 현재 복음교회 신도는 7,000만 명으로, 미국이 여전히 모든 나라 중에서 신자 수가 가장 많다. 중국의 경우, 신자 수가 아직 4,000만 명에 불과한데 1년에 7퍼센트씩 늘어나 급신장세를 기록하는 국가 중의 하나다. 가톨릭 교회의 새 장녀인 브라질에는 세계에서 세 번째로 규모가 큰 복음주의 공동체가 있다. 대부분 팬티코스트파로 그 수는 약 3,400만 명, 그러니까 브라질 인구의 20퍼센트에 해당한다.

브라질 너머로는 ― 비록 라틴아메리카가 원래 가톨릭 교회에 의해 반종교개혁의 이름으로 식민지배를 받았다고는 해도 ― 더 이상 어느 지역도 복음주의 전파에 반기를 들지 않는다. 이미 칠레에는 네 명 중 한 명, 니카라과에서는 셋 중 한 명이 'Born Again'이다. 더군다나 복음교회 선교사들이 여전히 대부분 미국인들(45퍼센트)이긴 하지만 한국, 아프리카, 브라질 선교사의 비율이 매년 증가하고 있다. 그렇게 해서 아프리카에서는 브라질 국적, 따라서 포르투갈어를 쓰는 선교사들이 예전의 포르투갈 식민지인 앙골라, 카

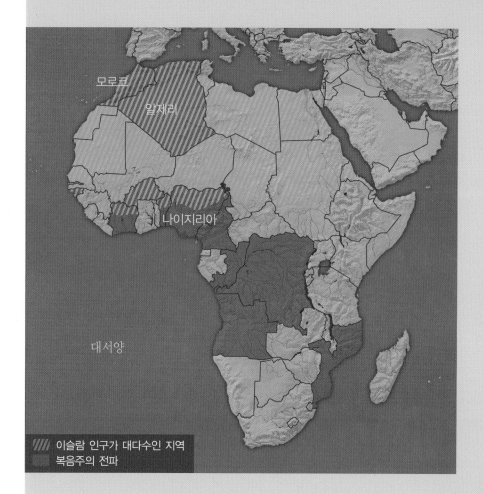

이슬람 인구가 대다수인 지역
복음주의 전파

열성적인 선교의 땅, 아프리카

아프리카 대륙의 많은 국가에서 복음이 전도된 시기는 식민지배로 거슬러 올라간다. 오늘날에는 특히 중앙아프리카와 기니 만 연안의 국가들에서 교세를 확장한 복음교회에 의해 다시 신자 수가 늘어나게 되었다. 아프리카는 복음교회 신도가 1억 명 이상으로 오늘날 특히 이 지역에서 열성적인 선교활동을 펼치며 복음을 전하고 있다. 이제는 또 나이지리아 북부, 모로코나 알제리와 같이 이슬람 교도가 대다수인 지역을 대상으로 적극 선교에 나서고 있다.

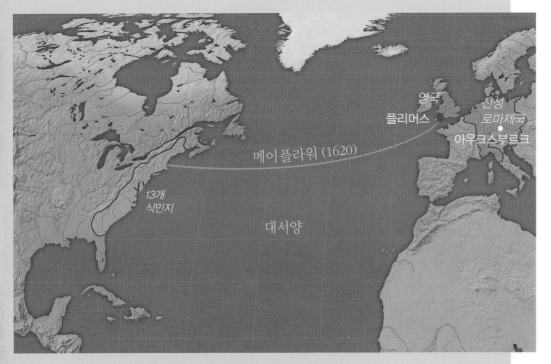

역사상 다음 두 요인을 통해 복음운동이 미국에 뿌리를 내린 정황을 이해할 수 있다. 첫 번째 요인은 영국의 비국교도가 17세기에 영국과 게르만 신성로마제국에서 받은 박해를 피해 영국의 13개 식민지로 이주한 사건에 연관되어 있다.

1555년 아우크스부르크 평화조약으로 신성로마제국의 종교분리가 인정된 이래로 각 지역의 주민들은 '지역 통치자의 종교를 따른다Cujus regio, ejus religio' 는 원칙에 따라 제후의 종교에 복종해야 했기 때문이다. 두 번째 요인은 18세기 초에 탄생한 복음운동에 연관되어 있다. 당시 청교도들은 어떤 설교자들에게 이끌려 성경을 지상의 삶의 중심에 두고 신을 향해 개별적으로 약속을 했다. 이러한 최초의 재생 및 종교 경건주의 운동을 가리켜 '대각성Great Awakening' 이라고 했으며 그 뒤 19세기에 그 운동이 강화되어 미국에서 두 번째 각성이 일어났다. 두 번째 각성에 이어 서부 정복이 따랐고 그렇게 해서 뚜렷이 구분되는 미국의 기독교 정체성이 형성되었다.

보베르데공화국, 기니비사우, 모잠비크 같은 포르투갈어권 지역에서 활발히 전도를 하고 있다.

아프리카, 아메리카, 아시아에서 널리 복음을 전파했던 복음주의자들은 오늘날에는 그들의 야심을 새로운 땅으로 돌리고 있다. 복음주의자들이 새로 공략하는 지역은 다음과 같다.

첫째, 구대륙 유럽. 복음주의자들은 동유럽과 서유럽 사회의 탈종교화 그리고 그곳에서 확산되는 무신론에 반기를 들라고 제의한다. 프랑스의 경우 집계된 신자 수가 이미 40만 명에 육박한다.

둘째, 이슬람권. 이미 모로코는 물론 알제리의 그랜드 카빌리 지역, 수단, 아프가니스탄 그리고 더 넓게는 카프카스와 중앙아시아에 복음교회 선교사들이 진출해 있다.

이렇게 열성적인 선교활동이 제기하는 문제는 그로 인해 이슬람 지역에서 긴장이 야기된다는 것이다. 예를 들어 나이지리아에서는 복음주의의 보급과 선교사들의 존재가 확실히 북부지역에서 종교의 과격화에 일조했다. 급진적인 신기독교 신앙의 간섭에 맞서 1990년대 말 여러 국가가 연합하여 이슬람법을 제정했는데 여러 곳에서 폭동이 일어나 사망자가 속출했던 것이다.

공동체를 이루고 근본주의를 신봉하며 선교에 열을 올리고 역동적인 복음주의자들은 자신들의 신앙, 능숙하게 미디어를 다루는 솜씨, 여러 국가의 정계에 행사하는 영향력에 의해 지탱되어 ―그들의 관점에서― 정치 분야에 신의 귀환을 드러내고 있다.

그들은 이 모든 면에서 이슬람 근본주의자들과 비교될 수 있지만 물리적인 폭력 사용을 반대하는 입장으로 이슬람 근본주의자들과는 뚜렷이 구별된다.

미국의 복음주의자들

3억 명의 미국 인구 가운데 복음주의자들은 7,000만 명이며, 그중 대부분은 남부의 '바이블 벨트'에 집중되어 있다. 그들은 미 유권자들의 22퍼센트에 해당하고 교육, 소수집단의 권리, 유전학이나 성관계에 대해 아주 단호한 입장을 취하며 현재 가장 중요한 정치세력을 이루고 있다. 그렇게 해서 미국에서는 이제 선거유세를 할 때마다 빼먹지 않고, 매주 일요일 수천 명의 신자들이 모이는 '메가처치', 즉 초대형 복음교회를 돌아다니며 유세전을 펼친다.

처음에 복음주의자들은 1960년대 남부 몇몇 주의 현대화에 반응을 보이면서 정치무대에 등장했다. 농업을 위주로 하는 이 주들에서 그들은 결집을 하여 미국 사회의 개방과 탈종교화가 불러일으키는 불확실성에 맞섰다. 그들은 낙태나 동성연애에 반대하며 자신들의 가치관을 수호하기 위해 행동에 나선 것이다. 1970년대를 지나오면서 조금씩 우파 공화당이 그들의 도덕적 입장을 정당 강령에 통합했으며, 이런 식으로 그들을 공화당 지지자로 끌어들였다. 그렇게 해서 1980년에 로널드 레이건은 결정적으로 백인 복음주의자들의 표를 얻어 대통령에 당선되었다. 조지 W. 부시의 경우도 마찬가지로 그 자신이 'Born Again' 임

을 내세워 2004년 복음주의자들의 표 가운데 78퍼센트를 득표하면서 재선에 성공했다. 그해 흑인 개신교도는 불과 11퍼센트, 히스패닉계는 37퍼센트가 공화당을 지지한다고 밝힌 데 비해 백인 복음주의자들의 경우에는 그 비율이 56퍼센트였다.

복음주의자들은 어떤 영역이든 그들의 신앙을 통해 세계에 접근한다. 그들은 성경과 성경의 예언에 의거하면서 실제 대외정책 의제를 개발하고 그중 일부 쟁점에 대해서는 다 함께 공을 들인다.

그런 쟁점 가운데 이스라엘이 갖는 중요성은 특별하다. 복음주의자들은 성경의 '선민' 개념이 그들 고유의 나라

'신예루살렘'에 대해 갖고 있는 환영에 연관되어 있고, 인간의 역사는 신에 의해 예정된 시나리오를 따른다고 확신하며, 예수 그리스도가 아마게돈 전투에 이어 예루살렘에서 재림할 것이라고 믿고 있다.

성지 예루살렘이 그러한 예언의 한복판에 놓여 있기 때문에 그들은 애착과 한결 같은 지원을 보여야 한다. 그들은 성경에 나오는 헤브라이 왕국의 영토에 의거하면서 이스라엘이 '점령지'에서 철수하는 데 반대의사를 표명하는 것이다.

중동, 세계의 복잡성

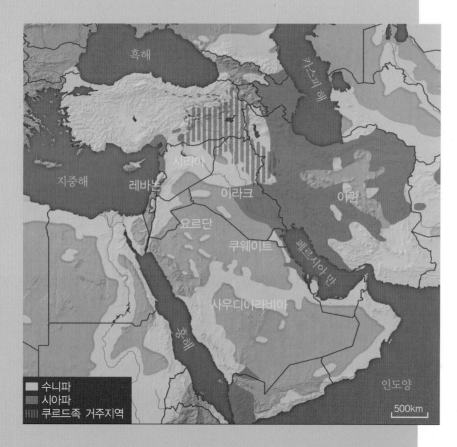

흑해

카스피 해

시리아

지중해

레바논

이라크

이란

요르단

쿠웨이트

페르시아 만

사우디아라비아

홍해

인도양

수니파
시아파
쿠르드족 거주지역

500km

이라크와 인근 국가들

지도를 통해 이해할 수 있듯이
이라크에 이웃한 국가는 제각기 이라크의 정치에
관련된 퍼즐 한 조각을 갖고 있다. 그 퍼즐 조각은 미국이 결부되면 적어도 6개이고
석유 이권이 걸리면 7개나 된다. 이라크는 주요 세 공동체를 매개로 이웃한 이란,
시리아, 사우디아라비아 간에 형성되는 대립구도의 무대로서
그 미래가 세 나라의 상충되는 이해관계에 예속되어 있다.

"냉전이 너무 오래 지속되고 난 후, 지금 세계의 복잡성이 보복을 하는 시간이 돌아왔다."

— 피에르 아스네르

오래전부터 대대적으로 세계 역학관계가 드러나는 지역이 바로 중동이다.

진정 국제적인 정치 쟁점이 집결된 곳으로 석유, 종교, 영토, 이슬람 근본주의, 테러, 미국, 해협, 핵확산 등 모든 키워드가 그 지역에서 작동을 한다. 형성되고 해체되는 세계의 증거이자 긴장과 표상의 무대인 중동은 어쩌면 그 미래의 모습도 보여주고 있는지 모른다.

바빌론 사람들의 나라

이라크는 메소포타미아 지역을 물려받았다. 메소포타미아는 티그리스 강과 유프라테스 강의 유역에 포함되는 지역으로 두 강은 주요 고대문명 가운데 하나인 수메르 문명을 탄생시켰다. 이곳에는 물이 풍부하여 많은 사람들이 정착생활을 하게 되었다. 그들은 두 강을 따라서 농업뿐만 아니라 최초의 문자 형태를 개발했다. 그들은 최초로 거대한 도시들을 지었는데 그 가운데 일부는 기원전 2000년경의 바빌론처럼 제국의 수도가 되었다. 수천 년 지나오면서 많은 제국, 즉 사사니드, 셀주크, 오스만, 그리고 최근에는 미국이 풍부한 자원에 이끌려 그 지역을 점령했다.

이라크, 찾아낼 수 없는 국민

미국이 이라크에 군사 개입을 한 지 3년 반이 지난 2007년 가을, 인명 피해 현황은 다음과 같았다. 분쟁이 시작된 이래로 최소한 30만 명의 이라크인들이 목숨을 잃었다고 추산되었다. 미국 측의 인명 손실은 3년 반 사이에 3,500명, 그러니까 10년에 걸쳐 5만 8,000명의 군인이 사망했던 베트남전의 경우보다 훨씬 더 적었다.

군사 개입의 후속단계에 관해서는 많은 선택안이 있다. 그렇지만 미국 군대가 이라크를 떠나면 이라크 내에서 불안정과 불안감이 가중될 것이라는 점은 확실해 보인다. 그리고 미국이 계속 이라크에 남는다면 역시나 불안정과 불안감이 커질 것이라는 점도. 미국과 영국의 개입으로 독재에서 해방된 나라에 민주주의가 정착되기는커녕 이라크는 권력 싸움에 빠지게 되었다. 권력의 배분 문제가 내전의 쟁점이 되었다.

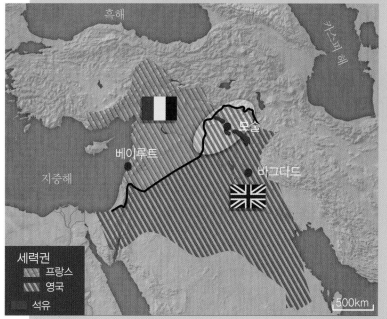

제국의 분할

오스만 제국이 해체되었을 때, 당대의 강대국 프랑스와 영국은 '사이크스피코 협정'에 의해 정해진 경계에 따라 중동을 세력권으로 분할했다. 지도상에 두 강국 간의 분할선이 표시되어 있다. 이 분할선은 다시 1920년 산레모 회담 당시 변경되었으며 그 회담에 의해 프랑스는 석유회사 터키시페트롤 유럽연합의 지분 25퍼센트를 받았고 영국은 최근 모술 주변 쿠르디스탄에서 발견된 석유층의 개발권을 얻었다.

이라크의 탄생

1920년 국제연맹은 영국과 프랑스에 권한을 위임하여 그 지역 민족들의 독립을 인도했다. 그렇게 해서 1920년대 초에 지리상으로 상당히 멀리 떨어져 있고 결코 하나의 국가를 이룰 꿈도 꾸지 못했던 부족들이 의도와는 상관없이 이라크라는 동일한 국가 집단 내에 통합되었다.

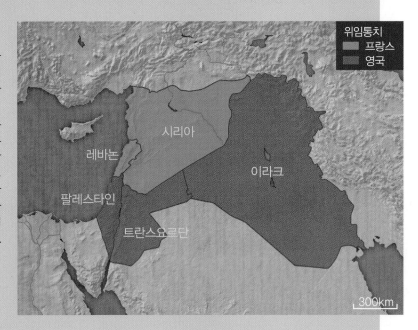

국민 없는 국가

1920년대 초 이라크가 창설되었을 때 새로운 국경 안에 세 민족이 모여 있었다. 북부에는 일부 쿠르드족, 중앙에는 수니파 아랍인, 남동부에는 — 대다수를 이루는 — 시아파 아랍족이 있었다. 세 공동체는 이제 하나의 영토에 의해 연결되었지만 그들에게는 영토를 공유하기 위한 공동의 정치의식이 전혀 없었다. 그때까지 공동체 조직에서 중시되었던 것은 국가가 아니라 부족, 부족의 규칙과 의례, 부족의 연대와 보전이었기 때문이다.

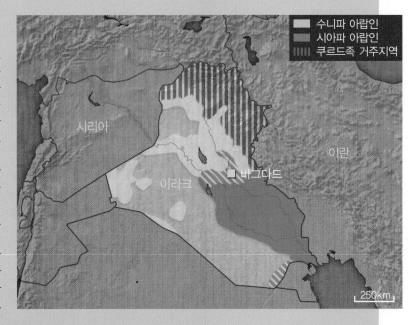

식민 유산

이라크는 최근에 탄생한 국가다. 이라크는 1920년 오스만 제국이 해체된 후 영국에 의해 만들어졌으며, 당시 통합했던 민족들과 부족들은 이전에 결코 하나의 국가를 이루겠다는 소명을 가진 적이 없었다. 북부의 쿠르드족, 중앙의 수니파 아랍인, 더 수가 많았던 남부의 시아파 아랍인이 하나의 국경선 안에 새롭게 모였는데 이 세 공동체는 전혀 한 국가에서 서로 공조해나갈 조짐을 보이지 않았다. 그와 달리 오히려 오늘날 그 나라가 겪고 있는 분열의 싹이 나타났다. 1920년에 영국인들과 퍼시 콕스 총독이 이곳에 들어오자마자 대처해야 했던 시아파의 대반란은 80년 뒤에 미국이 재발견하는 듯한 상황의 전조가 되었다.

영국은 이 신생국가를 다스리기 위해 하세미트 왕조의 파이살 태수를 이라크 왕국의 수장 자리에 앉혔다. 이라크 왕국은 1932년 헌법상의 독립 군주국이 된 다음 1958년 쿠데타로 군주제가 와해되고 나서 공화국이 되었다. 10년 뒤에는 마르크시즘을 신봉하는 바트당이 무력으로 권력을 차지했다. 1979년, 티크리트 지역의 베두윈 가문 출신으로 부통령이던 사담 후세인 장군이 이라크 체제의 권력을 독점하게 되었다.

한 전쟁에서 다른 전쟁으로

신임 국가 수반 사담 후세인은 취임하고 나서 얼마 지나지 않은 1980년, 국경을 정정하여 이란으로부터 샤트알아랍을 되찾는다는 명분으로 이란을 침공했다. 특히 사담 후세인은 이란의 새로운 호메이니 이맘 체제는 이란인들에게 인기가 없고, 따라서 그 체제에서 이란을 해방시킬 수 있다고 생각했다. 중대한 판단 착오였다. 전쟁은 약 8년 동안 지속되었으며 결국 1988년 양측의 군사력이 다 바닥난 뒤에야 종결되었다.

그로부터 채 2년도 안 되어 1990년 이라크는 소련의 지원을 등에 업고 쿠웨이트를 침공했다. 이번에는 쿠웨이트의 석유 매장량은 물론 페르시아 만 북부에 있는 부비얀 섬의 통제권을 장악하겠다는 전략적인 목표를 내세웠다. 새로운 판단 착오였다. 소련 정부는 미하일 고르바초프가 새로 당의 총서기관직에 오른 이래로 정책 축을 변경한 것이다. 그리고 서방 국가들은 이라크가 이미 통제하고 있는 석유 매장량에 세계 매장량의 9퍼센트에 해당하는 쿠웨이트 석유가 추가되는 것을 용인할 수 없었다. 아랍권과 서방 국가들의 연합군은 몇 달 사이에 이라크 군대를 쿠웨이트 영토 밖으로 몰아냈다. 하지만 사담 후세인은 그대로 권좌에 남겨두었다. 내향성 폭발을 일으키는 이라크보다는 무력한 이라크가 나은 것이다. 그럼에도 불구하고 이라크에는 경제봉쇄 조치가 부과되었으며 그로

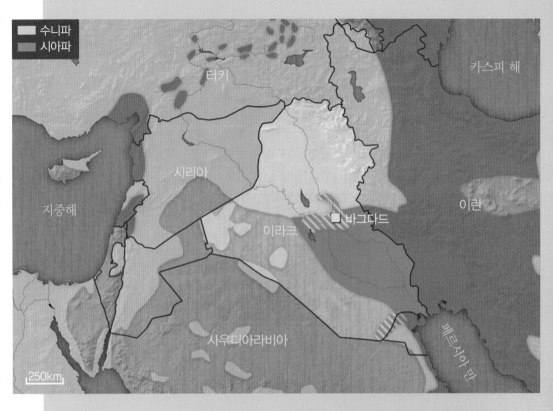

내재해 있는 불안정

여러 민족과 부족으로 나뉜 이라크는 종교적인 차원에서도 분열되어 있다.
왜냐하면 이라크는 수니파 이슬람과 시아파 이슬람의 접촉선상에 놓여 있기 때문이다.
그 나라로서는 출발단계부터 이 단층선이 불안정 요인이 되었다.
그래서 역사를 되짚어보면 1920년 당대의 주요 시아파 고관 중의 한 명은
영국이 이라크의 제도를 통제하는 데 시아파 공동체는
전적으로 반대한다는 의사를 천명하면서 파트와를 포고했다.
당시 그 파트와는 이라크 시아파의 대대적인 무장 반란으로 이어져
1920년 6월에서 12월까지 나라를 불바다로 만들었으며
이후 영국 군대에 의해 진압되었다.

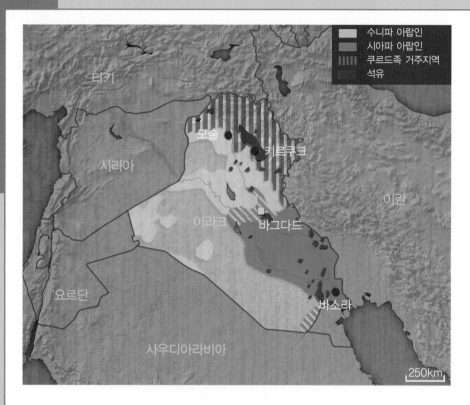

분쟁을 조장하는 요소들

이라크의 경우 인구의 분열과 종교의 단층선 외에 세 번째 분쟁 요인이 있다. 분쟁의 불씨가 되는 세 번째 요인은 바로 석유자원의 분배 문제다. 이라크의 주요 석유층을 공동체가 분포돼 있는 지역에 겹쳐볼 경우 이라크 중부에서 농업을 관장하는 수니파 아랍인들에 비해 쿠르드족과 시아파가 분명 혜택을 받았다는 사실이 확인되기 때문이다.

인해 이라크 시민들이 겪은 고통은 체제로부터 받은 고통보다 훨씬 더 컸다.

2003년에 시작된 2차 걸프전은 아직 끝나지 않았다. 그 전쟁은 미국과 영국이 이라크의 독재체제를 실각시키기 위해 연합군을 주도하여 사전에 유엔 동의를 얻지 않고 군사 개입을 하면서 개시되었다. 미국 정부에 따르면, 관건은 '대량살상 무기'를 파괴하고 테러조직을 척결하는 것으로 미국은 이라크가 대량살상 무기를 보유하고 있으며 독재자 사담 후세인은 테러조직을 지원할 것이라고 추정했다. 미국, 영국, 이라크의 많은 분석가들은 독재체제가 실각되면 서방 국가들의 군대는 구원자들로 환대받을 것이며 6개월이면 충분히 그 나라를 안정시키고 기껏해야 1년이면 이라크를 재건할 수 있을 것이라고 생각했다! 이번에는 미국 측이 판단 착오를 했다. 아니 더 정확하게 말하면 백악관의 판단 착오였다. 외무부에 해당하는 미 국무부와 군 사령부는 둘 다 그 작전을 만류했던 것이다. 3주 사이에 이라크의 정부 체제는 다국적군의 진격에 무너졌다. 2003년 5월, 이라크는 과도정부의 통치를 받게 되었는데 우선 잭 브리머라는 미 외교관이 과도정부를 맡았다. 국가는 해체되었고 병사들은 동원 해제되었으며 바트당의 간부들은 해고되었다. 예전 수니파 체제의 군대는 와해되고 굴욕당하고 소수집단으로 밀려나 그 나라에 들어와 있는 다국적군을 공격하는 게릴라 운동에 가담했다. 그 이후의 상황은 매일같이 자살 테러를 보도하는 흥흥한 뉴스로 TV 화면을 통해 우리 눈앞에 전개되고 있는 그대로다. 미 국방부는 군사 부문의 작전 단계는 훌륭하게 구축했지만 그 후 속단계는 미처 준비하지 못했다.

2005년 12월에 실시된 이라크 총선에서 그 나라의 대다수를 이루는 시아파의 정당들이 승리를 거뒀다. 따라서 새 정부를 이끌게 된 시아파 총리와 쿠르드족 대통령은 내향성 폭발을 일으키고 있는 나라에서 그들의 권한을 확고히 세우려고 애를 썼다. 이라크에서 활발히 활동하는 여러 무장단체가 그날그날 겨냥한 표적의 목록을 점검해보면 2003~2005년 미 점령군에 대한 게릴라전에서 민병대 간의 게릴라전으로 이행되었음을 알 수 있다. 달리 말하면, 2003년 3월 미국과 영국이 개입한 이래로 이라크는 전쟁 중인 나라일 뿐만 아니라 내향성 폭발을 일으키며 붕괴되고 있는 나라인 것이다.

한 국가에 세 공동체

이라크의 정치적 난관에 대해서는 문제가 명료하다. 이라크는 여러 세력에 그리고 국가 구상 자체에서 계승되었으며 권력과 자원 배분 문제로 대치하고 있는 상반된 이해관계에 예속되어 있다.

그 첫 번째는 이라크 국경 안에서 동거하고 있는 공동체들의 세력으로 쿠르드족, 수니파 아랍인, 시아파 아랍인이 대립하고 있다. 쿠르드족은 체계를 갖춘 한 정치권 내에 모여 있으며, 이 지역은 점점 더 많은 자치권을 행사하고 있다. 그러한 점에서 그들이 새 헌법이 인가하는 대로 이라크 내에서 '이라크 쿠르디스탄 정부'의 구성을 원할 가능성을 배제할 수 없다. 수니파 아랍인은 독재체제의 실각으로 큰 타격을 입고 총선에서도 참패했지만 권력을 되찾아 계속 이라크를 온전히 통치할 결의에 차 있으며, 권력을 남용하는 시아파 민병대와 이라크 내무부에 가맹해 있는 살인 중대나 이란

대 이란전

사담 후세인은 1979년 테헤란에서 막 권력을 차지한 호메이니 체제는 인기가 없으며, 이라크 군대가 그 체제를 해체한다면 이란인들은 이라크 군대를 해방군으로 환대하리라고 확신을 하고서 권력에 오른 지 얼마 지나지 않은 1980년에 이란에 대한 군사 공격을 단행했다.
그가 내건 구실은 샤트알아랍 강에서 이란과 맞닿아 있는 국경선으로, 그는 수십 미터의 국경선에 대해 이의를 제기했다.
당시 사담 후세인은 미국, 프랑스 같은 나라들은 물론 페르시아 만에 있는 여러 아랍국의 재정 및 군사 지원을 기대하면서 자신의 작전을 수행했다. 페르시아 만의 아랍국들은 이라크의 체제를 이란 시아파 이슬람의 전파를 막을 수 있는 '성벽'으로 인식한 것이다.

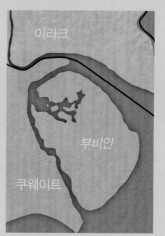

대 쿠웨이트전

대 이란전이 끝나고 2년도 채 안 된 1990년 8월, 이라크 군대는 이번에는 쿠웨이트를 침공했다. 쿠웨이트 침공은 두 가지 목표에 부합했다. 하나는 작은 군주국 쿠웨이트가 보유하고 있는 세계 석유 매장량의 9퍼센트를 접수해서 제1의 석유 생산국이 되는 것. 또 하나는 쿠웨이트의 부비안 섬을 되찾아 페르시아 만에서 이라크의 관문을 넓히는 것이었다. 이번에 이라크 군대는 불과 몇 달 사이에 아랍권과 서방 국가들이 연합한 다국적군에 의해 축출되었다. 연합군은 유엔의 위임을 받은 상태에서 미군의 주도 아래 작전을 수행했다.

수니파 삼각형

수니파 아랍인은 이라크 인구의 약 20퍼센트를 차지하는데 이라크에서는 소수집단에 해당한다. 그렇지만 그들은 수적 열세에도 불구하고 2003년 사담 후세인의 실각으로 권력을 잃을 때까지 약 30년 동안 이라크를 이끌었다. 2005년 12월, 수니파는 총선에서도 패배함으로써, 수니파 체제의 실각이 유효한 것으로 인정되었다. 더군다나 수니파 공동체는 상당히 분열되어 있다. 그럼에도 수니파 공동체가 지켜가고 있는 공동의 목표는 강력한 중앙집권 국가를 복원할 수 있는 정치적 수단을 찾아내는 것이다.

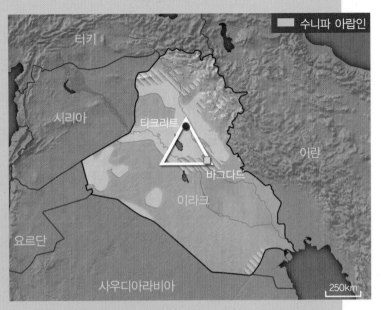

대다수를 이루는 시아파

바로 이웃한 이란에 이어 이라크는 두 번째로 시아파가 많은 나라다. 이라크 인구의 대다수를 이루는 시아파는 2005년 의회에서도 가장 많은 의석을 차지했다. 그렇지만 혼란에 빠져 있는 국내 상황과 시아파 민병대 간의 대립구도에 직면하여 시아파 공동체는 이란의 지지를 받으며 미국이 떠날 경우 관용을 보이지 않는 수니파 체제가 정권에 복귀하지 않을까 두려워하고 있다.

정보원에 무력으로 저항을 하고 있다. 시아파 아랍인들은 이라크에서 대다수를 차지하지만 본래의 분열과 내부 권력투쟁으로 세력이 상당히 약화되어 있다.

분열을 조장하는 또 다른 힘은 이라크에 연루되어 있는 인근 지역의 강국들이다. 이란은 결정적인 역할을 수행한다. 이라크의 시아파를 지원하는 이란 정부는 이라크의 정치 위기를 타개하는 데 큰 걸림돌이 되고 있다. 이란은 미국의 선언과 특히 인접국에 주둔해 있는 미국 군대로부터 위협을 받고 있는데 이란이 얻는 이득은 미국의 교착상태를 조장하는 것이다. 미국이 교착상태에 빠질 경우 이란은 — 적어도 잠정적으로는 — 군사 개입을 면하게 된다. 그렇지만 기회주의적인 정치 합의 이외에 이라크와 이란의 시아파가 공유하는 공동 프로젝트는 전혀 없다. 더군다나 이라크의 시아파는 서로 간에 여러 대립구도로 분열되어 있어 더 이상 어떠한 계획도 함께 나누지 않는다. 이라크의 시아파 내부에서는 모크타다 알 사드르의 지지자들과 아야톨라 알시스타니의 지지자들, 카르발라와 나자프 혹은 기존 부족사회 조직의 주창자들과 젊은 세대가 대립관계에 놓여 있다.

지역 무대에서 네 번째 주요 당사국은 사우디아라비아다. 사우디아라비아는 미국이 떠나면 이라크가 불바다로 변하지 않을지 그리고 시아파 국가인 이란이 이라크의 시아파 정권에 영향력을 행사하면서 지역 무대를 지배하지 않을지 신경을 쓰고 있다. 그래서 사우디 정부는 1980~1988년 1차 걸프전 당시와 마찬가지로 수니파와 와하비파가 시아파에 맞서 저항운동을 할 때 수니파와 와하비파를 지원했다.

현재의 상황

　이렇게 세분되어 있는 이라크의 상황과 공동체 간의 폭력사태에 비추어볼 때, 오늘날 사담 후세인 정권 이후 과도기의 형식적인 성공에도 불구하고 모든 것이 여전히 덜 민주적이고 여전히 더 폭력적인 분쟁의 해결로 수렴되는 것 같다.

　심지어 석유자원 재분배의 민영화 및 공동체 운영화로 이라크의 공동체 분할이 거론될 정도다. 정부 부처는 당파의 영지로 변형되어 예를 들면 지지자들 내에서만 채용을 한다.

　폭력이 난무한 이라크 상황의 두 번째 요소는 미국의 개입이다. 미국 행정부는 이라크에 있는 대량살상 무기로 자국의 군사 개입을 정당화하고, 유인책을 써서 동맹국들을 끌어들였지만 추구했던 것과는 반대의 상황에 이르렀다. 미국은 테러행위를 척결하기 위해 이라크에 군사 개입을 하면서 테러행위의 확산에 일조한 것이다. 그리고 예방전의 개념 — 위협이 확대되기 전에 공격하는 것 — 을 실천에 옮기면서 미국의 네오콘(신보수주의자)들은 틀림없이 이란 정권에 억제력의 핵무기를 구비하도록 설득한 셈이다. 후속단계를 예상하는 일은 간단하지 않다. 그렇지만 미국이 2008년을 예정으로 세운 전략에서 도출되는 목표는 다음과 같다.

　내전으로 약화된 이라크를 내버려둘 것, 새로운 적 이란에 집중할 것, 중동 지역에 있는 공화국 체제들과 수니파 군주국들에 의지하면서 이란을 저지할 것. 2007년 봄 콘돌리자 라이스 미 국무장관이 설명했듯이 "미국은 중동에서 극단주의자들에 맞서 개혁파를 지원"해야 한다.

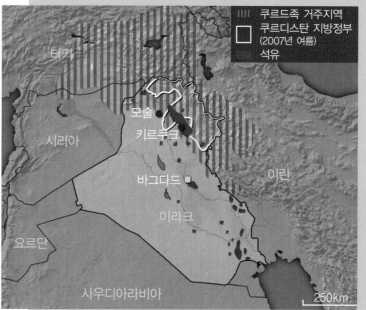

쿠르드 자치

쿠르드족은 이라크의 차원에서는 소수집단이지만 훨씬 더 규모가 큰 민족으로 네 국가, 즉 이란, 이라크, 시리아, 터키의 국경에 의해 분할되어 있다. 1차 걸프전 후에 쿠르드족은 심하게 억압을 당했는데 1차 걸프전이 끝난 이래로 유엔의 688호 결의안에 의해 '보호를 받아왔다'. 이라크 내에서 쿠르드족의 자치권은 점점 더 강화되어 아랍어가 학교와 교과서에서 사라져가고 있으며 쿠르디스탄은 심지어 자체 군대와 모술의 키르쿠크 유전을 갖고 있다. 2005년 쿠르디스탄은 스스로를 키르쿠크 유전의 주인으로 선언했다. 화폐를 제외하고 오늘날 쿠르디스탄을 이라크의 나머지 지역과 이어주는 것은 더 이상 아무것도 없다.

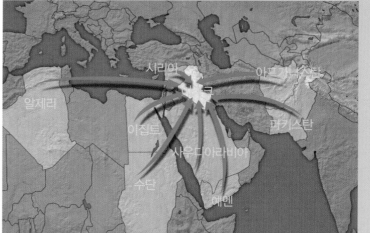

지하드 운동

2003년 이라크 전쟁이 발발했을 때 '지하드(성전)'를 외치는 청년 이슬람교도 수천 명이 이 격전지로 모였다. 미국과 영국은 그들의 군사 개입을 가리켜 국제적인 테러를 척결하는 한 수단이라고 했는데, 3년이 지난 뒤 그러한 개입은 급진적인 이슬람 근본주의 운동에 징병·훈련·선전의 장을 제공했다는 사실이 확인되었다.

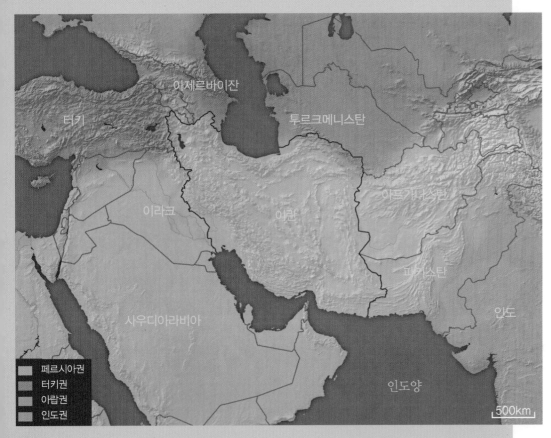

아제르바이잔

터키

투르크메니스탄

아프가니스탄

이라크

이란

파키스탄

사우디아라비아

인도

인도양

500km

- 페르시아권
- 터키권
- 아랍권
- 인도권

페르시아에서 이란까지

이란의 영토에 들어서 있던 페르시아는 오래되고 위대한 문명,
오래된 국가, 진정한 민족을 물려받았는데,
오늘날 이란은 지정학적 축으로 이슬람 혁명, 핵 위기를 대변하고 있다.
터키권, 아랍권, 인도권의 분기점에 있는 페르세폴리스 문명의 나라인 이란은
시아파 이슬람 국가이자 이스파한 모스크 같은 걸작 이슬람 건축의 나라이기도 하다.

이란, 어떠한 억제수단을 써야 할 것인가?

몇 년 전부터 이란은 공식적으로 그 지역에서는 유일하게 원자력 프로그램 구축작업에 관여하고 있다. 그렇지만 국제원자력기구(IAEA)는 지역의 강국 이란이 핵비확산조약에 조인을 했음에도 그 소약의 의무규정을 피해가면서 일부 농축행위를 숨기고 있다고 생각한다. 이란 대통령의 호전적인 태도 그리고 이란 정부가 레바논, 팔레스타인, 이라크의 무대에서 위해를 가할 수 있는 능력, 그뿐만 아니라 서방 국가들이 새로 한 이슬람 국가에 개입함으로써 중동에 가해지는 위험에 직면하여 국제사회는 분열되어 있다.

오래된 프로그램

이란의 핵 프로그램은 오래되었다. 그 프로그램은 1957년으로 거슬러 올라간다. 1957년 미국의 주도로 '평화를 위한 원자' 협정을 추진하여 이란이 원자력의 평화적 사용에 대해 더 쉽게 실험을 할 수 있게 되었다. 이란의 핵 프로그램은 1970년대에 확대되는데 당시 인도와 이스라엘이 용단을 내려 핵무기를 갖추기로 결정했다. 그때 이란의 통치자는 프랑스, 독일과 함께 대대적인 원자력 협력 프로그램을 추진하기로 결정했는데 향후 지정학적 변화에 따른 핵무기 개발 선택안을 배제하지 않았다. 이란 혁명에서 탄생한 이슬람 체제는 1979년 정권을 차지했을 때 모든 강국에 대한 자립을 염두에 두고 핵에 관한 실험을 중단했다. 그러다가 1980년 이라

크가 이란을 침공한 이후 1983년에 핵 실험을 재개하기로 결정했다. 서방 강국들은 다시 협력 프로그램에 착수하기를 거부했으며 그 후 이란은 중국과 파키스탄에 이어 러시아의 원조를 얻었다. 그렇게 하여 이란은 1995년 부셰르 원자력발전소 건설을 재개할 수 있었다. 2007년 이 발전소의 경수로는 여전히 양도되지 않았다.

수상한 프로그램

몇 년 전부터 여러 번의 '누출'로 인해 관측자들은 이란이 시행하는 연구의 실제적인 본질에 대해 그리고 이란 정부를 부추겨 IAEA와의 협력을 거부하게 만드는 이유에 대해 의문을 갖게 되었다. 2007년 가을, 이란이 비확산조약의 공문을 위반했는지는 확실하지 않았다. 하지만 이란이 정보를 감추고 프로그램의 범위에 대한 사찰단의 질문을 회피하면서 조약의 취지를 위반한 것은 확실했다. IAEA로서는 이제 이란의 핵 개발 현장에서 바로 허가받은 사찰의 결과를 신뢰하기 힘들다.

스톡홀름 국제평화연구소(SIPRI)는 독자적으로 연구를 수행하여 2007년 봄에 그 결과를 발표했다. SIPRI는 이란이 현재로서는 핵분열재, 다시 말해 핵무기 제조에 필요한 고농축 우라늄을 갖고 있지 않다고 강조했으며, 가장 빨리 개발이 이루어진 경우를 가정해도 이란은 2013년 전에는 핵무기를 보유할 수 없을 것이라고 추정했다.

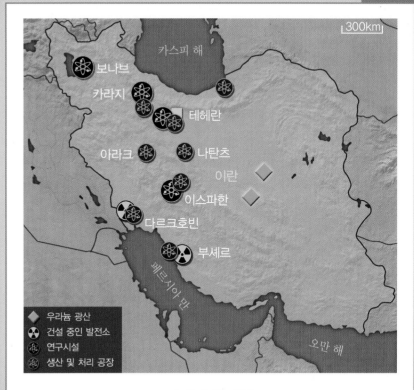

이란의 핵시설

2008년을 내다보고 이란 정부가 야심차게 세운 계획은 7개의 원자로를 보유하는 것이다.

공식적으로 이란이 정한 목표는 총 전력 용량이 약 7,000메가와트에 달하는 원자력 산업시설을 갖추는 것이다. 그 목표에 도달하기 위해 이란은 핵 연소 주기 전체를 제어할 수 있기를 희망한다. 그런데 동위원소의 농축과 폐기물 재처리는 그 주기 중에서 가장 민감한 단계다. 그 단계들을 통해 원자폭탄에 이용 가능한 특성의 우라늄이나 플루토늄에 접근할 수 있기 때문이다.

어떤 나라가 전체 원자력 주기를 제어하는 순간부터 그 나라는 핵무기 프로그램 개발에 필요한 핵심 지식을 보유하는 것이다. 그런데 이란이 바로 이러한 방향을 선택한 것으로 보인다.

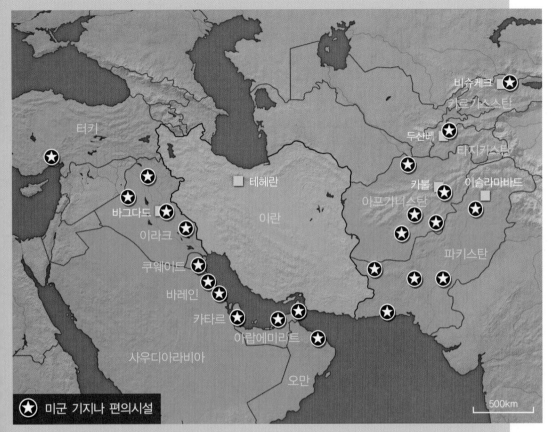

중동의 지정학적 축, 이란

2001년 이래로 미국의 군사기지나 편의시설이 터키, 페르시아 만 연안국들, 사우디아라비아, 이라크, 중앙아시아, 아프가니스탄에 새로 배치되는 상황에 직면하여 이란은 세계 지정학 지형의 중심에 놓여 있다. 그러한 상황에 맞서 이란은 어떻게 국가 안보를 보장할 수 있을까? 여하튼 이란은 핵 프로그램에 대한 질문을 받을 때 이러한 의문을 제기한다.

군사 부문의 선택

자국의 의도에 대해 이란이 취하는 태도로 의혹이 퍼지고 있는 가운데, '유럽의 트로이카'는 이란 체제를 대상으로 여러 단계의 협상을 주도했다. 유엔 안전보장이사회는 경제 제재의 길을 선택했다. 미국과 같은 다른 나라들은 이제 군사 부문의 선택을 고려하고 있다.

이란의 일부 핵시설에 대해 이른바 'surgical attack', 그러니까 환부를 도려내는 듯이 공습을 감행할 경우, 물론 핵개발 과정이 늦춰질 수 있겠지만 최소한 세 가지 부작용이 초래될 것이다.

첫째, 그렇게 해서 비확산조약에서 탈퇴하게 된 이란은 국제적인 차원의 감시를 일절 면하고 둘째, 어쩌면 2년 남짓한 기간에 외부에서 핵무기를 얻을 수 있을 것이다. 끝으로 큰 화를 초래할 정치적 영향을 떠올려볼 수 있다. '서방세계'가 새로 이슬람 국가를 공격하는 영상이 확산될 경우 하물며 이스라엘이 그 공격에 가담할 경우 그러한 결과를 낳을지도 모른다.

이란의 핵개발 사례는 핵무기 보유가 여전히 특례인가 아니면 핵확산으로 인해 점점 더 많은 국가가 접근할 수 있는 억제수단이 되는가라는 문제를 제기한다.

예방전의 개념과 그 개념을 적용한 이라크전도 확실히 핵무기 확산에 기여하고 있다. 미군 기지가 자국의 영토를 에워싸고 있는 이란 정부의 입장에서 보면 핵무기만이 누구라도 자국의 영역을 공격하지 못하도록 견제하는 수단이 될 수 있기 때문이다. 이러한 극단적인 상황을 배제하기 위해서는 이란의 안보에 관심을 기울여 기간에 관해 협상을 벌일 때 그 나라의 안보를 확실하게 보장해 주는 편이 바람직하다. 분명 이러한 방도를 통해서만 오래전부터 이란과 국제사회 간에 만연해 있는 심각한 신뢰 위기를 해결할 수 있을 것이다.

레바논, 완충국의 현황

레바논은 마침내 완충국 역할의 의무에서 벗어나 '정상적인' 국가가 될 수 있을 것인가? 레바논은 그러한 완충국의 역할을 과거에는 오스만 제국과 유럽 강국들 사이에서 맡아야 했고, 오늘날에는 이스라엘, 이란, 시리아 사이에서 맡고 있으며, 미래에는 수니파와 시아파 사이에서 맡게 될 것이다. 그와 동시에 '세다르(서양삼나무 - 옮긴이)의 나라' 레바논은 또 씨족의 논리에서 벗어나 마침내 국가의 논리에 접근할 수 있을 것인가? 이러한 이중의 문제에는 레바논에서 작동하는 역학관계에 의해 아주 복잡하게 얽혀 있는 레바논의 상황이 대응한다.

레바논의 '국민협약'

지중해에 면해 있어서 유럽 남부와 아주 가까운 동시에 시리아, 이스라엘과 국경을 공유함으로써 전적으로 중동 국가인 레바논은 결코 자국 고유의 영토에 대한 주권을 획득하지 못한 것 같다. 레바논은 전 역사에 걸쳐 여전히 '공동체' 시스템과 더군다나 이러한 공동체들에 의해 종종 야기되는 외세의 개입에 예속되어 있다.

레바논에는 어떤 공동체들이 있는가?

첫째, 마론파 기독교도. 베이루트와 베카 평원 사이에 살고 있다. 이들은 동방기독교인들로서 원래 수도사 성 마론의 신봉자들이다.

둘째, 그리스정교회 신도. 베이루트, 사이다, 트리폴리에 살고 있다.

셋째, 드루즈족. 비교적 헤르몬 산 근처의 산악지대와 슈프 지역에 자리 잡고 있다.

넷째, 수니파 이슬람교도. 북부 지역과 사이다 주변에 거주한다.

다섯째, 시아파 이슬람교도. 북부 지역 발베크 근처와 남부의 제

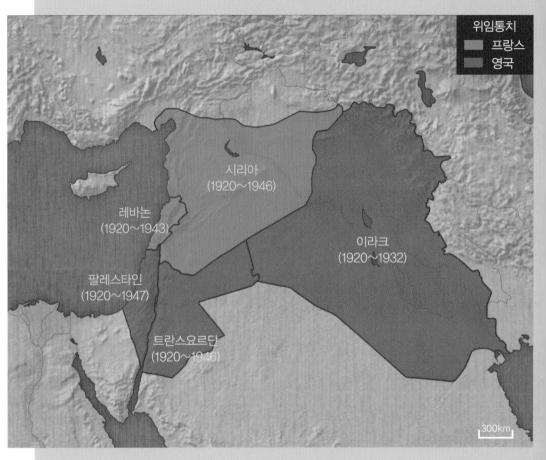

프랑스와 레바논

현행 국경선의 레바논은 마론파 기독교도와 성지 관리국 프랑스 간에 특별한 연맹을 맺은 가운데 1차 세계대전 이후 새로 형성된 중동의 정치 지형에서 탄생했다. 역사상 정확한 시기에 근거한 이 연맹으로 레바논과 프랑스는 항상 특별한 관계를 유지해왔다.

지중해

70 km

레바논

레바논 산

210 km

베이루트

베카 평원

안티레바논 산

시리아

40 km

이스라엘

요르단 강

면적 : 10,500km²
인구 : 380만 명

벨기에 영토의 3분의 1에 해당하는 레바논은 유럽 근동에서 가장 작은 국가다. 안 그래도
협소한 해안 평원은 이내 두 산맥에 부딪히고 만다. 레바논 산이 있는 중앙의 산맥과
동쪽으로 더 가서 안티레바논 산이 있는 산맥이다. 그 산맥의 이름을 따서 레바논이라는
국명이 정해졌다. 이 산맥들은 이중의 중요성을 갖고 있다. 두 산맥은 저수탑으로서
이곳에서 발원하는 많은 강이 레바논을 가로질러 지중해나 요르단 강으로 흘러든다.
그리고 두 산은 항상 억압받는 소수 종교집단에 피난처를 제공해주었다.

벨아미에 거주한다.

여섯째, 아르메니아인.

일곱째, 쿠르드족.

이 공동체들은 농촌 공동체이자 봉건 공동체, 종교 공동체로서
레바논에서는 권력의 원천이다. 레바논 사람들에게 그들의 정체
성을 부여하는 것은 국가나 국민이 아니라 이 공동체들이기 때문
이다.

전 세계 레바논 사람들의 수는 1,000만 명이며, 그중 400만 명만
이 레바논에 있는 것으로 추정된다. 이 경우 추정에는 중요한 의미
가 있다. 왜냐하면 1932년에 마지막으로 공식 집계가 이루어졌고,
오늘날에도 그 집계에 의해 레바논의 종파 공동체 간 권력 균형이
결정되기 때문이다. 그렇게 해서 1943년 독립 당시 이러한 인구 균
형을 토대로 만들어진 '국민협약'에 따르면 대통령직은 마론파 기
독교도, 총리직은 수니파 이슬람교도, 국회의장직은 시아파 이슬
람교도가 맡아야 한다. 1932년 이래로 물론 레바논에서는 인구 균
형이 대단히 변화되었지만, 취약한 정치 균형을 깨뜨릴 위험을 무
릅쓰지 않기 위해 제도는 변경되지 않았다.

그렇지만 일부 지역 전문가들에 따르면 마론파, 시아파, 수니파,
드루즈파가 이러한 공동체 시스템을 계속 유지해가는 한 레바논
의 정체성은 명확히 드러날 수 없을 것이다. 그와 달리 특히나 국민
협약의 조항을 변경시키지 말아야 한다고 생각하는 사람들도 있
다. 국민협약을 변경할 경우 레바논 국가의 일관성 자체가 위태로
워진다는 것이다. 결국 지속적인 '공동체주의'의 비중에 의해 제
도적 취약성이 표출되며, 이러한 제도적 취약성은 또 이웃 강국들
의 내정 간섭을 조장하는데 이웃 강국들은 정기적으로 레바논 국
사에 끼어들어 안정을 저해한다.

레바논 전쟁

1948년 이스라엘 건국이 결정되자 많은 팔레스타인 사람들이 대거 이주를 하게 되었다. 수십만 명의 팔레스타인 사람들이 고국을 떠나 요르단과 레바논을 비롯한 중동 전 지역으로 뿔뿔이 흩어졌다. 이스라엘의 접경지역인 레바논 남부는 재빨리 팔레스타인 페다인(의용병)의 은거지가 되었다. 그렇게 해서 그 페다인에 의해 '세다르의 나라' 레바논은 이스라엘과 아랍 간 대립구도의 중심에 놓이게 되었다. 한편, 시리아가 레바논의 영토에서 추구한 목표는 다음과 같다. 당시 야세르 아라파트의 파타당이 이끌던 팔레스타인 저항세력의 통제, 어느 편도 독자적으로 레바논의 통제권을 차지하지 못하도록 기독교 민병대와 이슬람 민병대 간 균형 유지, 이스라엘에 맞서 '작전지대'의 재정복 그리고 더 넓게는 레바논의 정치 및 경제 운명의 제어. 시리아는 1920년 프랑스가 레바논 지방을 빼앗아갔던 사건을 결코 잊지 않았다.

1975년 각각의 레바논 공동체가 품은 야심과 이웃 강국들의 야심이 상충되면서 레바논 전쟁이 발발했다. 복합적으로 재구성되는 동맹을 통해서 레바논 전쟁은 15년 동안 한편으로는 이란, 이스라엘, 시리아 그리고 다른 한편으로는 공동체들이 저마다의 이익을 수호하기 위해 상호간에 어떻게 상대를 이용하는지 보여주었다. 이 전쟁으로 특히 반목과 알력이 민족 대립의 산물이라기보다 공동체 체제 내 권력 대립의 표출이라는 점이 부각되었다. 1990년 전쟁을 종식시키는 데 기여한 두 요인은 다음과 같다.

소련의 붕괴와 시리아 정부의 동맹 방향 전환. 소련이 붕괴되면서 시리아는 주요 동맹국을 잃어버렸고, 그때 동맹의 방향을 틀어 이라크에 군사 개입을 준비하던 미국 편에 섰다. 그 대가로 시리아 정부는 레바논에서 마음껏 작전을 수행할 수 있는 운신의 자유를

출처 : 레바논 지도, 성요셉대학 출판부

레바논의 가문

여기 표시되어 있는 영토들은 봉토의 도면으로, 레바논의 대가문들이 이 봉토를 가지고 있었다. 그러한 가문의 예로는 케스루안 지방의 마론파 기독교도 카젠, 슈프 지역의 드루즈파 줌블라트, 가지르의 마론파 기독교도 오바이크가 있다. 이 봉건 씨족들은 종교세력이자 사회세력인 동시에 때로는 군사 부문에서 그리고 언제나 재정 부문에서 강력한 영향력을 발휘했다. 자신들의 땅에서 일하는 농민들에게서 세금을 거둬들인 소(小)수장들은 오스만 제국의 술탄에게 세금을 납입하기 전에 그 일부를 원천 공제했기 때문이다. 이 공동체들은 레바논의 산악지대 주변에 조직되어 '작은 레바논'을 이루었으며, 그들의 정체성은 무엇보다 종교와 연관되어 있었다. 외세의 영향과 지배를 받으며 이런 형태의 정체성에서 정무(政務) 관리체제로 이행되었기 때문에 이 씨족들 간에 긴장이 싹트게 되었다.

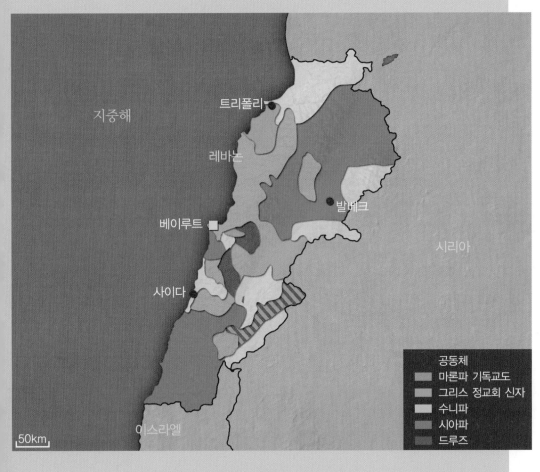

이 지도에는 레바논 공동체의 '전형적인' 영역이 표시되어 있다. 이 지도는 레바논에서
마지막으로 시행된 인구 조사에 의거하고 있는데
1943년 레바논이 독립할 당시 그 집계를 바탕으로 제도를 구축하게 되었다.
그래서 종파 간 권력 안배를 규정한 일명 '국민협약' 에 따르면
대통령직은 마론파 기독교도, 국회의장직은 시아파 이슬람교도,
총리직은 수니파 이슬람교도가 맡아야 했다.
20세기 말에 레바논 인구의 변동이 있었기 때문에
이 대표제는 부정확한 것이 되었다.

얻었다. 당시 시리아는 레바논에서 안정을 가져다주는 세력으로
등극했다. 그렇게 해서 시리아가 레바논 시민의 평화를 지키기 위
해 치러야 할 대가로 시리아 군대는 레바논 안에(베카 평원) 지속적
으로 주둔했고 시리아 정부는 정치적으로 레바논 국가를 통제했
다. 그에 앞서 1982년 이스라엘이 레바논을 침공한 사건에 대응하
여 시리아는 레바논의 시아파 정치 · 군사 조직인 헤즈볼라(신의
당)의 창설에 가담하기도 했다.

레바논의 책임

헤즈볼라 당은 레바논에서 상당히 인기를 얻고 있다. 그 이유는
헤즈볼라가 테러행위를 선언하기 때문이 아니라 당의 간부들이
레바논 남부와 베이루트 교외에서 시아파 주민들을 위해 사회복
지 사업을 해주기 때문이다.

레바논 정부 내에는 부패가 만연해 있고 수니파와 마론파 기독
교도는 레바논 사람들을 멸시의 눈으로 바라보는데, 헤즈볼라의
정책은 그러한 부패, 멸시와는 극명하게 상반된다. 그리고 레바논
사람들은 2000년과 2006년 남레바논에서 이스라엘 군대가 일방적
으로 철수하게 된 것이 헤즈볼라 덕이라고 생각한다.

시리아 정부의 경우에는 프랑스와 미국이 전 레바논 총리이자
사업가인 라픽 하리리의 암살에 대응하여 작성한 유엔 1559호 결
의안의 압력을 받아 2005년 봄 레바논에서 자국 군대를 철수시켰
다. 관건은 그렇게 해서 시리아 체제가 전문적으로 자행한 정치적
암살이 더 이상 분쟁의 한 해결 방식이 되어서는 안 되며, 중동 지

역 독재체제들에 유리하게 상황이 바뀌어야 한다는 점을 보여주는 것이었다. 하지만 시리아가 철수했다고 해서 레바논이 고유의 영토에서 최고의 권한을 가지게 되었다고 생각할 수는 없다. 정치적 암살이 이어지는 동안 시리아의 영향력은 다양한 형태로 유지되었기 때문이다. 그렇게 해서 시리아는 막대한 능력을 지켜가며 레바논에 위해를 가했는데 그러한 능력으로 공동체 간의 분열과 완강한 대립관계를 이용하면서 레바논의 국가 토의에 계속 영향력을 행사할 수 있었다.

현재 레바논이 제기하는 문제는 그 나라가 동일한 당선인들, 동일한 엘리트 계층, 동일한 제도들을 그대로 유지하면서 진정 다른 정치에 참여할 수 있는가라는 것이다. 바로 자국 내에서 모범을 보이며 기독교와 이슬람 간의 대화에 기여하는 것이 레바논의 책임 아닐까?

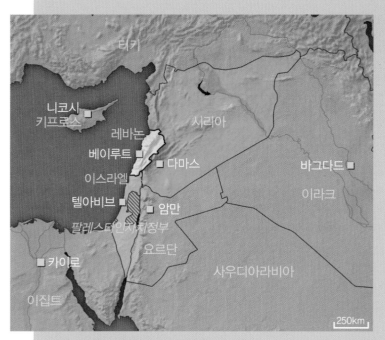

레바논의 정치적 이웃관계

시리아와 바로 인접해 있는 레바논은 1948년부터 이스라엘과도 직접적으로 이웃하게 되었다. 그렇게 해서 이스라엘이 형성되고부터 레바논은 이스라엘과 아랍 국가들의 전쟁에 직접적으로 연루되거나 완충국의 역할을 맡으려고 했다.

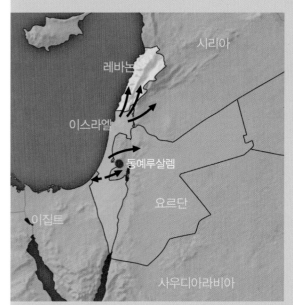

레바논의 팔레스타인 난민들

이스라엘과 아랍 국가들 간에 연속해서 전쟁이 일어났으며, 그로 인해 팔레스타인 사람들은 여러 차례 이동하게 되었다. 그들은 팔레스타인을 떠나 은신처를 찾기 위해 레바논에 갔다. 팔레스타인 사람들은 레바논의 여러 곳에 나뉘어 있는 많은 수용소에서 자리를 잡았다.

면적: 360km²

인구: 130만 명

예전 이스라엘 정착촌

도시/촌락

팔레스타인 난민 수용소

○ 출입구

지중해

가자

칸유네스

이스라엘

라파

이집트

10km

가자, 하마스의 국가인가?

가자 지구는 너비 8~12킬로미터, 길이 40킬로미터에 이르는 지역으로 약 130만 명의 팔레스타인 사람들이 살고 있다. 가자는 농업 지역이며 지중해에 면해 있다. 이곳에 있는 팔레스타인 사람들은 대부분 1948년 이스라엘이 창건될 당시 자신들의 마을을 떠나온 '내부' 난민이다. 그들 가운데 약 50만 명은 여전히 난민 수용소에서 살고 있다. 2005년 8월, 가자에서 21개의 이스라엘 식민 정착촌이 와해되어 그곳에 있던 7,000명의 이스라엘 사람들이 가자 지구를 떠났다. 몇 달 뒤 2006년 봄, 가자 지구는 팔레스타인 내부 세력들, 한편으로는 파타의 무장세력과 다른 한편으로는 하마스 당파가 격렬하게 대치하는 격전장이 되었다. 2007년 6월부터는 하마스가 독자적으로 가자 지구를 통제하고 있다. 이스라엘 편에서는 이슬람 근본주의자라고 비난받는 팔레스타인 지도자들을 체포하기 위하여 봉쇄, 폭격, 급습이나 은밀한 작전을 수행했다.

팔레스타인, 찾아낼 수 없는 국가

2008년 5월이면 이스라엘은 건국 60주년을 맞는다. 그 기념일을 보니 팔레스타인 국가 건립의 난관이 연상된다. 2007년 팔레스타인은 내부 세력들 간에, 그러니까 하마스(이슬람 저항운동)와 역사적인 야세르 아라파트의 파타당이 격렬하게 대치한 격전지가 되었다. 2007년 6월 이래 한편으로는 하마스의 통제를 받는 가자 지구와 다른 한편으로는 파타의 통제를 받는 요르단 강 서안으로 분할되어 있는 이상 팔레스타인은 지리상으로 분열되어 있을 뿐만 아니라 정치적으로도 분열된 상태다.

두 개의 팔레스타인과 존재하지 않는 국가

하마스는 1차 인티파다 기간 중에 창설되었다. 인티파다는 1987년 가자의 자발리야 난민 수용소에서 시작된 팔레스타인 민중봉기다. 하마스는 이슬람 형제단의 한 분파에서 탄생한 이슬람 근본주의 조직인데 신속하게 급진적인 정치조직으로 진화해 이스라엘에 대한 무장투쟁을 권고했다. 하마스는 1993년 오슬로 평화협정에 명시된 화해 절차에 반대하며 당시 이스라엘 영토에서 테러를 감행했다. 하마스는 2차 인티파다와 팔레스타인 주민들 가운데 아주 적극적인 젊은이들이 봉착한 난관에 의해 정치적으로 지탱되어 팔레스타인에서 조금씩 세력을 얻어갔다. 2006년 1월에 치러진 총선에서 승리를 거두며 집권당이 될 정도로 영향력이 커졌다. 민주적인 방식으로 전개된 이 선거를 통해 팔레스타인 사람들은 파타를 응징한 것이다. 그들은 파타가 팔레스타인 국가를 창설하지 못하는 무능력과 부패를 비난했다. 하마스의 승리가 공표되자 미국과 유럽연합은 팔레스타인 자치정부에 대한 재정지원을 동결했다. 이스라엘 편에서는 하마스를 고립시키는 정책을 폈고, 하마스가 이스라엘을 승인하는 절차를 모든 협상의 선결조건으로 내세웠다.

국제무대에서 고립된 팔레스타인 자치정부는 힘을 잃어갔다. 그때 정통성 위기로 인해 하마스 출신의 이스마일 하니야가 이끄는 새 팔레스타인 정부와 마흐무드 압바스 대통령 및 대통령을 지지하는 파타 당원들이 대립하게 되었다. 몇 주 만에 팔레스타인 보안대의 통제 문제로 경쟁 당파 간에 무력 충돌이 빚어졌으며 이러한 대치상황은 2006년 봄부터 악화되었다. 사우디아라비아 압달라 왕의 중재 노력에도 불구하고 팔레스타인 내부 정파의 긴장은 파타를 지지하는 보안대가 가자 지구에서 추방되고 2007년 6월 하마스가 단독으로 가자 지구를 통제하는 것으로 귀결되었다. 이번에야말로 팔레스타인은 정말 둘로 분단된 것이다.

하나의 팔레스타인과 두 개의 국가?

따라서 팔레스타인의 영토 '분할'에 더해 현재는 팔레스타인의 두 정치세력이 분열되어 있다. 이러한 상황에 직면하여 유럽연합, 미국, 이스라엘은 무엇보다 재정지원을 재개함으로써 압바스 대통령을 지원하기로 결정했다. 그렇게 하면 가자 지구는 점점 더 견딜 수 없는 상황(식료품·물·전기·의약품 부족, 40퍼센트에 육박하는 실업률, 빈곤 등)으로 치닫게 된다. 반대로 이스라엘의 입장에서는 적이 두 경쟁 진영으로 나뉘어 있어 정치적으로 유리해진다. 어쩌면 바로 이 새로운 상황이 하나의 팔레스타인 국가 창설로 이어질지 모른다. 미국이나 이스라엘로서는 이제 반서방 세력인 하마스가 특히나 이란에게서 지원을 받는 덕에 훨씬 더 힘을 얻게 되리라고 기대하지 않으면서 팔레스타인 민족운동의 분열을 이용하는 것이 관건이다. 이스라엘의 경우 가자 지구의 불안정한 내부 상황이 여전히 보안 쟁점으로 남아 있는 만큼 그 틈을 노리는 것이 더욱더 중요하다.

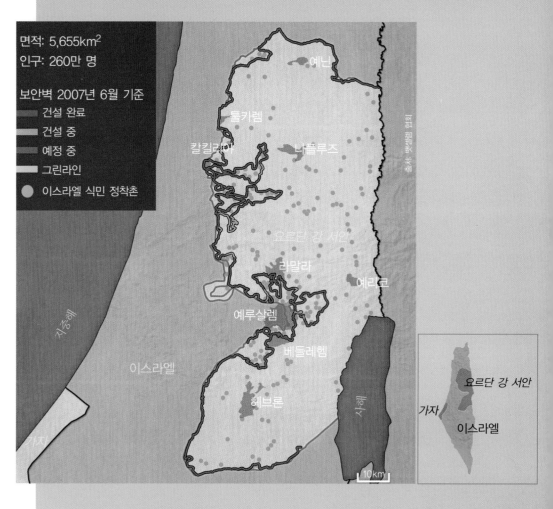

면적: 5,655km²
인구: 260만 명

보안벽 2007년 6월 기준
건설 완료
건설 중
예정 중
그린라인
● 이스라엘 식민 정착촌

제닌
툴카렘
칼킬리야
나플루스
지중해
요르단 강 서안
라말라
예리코
예루살렘
베들레헴
이스라엘
헤브론
사해
가자 지구
10km

요르단 강 서안
가자
이스라엘

요르단 강 서안, 파타의 팔레스타인인가?

2007년 6월 이래로 요르단 강 서안에는 파타가 이끄는 새 팔레스타인 정부가 들어서 있다. 국제사회와 이스라엘은 이 정부를 지원한다. 1993년에 조인된 오슬로 협정에는 팔레스타인 자치정부에 점진적으로 영토를 반환한다는 내용이 명시되어 있었는데, 그 협정은 결코 제 기능을 다하지 못했다.
특히 화해절차가 지속되는동안 이스라엘이 자국민의 이주를 장려해 7만 8,500명이 추가로 팔레스타인 영토에 정착했던 것이다. 자국 영토에서 테러가 늘어나는 상황에 직면하여 이스라엘은 2002년 물리적으로 요르단 강 서안과 이스라엘을 가르는 '보안벽' 건설을 추진했다.
보안벽이 지나는 노선은 1948년 이래로 이스라엘과 요르단 강 서안의 경계선이 되어온 '그린라인'을 준수하지 않으며 때로 상당히 깊숙이 팔레스타인 영토를 뚫고 들어온다. 그 보안벽으로 팔레스타인 도시나 마을들이 후배지와 분리되면서 팔레스타인 국가의 생존 가능성은 훨씬 더 낮아진다.

에필로그

에
필
로
그

북해
발트해
브뤼셀
룩셈부르크
프랑크푸르트
스트라스부르
대서양
흑해
지중해

유럽연합
러시아
카스피해
흑해
그루지야
아제르바이잔
아르메니아
나고르노
카라바흐
터키
디야르바키르
알렉산드레트
키프로스
시리아
유프라테스강
이라크
이란
쿠웨이트

/// 쿠르드족
      장벽
★ 미군 기지

300km

유럽을 기다리며

크로아티아
벨그라드
루마니아
보스니아-
헤르체고비나
세르비아
아드리아 해
몬테네그로
코소보
바르 포드고리카
이탈리아
마케도니아
공화국
알바니아
지중해
그리스

북키프로스
터키 공화국
메사오리아 평원
니코시아
키프로스
지중해

유럽을 기다리며

북해

발트해

대서양

브뤼셀
룩셈부르크

프랑크푸르트
스트라스부르

흑해

지중해

유럽을 위한 네 개의 수도

유럽연합의 주요 기구는 다음과 같다.
첫째, 브뤼셀에 있는 이사회와 집행위원회.
둘째, 스트라스부르와 브뤼셀에 있는 의회.
셋째, 룩셈부르크에 있는 재판소.
넷째, 프랑크푸르트암마인에 있는 중앙은행. 유럽연합의 공식화폐인 유로화를 관리한다.

2005년 가을에 나온 《지도의 이면》은 유럽으로 이야기를 시작했다. '변화하는 세계'를 중점적으로 다룬 이 두 번째 책은 유럽으로 끝을 맺는다. 마치 유럽과 독자 그리고 그들이 공유하는 미래에 한 가지 질문을 제기하기라도 하는 듯하다. 유럽 건설의 문제는 국제 정치무대와 마찬가지로 이 책에서 눈에 잘 띄지 않으며 더 이상 유럽인들의 관심을 끌지 못하기 때문이다.

더 난처한 일은 유럽은 더 이상 그들에게 꿈을 심어주지 않는다는 것이다. 유럽은 이제 하나의 거대 시장에 불과할 것이기 때문이다.

이미 유럽연합의 구성원인 일부 유럽인들 입장에서는 유럽연합이 쓸데없고, 민주주의 관점에서 거의 적법하지 않으며, 난해한 규정을 양산하는 데다 더 나아가 국가 정체성에 대한 의구심을 불러일으킬지 모른다. 그런데 더 멀리 갈 필요도 없이 전 세계에 걸쳐 수십억 명의 사람들에게는 유럽이 여전히 선망의 지역이라는 사실을 알 수 있다. 때로는 목숨을 무릅쓰고 유럽에 들어오려고 할 정도다. 카메룬, 브라질, 코소보, 알제리, 중국과 체첸. 이처럼 도처에서 유럽을 원하고 유일한 역학관계, 절대국가나 절대시장과는 다른 해법, 다른 제안을 찾고자 한다. 참으로 역설적이지 않은가! 유럽의 정체성을 이해하기 위해서는 유럽연합 밖에 있어야 할 것인가? 국민들의 민족주의 성향을 알기 위해서는 역사가가 되어야 할 것인가? 전쟁이 무엇인지 정확히 알기에는 늙어버렸다! 이것이 60년이 지난 뒤 유럽에 대한 종합평가인가?

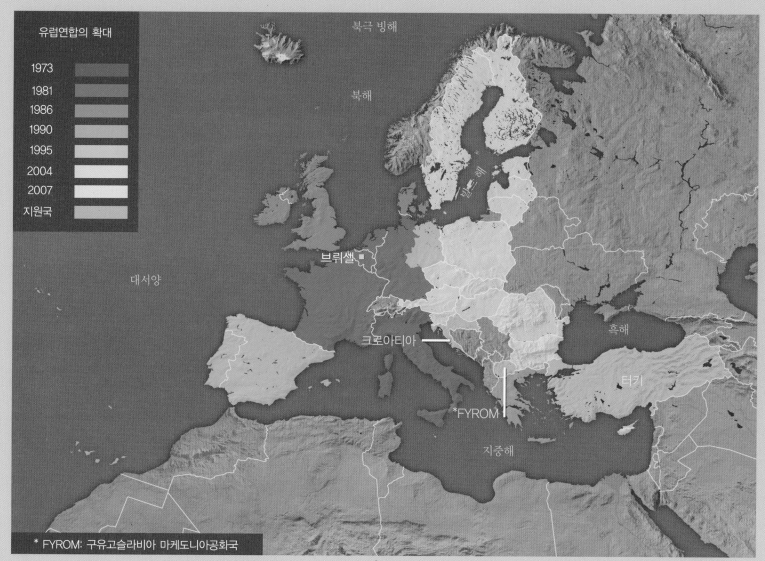

유럽연합의 확대

1973
1981
1986
1990
1995
2004
2007
지원국

북극 빙해

북해

대서양

브뤼셀 ■

크로아티아

*FYROM

지중해

흑해

터키

* FYROM: 구유고슬라비아 마케도니아공화국

코펜하겐 기준(유럽연합 가입에 필요한 정치·경제·제도적 전제조건–옮긴이)으로 한정해본다면, 유럽연합에 가입하기 위해서는 공동체의 경험 용인, 인권 존중, 민주적인 관행과 시장경제 체제로 충분할 것이다. 그렇지만 이러한 기준에 의해서는 발칸 서부 지역의 국가들이 제기하는 문제들, 즉 그 국가들이 만들어낸 정치 선례, 마피아가 활개 치는 경제 문제, 그 국가들에 의해 유럽 관문에서 지속되고 있는 불안정 문제에 전혀 대응할 수가 없다. 더군다나 코펜하겐 기준으로 스위스, 노르웨이, 아이슬란드의 가입이 허용된다고는 해도, 그 기준은 유럽연합의 경계 문제에도 대응하지 못한다. 유럽연합 집행위원회 의장을 역임한 로마노 프로디에 따르면, 유럽연합은 이 세 나라와 더불어 최종 형태에 이르겠지만 다른 형태의 동반자 관계나 협력을 금하지 않을 것이다. 그렇지 않으면 유럽은 더 이상 통상 프로젝트와 다른 프로젝트를 만들어낼 수도 경제적인 야심과 다른 야심을 달성할 수도 없을 것이다.

북해

대서양

카나리아
제도

흑해

지중해

━━ 셍겐 지대
〰〰 셍겐 지대 합류 예정 국가

통제 지대, 셍겐

셍겐 지대에 거주하는 사람들은 그곳을 자유롭게 통행할 수 있다. 유럽연합 내부의
국경 통제는 폐지되고, 통제 업무가 외부 국경으로 이관된 것이다. 그런데 셍겐 지대 안에
모여 있는 국가는 아이슬란드, 노르웨이와 더불어 13개 회원국에 불과하다. 영국과
아일랜드는 추후 셍겐 지대에 가입하기를 희망한다. 2004년 유럽연합에 가입한 10개
회원국 가운데 9개국(키프로스, 불가리아, 루마니아의 일정은 각기 다르다)은
2007년 12월 21일부터 지상 국경에서 그리고 2008년 3월 말에 공항에서
통제 체제를 철폐하면서 셍겐 지대에 합류했다.

유럽은 이미 60년 동안 인내심을 갖고 건설 작업을 하면서 유례
없는 지정학 모델을 공들여 만들어왔다. 그 모델은 하나의 도식 그
리고 제국, 국민국가나 심지어 연방의 개념에서 벗어나기 위한 하
나의 시도와 같다. 이 건설 작업을 통해 유럽 시민들은 이미 거의 3
세대 동안 전쟁을 겪지 않고, 민주주의 체제로, 세계의 다른 많은
지역에서보다 경제적으로 제법 풍족하게, 다른 어느 곳에서와 마
찬가지로 인권이 존중되는 가운데 살고 있는 이상 그 모델은 또 하
나의 본보기와 같다. 그런데 이러한 결산에도 불구하고 유럽연합
은 길을, 그러니까 제 길을 찾지도 시민들에 이르는 길을 찾아내지
도 못했다. 유럽연합은 단지 유럽연합을 구성하는 국가들의 반영,
개별 회원국의 야심과 이익의 반영에 불과하기 때문에, 바로 그것
이 유럽연합의 지위와 유럽연합의 역설이기 때문에, 유럽은 늑장
을 부려 남을 기다리게 한다.

손에 정치 돋보기를 들고 두루 지정학 여정을 거쳐가면서 '변화
하는 세계'를 따라 떠나온 이 여행의 끝에서 독자들과 더불어 우리
는 이러한 유럽의 부재를 확인하게 된다. 아니 어쨌거나 다음 여러
가지 경우에 대해 유럽이 부족하다는 사실이 확인되었다.

첫째, 연관관계를 고려해가며 이주 문제와 예고되는 인구 위기
에 대응하는 데 불충분하다. 둘째, 경쟁력만이 유일한 성과 기준이
아니며, 성장률만이 유일한 성공 지표가 되지 않을 어떤 시스템을
세계에 제시하는 데 불충분하다. 셋째, 유럽의 힘과 결의를 거리낌
없이 그 국경 밖으로 투사하는 데 불충분하다. 넷째, 키프로스가 유
럽연합에 가입하기 전에 키프로스를 통일시키는 데 불충분하다.
유럽 근동에서 키프로스의 자리를 찾아내는 데, 아프리카에서 그
자리를 유지하는 데 혹은 고유의 방위수단을 구축하면서 유럽에

서 키프로스의 자리를 차지하는 데 불충분하다. 다섯째, 교육의 차원에서 예를 들어 마이크로소프트에 맞서 반독점 투쟁을 한 경우와 마찬가지로 유럽 시민들에게 유럽의 공헌과 경험, 규범적인 힘을 알리는 데 불충분하다. 여섯째, 함께 지속적으로 에너지 수요에 대처할 수 있는 해법을 찾아내는 데 불충분하다.

세계화 이후 우리에게 제시되는 주요 쟁점들, 즉 금융 유통이나 이주, 다국적 기업, 통화정책, 공역(空域), 테러행위, HIV 전염, 기후 온난화, 생물 다양성 감소 문제는 더 이상 국가 단독의 차원에서는 해법을 찾아낼 수 없다.

결국 유럽연합은 가장 필요한 때 능장을 부려 남을 기다리게 한다. 아니 오히려 회원국들이 유럽연합을 기다리게 한다.

2007년 '리스본 조약(조약의 적용은 2008년 1월 1일부터 발효)'을 채택함으로써 재배치가 이루어지고 나서, 유럽연합은 제도 쇄신으로 갈 길을 찾을 것이다. '찬성'이다, 하지만 어떤 권력을 위한 것인가? 어떤 프로젝트를 위한 것인가? 어떤 민주적 메커니즘이 동원되는가? 어떤 국경 안인가? 어떤 이웃들과 함께할 것인가?

결국 우리는 키프로스, 터키, 몬테네그로, 코소보를 거치는 마지막 여정에서 바로 이 마지막 문제와 더불어 두 번째 책의 결말을 지을 것이다. 첫 번째 국가는 유럽에 합류했고, 두 번째 국가는 유럽연합 가입을 요청하고, 세 번째 국가는 가입하기를 열망하며, 네 번째 국가는 처음 세 나라와 더불어 유럽이 연속적으로 이루어지는 이 확대 작업에 부여하는 의미를 제기한다. 앞으로 달아나는 것인가? 신규가입 전술인가? 유럽의 통합을 약화시키기 위한 책략인가? 이 네 나라는 다 같이 유럽의 경계와 유럽 프로젝트의 문제를 우리에게 제기하고 있다.

유로권, 브뤼셀에서 코소보까지

유럽연합은 단일 시장을 보강하기 위해 단일 통화를 구비하기로 결정했다. 유럽연합의 공식 통화인 유로화는 2002년 1월에 유통되기 시작했다. 2008년 현재 27개 회원국 가운데 15개국만이 유로화를 사용하고 있다. 2008년 1월 1일에는 키프로스와 몰타 그리고 2009년에는 슬로바키아가 유로 사용국에 합류할 것이다. 2010년에는 발트 3국과 불가리아가 그 뒤를 따를 것으로 보인다. 사실 마스트리히트 조약에 따라 12개 신생 회원국은 의무적으로 유로화를 채택해야 한다. 영국과 덴마크는 예외로 영구 특례를 부여받았다. 아주 작은 네 나라, 안도라, 모나코, 바티칸, 산마리노는 유럽연합 회원국은 아니지만 협정을 통해 유로권에 속해 있다. 몬테네그로와 세르비아의 자치구인 코소보도 유로화를 사용하고 있는데 유로권의 여러 기구에 가입하지 않고서 자발적으로 쓰는 것이다.

터키는 유럽연합에 편입되어야 하는가?

터키를 유럽연합에 가입시켜야 하는가, 말아야 하는가? 이 문제의 이면에는 마침내 유럽과 그 미래의 본질을 탐색하는 정치적으로 민감한 선택이 있다.

찬반 토론이 시작되었는데 몇 년 더 이어질 것으로 보인다. 이 토론은 지리, 역사, 전략, 종교, 경제에 호소하고 있다.

지리

그렇다. 왜냐하면 터키는 유럽 국가이기 때문이다. 터키의 영토는 두 대륙의 가교로서 두 부분으로 나뉘는데, 그 한 부분 (트라세)이 유럽 대륙에 속해 있다. 이스탄불은 터키에서 가장 큰 도시로, 보스포루스 해협을 통해 터키를 유럽 대륙에 이어준다.

아니다. 왜냐하면 터키는 아시아 국가이기 때문이다. 아나톨리아는 터키 영토의 82퍼센트를 차지한다. 그런데 아나톨리아는 소아시아에 있다. 수도 앙카라의 경우도 마찬가지다. 앙카라의 역사 · 언어 · 문화적 유대관계에 의해 터키는 예전에 일명 '투르크스탄' 이라고 불린 이 아시아 지역 쪽으로 향한다.

대서양

브뤼셀 ■

빈 ■

터키

지중해

역사

그렇다. 왜냐하면 터키는 그 역사를 통해 유럽에 깊이 연결되어 있기 때문이다. 더군다나 터키가 발칸 지역에 남겨둔 유산이 아직 그 사실을 입증해준다. 예를 들어 역사를 되짚어보면 이스탄불―1930년까지 콘스탄티노플이라고 불렸다―은 330년 로마의 콘스탄티누스 대제에 의해 세워졌다. 또 오스만 제국은 유럽 대륙 남동부의 광대한 영토에서 지속적으로 뻗어나갔으며, 제국의 군대는 두 번이나 빈을 근거지로 삼았다. 이러한 시기를 통해 그 지역은 여러 가지 흔적을 간직하고 있다. 그 예로 그리스, 마케도니아, 불가리아, 루마니아, 몰도바에 터키어권 소수집단이 많이 있거나 보스니아, 코소보, 몬테네그로, 알바니아, 마케도니아에서 이슬람이 뿌리를 내리게 되었다.

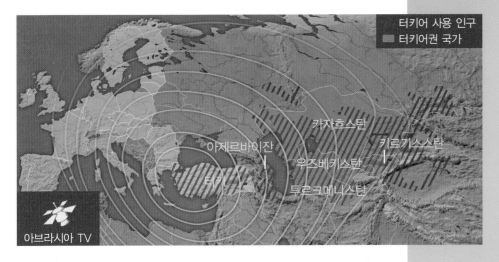

터키어 사용 인구
터키어권 국가

카자흐스탄

키르기스스탄

아제르바이잔

우즈베키스탄

터키

투르크메니스탄

아브라시아 TV

문화

아니다. 왜냐하면 터키를 유럽 전체와 결합시킬 수 있는 문화적 동질성이 없기 때문이다. 터키인들의 문화 정책은 물론 그들의 집단 기억에서는 무엇이든 다 소아시아와 중앙아시아에서 관례적으로 영향력을 발휘하던 시대에 터키를 결부시킨다. 터키어권인 그 지역에서 오늘날 터키 정부는 모든 영역, 즉 장학금, 영사관 개설, 경제 투자, 영화 배급, 위성채널인 아브라시아 '유라시아'를 뜻하는 터키어)의 재정지원에서 자국의 영향력을 강화하고 있다. 아브라시아 채널은 터키어를 사용하는 민족들이 있는 유라시아 지역 내에서 방영된다.

그렇다. 왜냐하면 터키는 오래전부터 유럽안보에서 주요한 역할을 수행하고 있기 때문이다. 1952년부터 나토에 합류한 터키는 당시 소련이 유럽에 겨냥한 SS20(소련의 주력 중거리 탄도미사일 – 옮긴이)에 대응하여 나토가 자국 땅에 중거리 미사일을 배치하도록 허가했다. 더 최근에 와서 터키는 1980~1988년 이라크가 전력을 다하던 대 이란전을 지원하기 위해 미국과 프랑스가 자국 영토에 진지를 구축해도 된다고 인가했다. 1991년, 다시 터키는 이번에는 이라크를 상대로 벌어진 1차 걸프전 때 다국적군을 결성한 동맹국들이 디야르바키르 기지를 이용하도록 했다.

아니다. 왜냐하면 터키는 불안정한 여러 지역을 유럽연합의 관문에 끌어들이기 때문이다. 만일 터키가 유럽연합에 들어온다면 터키에 의해 유럽의 국경에 놓이는 지역과 위험요소는 다음과 같다.
첫째, 시리아. 시리아는 지역에서 상당히 위해를 가하는 국가이며, 터키는 알렉산드레트 현과 유프라테스 강의 유량에 대한 분쟁을 시리아와 남겨두고 있다.
둘째, 이라크. 정치적으로 세분되어 있는 이라크 역시 터키가 유프라테스 강 하류에 남기는 유량 문제를 놓고 터키와 대립하고 있다.
셋째, 정치적으로 불안정한 쿠르디스탄 지역.
이 지역은 시리아, 이라크, 터키, 이란에 맞닿아 있다.
넷째, 이란. 그리고 이란에 의해 핵 관련 측면에 가해지는 위험.
다섯째, 카프카스 지역과 그루지야나 나고르노카라바흐에서 일어나는 여러 분쟁들.

그렇다, 왜냐하면 터키의 가입은 서방세계와 이슬람 간의 충돌에 대응하는 한 가지 해결책이 되기 때문이다. 위험천만하게 이슬람 세계와 서방 국가들을 대립시키는 여러 긴장과 표상에 직면하여, 터키의 유럽연합 가입은 두 세계에 정치적인 가교를 제공한다. 이슬람 세계에는 터키의 가입으로 유럽연합이 종교 프로젝트가 아니라 정치 프로젝트로서 이미 2,000만 명의 이슬람교도를 자국의 영토에 받아들이고 있는 국가들이 착수한 프로젝트라는 점이 부각된다. 기독교 사회인 유럽 국가들에는 터키의 가입으로 가입 기준이 종교적인 요인을 배제하고 그 대신 유럽연합의 다른 회원국들과 동일한 규정을 채택할 수 있는 터키의 능력을 고려한다는 점이 환기된다. 오래전부터 터키는 정교분리 국가다. 따라서 종교적인 동기로 터키를 유럽연합에 가입시키지 않으려 한다면 이슬람 세계 내에서 여러 전언이 뒤섞이고 유럽의 관문에 있는 터키의 종교 정당들에게 힘을 실어줄 우려가 있을 것이다.

아니다. 왜냐하면 터키는 종종 아랍권의 이슬람 체제들에게 적으로 인식되기 때문이다. 만일 터키의 가입이 이슬람 세계에 대한 어떤 메시지가 된다면 그러한 전언은 잘못 받아들여질 것이다. 아랍인들의 입장에서 보면 터키인들은 무엇보다 식민지 지배자인 오스만투르크족의 후예이기 때문이다. 게다가 오스만투르크족이 칼리프를 폐지시켰다. 여기에 더해 터키는 미국과 동맹을 맺었으며, 특히 아랍권의 첫 번째 적인 이스라엘의 동맹국이다. 결과적으로 터키의 가입은 유럽연합이 점점 더 아랍권에 적대적인 조직이라는 생각을 강화하게 될 것이다.

터키의 삼중 핸디캡

터키의 유럽연합 가입에 찬성하든 반대하든 지리, 역사 혹은 경제는 전부 다 입후보 상황이 심각하며, 더 오래된 경제 및 전략적 개입의 연장선상에 포함된다는 점을 예증해준다. 아직 제거되어야 할 여러 가지 장애물이 남아 있다. 그 장애물이 제거된 뒤에 터키의 입후보 자격을 객관적으로 검토할 수 있을 것이다.

첫 번째 장애물은 인구 비중에 따라 회원국의 표결에 가중치를 부여하는 유럽연합의 결정 방식과 관련되어 있다. 유럽에서 가장 인구가 많은 터키는 단번에 주도적인 자리를 부여받을 것이다.

두 번째 장애물은 터키가 키프로스를 포함하여 기존의 모든 유럽연합 회원국을 승인하는 문제다. 키프로스는 2004년 유럽연합에 가입했지만 터키 정부는 여전히 키프로스 승인을 거부하고 있다.

세 번째는 코펜하겐 기준의 문제로 터키는 인권, 소수집단과 여성의 권리 보호 부문에서 그 기준을 충족시켜야 할 것이다.

끝으로 많은 유럽인들은 터키의 가입에 네 번째 장애물, 즉 터키 정부가 아르메니아 학살에 대한 자국의 책임을 인정하는 문제를 강조하고 있다.

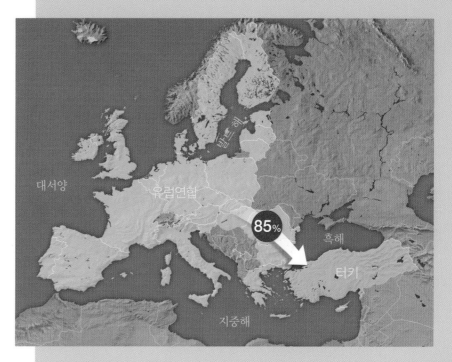

경제

그렇다. 왜냐하면 터키는 거대한 유럽 시장을 보강하기 때문이다. 7,100만 명의 소비자와 1995년 이래로 유럽연합과 맺은 관세연맹의 경험에 힘입어 터키가 유럽 공동시장에 제시하는 입후보 자격은 상당히 적합하다. 이미 자국 영토에서 이루어지는 투자의 85퍼센트가 이 공동시장에서 비롯된다.

아니다. 왜냐하면 터키의 가입은 유럽 프로젝트를 약화시키기 때문이다. 유럽연합의 정치적 건설에 집착하는 국가들의 입장에서 볼 때 터키의 가입은 그 프로젝트를 추가적으로 무력하게 만드는 위험이 된다. 최근의 확대 사례들이 초래했던 무력화에 그러한 위험성이 추가되는 것이다.
터키의 가입은 유럽연합을 경제 및 통상 조직 쪽으로 유도하면서
사실상 본의 아니게 영국과 미국처럼, 유럽이 정치·안보·전략에
더 치중한 영역 내에서 통합되는 것에 완강히 반대하는 국가들에게 득이 되게 작용할 우려가 있다.
더군다나 터키는 농업 국가다. 회원국들의 경제활동인구에서 농업 부문이 차지하는 비율이
평균적으로 10퍼센트인데 터키에서는 경제활동인구의 29퍼센트가 농업에 집중되어 있다.
따라서 공동 농업정책의 예산 관점에서 보면
터키의 가입은 잠재적으로 불안정을 초래하는 문제를 제기한다.

몬테네그로
면적: 13,800km²
인구: 630,000만 명

코소보
면적: 10,900km²
인구: 210만 명

대서양

브뤼셀

흑해

몬테네그로 코소보

지중해

각 민족에게 제각기 한 국가를 갖게 해야 할 것인가?

연속적으로 슬로베니아, 크로아티아, 마케도니아, 보스니아-헤르체고비나,
몬테네그로의 독립을 인정하고 나서 유럽연합은 정치적인 관점에서 유럽의 세분화에
기여하고 있는가? 결국 민족 개념이 '건립' 기준이 된다면
보스니아의 크로아티아인들이나 스르프스카 공화국의 세르비아인들이 그들이 차지하고
있는 영토에서 완전한 주권을 요구할 가능성을 어떻게 배제할 수 있는가?
그리고 나서는 그들에 이어 그루지야의 압카즈인과 오세트인, 스페인의 바스크인과
카탈루냐인, 벨기에의 플랑드르인 등등. 유럽연합의 프로젝트는 '국가 이후의' 틀을 제공하여
국민국가의 개념을 뛰어넘고 새로운 국경과 새로운 주권을 피해가는 것을 목표로 했는데
늘어나고 있는 작은 국가들이 제기하는 안보 문제 더 나아가 경제 생존의 문제에
유럽이 하나의 해법이 되고 있는 역설적인 상황이다.

코소보와 몬테네그로,
유럽에 대해 어떤 책임을 져야 할 것인가?

코소보는 발칸 지역 한복판에 있는 작은 영토로 남의 영토에 둘러싸여 있다. 벨기에의 3분의 1에 해당하는 이 지역에 200만 명의 코소보인들이 살고 있는데 대부분은 알바니아계이고 소수가 세르비아인들이다. 구유고슬라비아의 자치구였던 코소보는 1999년 마지막 '발칸 전쟁'을 겪었다. 당시 유고 연방의 군대는 슬로보단 밀로셰비치 대통령의 민족주의 체제에 의해 추진된 민족순수성 정책을 이행했는데 그 전쟁은 그러한 유고 연방의 군대에 맞선 무장 저항에 관련된 것이었다. 1998년부터 유고슬라비아의 세르비아 군대는 대거 마케도니아, 알바니아로 도망가고 최소한 몬테네그로로 도주하는 알바니아계 주민들을 군대 앞으로 밀어내면서 코소보에 들어갔다. 1999년 봄, 유럽과 미국이 오랫동안 주저한 끝에 나토 군은 인종청소 절차를 종식시키는 데 필요한 군사 수단을 사용할 임무를 위임받았다. 11주 동안 나토 군은 코소보에 있는 세르비아 진지와 베오그라드의 사령본부에 폭격을 가했다.

코소보: 전쟁에서 신탁통치까지

1999년 6월 초 군사작전이 종결되었을 때 코소보 자치구는 완전히 붕괴되었고 수십만 명의 주민이 그곳을 떠났다. 특히나 코소보는 여전히 베오그라드 행정 당국의 지배를 받을 수도 없었고 정치 및 행정의 틀이 전혀 마련되어 있지 않았기 때문에 자주적으로 관리해나갈 수도 없었다.

유엔 안전보장이사회의 1244호 결의안에 의해 결국 코소보는 국제 보호령의 처지에 놓이게 되었다. 코소보의 수도 프리스티나에서는 유엔 고위급 대표가 과도정부의 지휘를 맡은 한편 나토는 코소보 평화유지군(KFOR)을 배치하면서 '강제 평화부과'의 임무를 떠안았다.

9년간의 국제 신탁통치 끝에 알바니아계 공동체의 입장에서는 2008년 2월에 선포된 코소보 독립만이 고려할 수 있는 유일한 선택이었다. 특히 많은 노력을 기울여 조직을 갖춰나가고 금융 투자가 상당히 이루어지고 있음에도 불구하고, 여러 발언과 신념이 현지에서 나토·유럽연합 집행위원회·미국 정부에서 외국 대표자들을 선동하고 있음에도 불구하고 알바니아계 공동체와 세르비아계 공동체는 더 이상 함께 살기를 원하지 않았다.

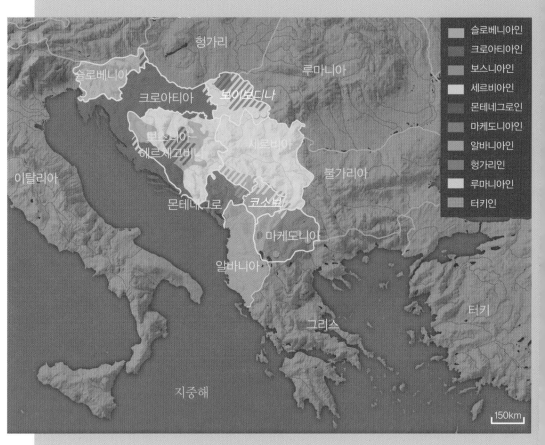

발칸 서부지역의 민족들

발칸 서부지역의 주민들 대다수가 슬라브족으로 각기 다른 8개 민족에 속해 있고 여러 국가에 분산되어 있다. 코소보는 주민 대부분이 알바니아계이고, 소수는 세르비아인들이다. 몬테네그로('검은 산'을 뜻하는 이탈리아어)의 경우는 세르비아인들이 살고 있는데 이들은 발칸의 산악지대 아래에 고립되어 있었기 때문에 역사·문화적으로 다른 변화를 겪었다.

유고슬라비아가 붕괴되기 전에

유고 연방은 1945년 티토 원수에 의해 건립되었다. 유고 연방에는 6개 공화국, 즉 슬로베니아, 크로아티아, 보스니아 – 헤르체고비나, 마케도니아, 세르비아, 몬테네그로가 포함되어 있었다. 1974년, 세르비아 공화국 내에 두 개의 자치구, 보이보디나와 코소보가 만들어졌다. 북부의 보이보디나에는 소수의 헝가리계, 남부의 코소보에는 소수의 알바니아계가 살았는데 코소보 자치주 차원에서는 알바니아계가 대다수였다. 1989년 세르비아 정부가 두 자치구를 없앨 때까지 보이보디나와 코소보는 일정 자치권의 혜택을 누렸다. 그러한 자치권을 통해 세르비아계가 아닌 두 민족은 그들 고유의 의회와 정부를 갖고서 문화 및 민족적 특성을 지켜갈 수 있었다.

세르비아인들 입장에서는 알바니아계의 독립을 고려할 수 없었다. 더 이상 세르비아가 코소보를 관리하고 코소보에 있는 세르비아계 공동체를 지원할 정치 수단을 갖고 있지 않다고 해도, 세르비아의 지도자들은 세르비아인들이 국가의 발상지로 생각하는 이 지역에 다른 하나의 주권을 인정할 용의가 없었기 때문이다. 코소보를 위해 정해진 '표준(좋은 지배구조, 조직범죄 소탕, 난민과 이주민의 귀환, 모든 공동체의 권리 존중)'으로 말하자면, 독립 선고 당시 어떠한 표준에도 이르지 않았다.

신탁통치에서 유럽으로?

전 핀란드 총리이자 코소보 주재 유엔 밀사가 제출한 상당히 비관적인 보고서에 답하여, 벨기에의 3분의 1 크기만 한 이 작은 국가의 독립은 사실상 발칸 지역과는 거의 관계가 없는 것으로 보인다. 러시아가 자국에게 더 중요한 다른 문건에 대해 양보를 얻어내기 위해서 더 이상 코소보 독립에 반대하지 않는다면 유엔은 여러 가지 양상 아래 생존 가능성이 취약한 한 국가의 탄생을 수수방관할 것이기 때문이다.

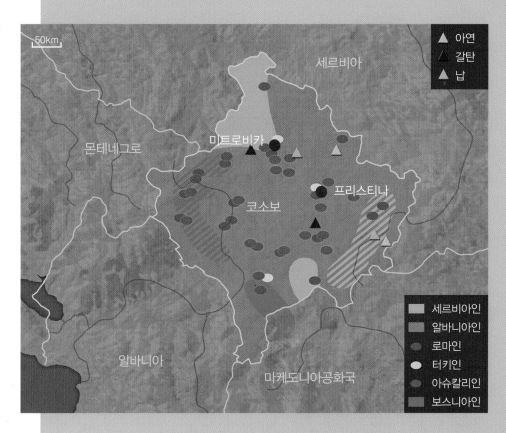

유럽에서 가장 가난한 코소보는 인구 증가율과 마찬가지로 범죄율이 가장 높은 국가 중 하나이기도 하다. 2006년 기준으로 코소보 인구의 절반은 20세 미만이었는데 2025년에는 인구가 2배 증가할 것이다. 따라서 코소보 독립이 제기하는 문제 가운데는 코소보 젊은이들의 미래도 포함된다. 점점 더 선별적인 이주 정책이 실시되고 있는 유럽에서 이들은 일자리를 찾으러 해외로 갈 수밖에 없는 처지에 놓인다.

더 넓게는 유럽연합의 국경 밖이긴 하지만 그 관문에서 구멍이 숭숭 뚫려 있는 한 지대를 빈곤, 비참, 폭력, 온갖 유형의 불법거래에 그대로 내버려둘 수 있는가라는 문제가 유럽연합에 제기된다.

혹은 2020년을 내다보고 그 지역권 국가들의 통합을 준비하겠다는 목표를 안고 유럽 개입군의 주둔을 대대적인 경제 재건설계획에 결부시키면서 '발칸 서부지역 연합정책'을 지속하고 강화하기 위해 더 중요한 수단들을 동원할 수 있는가라는 문제가 제기된다.

유럽에서 가장 가난한 지역

코소보는 산과 언덕의 나라다. 코소보의 인구는 약 88퍼센트가 알바니아계이고,
8퍼센트가 세르비아인이며, 4퍼센트가 로마인, 터키인, 아슈칼리인, 보스니아인이다.
코소보의 평원은 비옥하고 아연, 갈탄, 은, 납 같은 지하자원이 제법 풍부하다.
요컨대 코소보는 풍요로운 지역인데 코소보인들은 그렇지 않다.
2005년에는 1인당 연평균 소득이 893유로를 넘지 않아 전 유럽에서 가장 낮았다.
비교를 해보면 크로아티아의 1인당 연평균 소득은 5,624유로로, 독일의 경우 27,733유로다.

그리고 몬테네그로는 어떠한가?

2006년에 독립한 몬테네그로는 발칸 지역의 세분화에 기여했다. 특히 코소보와 마찬가지로 생존 가능성이 아주 낮은 경제는 최근에 얻은 주권이 제시하는 해법보다 더 많은 문제를 제기하고 있다. 몬테네그로인들은 인류학의 관점에서 보면 세르비아인으로 간주되지만, 문화적인 관점에서는 세르비아인과 구별된다. 몬테네그로는 1878년 베를린 회의 때 독립국가로 인정받은 작은 공국으로 이후 연속적으로 다음 국가에 통합되었다.

첫째, 세르비아인, 크로아티아인, 슬로베니아인들의 왕국. 통합 시기는 1918년 오스만 제국의 점령에서 해방되었을 때다.

둘째, 유고슬라비아(남부 슬라브족) 왕국. 시기는 1929년 유고 왕국이 창건되었을 때다.

셋째, 1945년 유고슬라비아 연방공화국.

1992년 유고 연방이 붕괴되기 시작했을 때 몬테네그로 공화국은 유일하게 ―국민투표에 의해― '신유고슬라비아'를 떠나지 않기로 결정했다. 이제 '신유고슬라비아'를 이루는 국가는 세르비아와 몬테네그로뿐이었다. 그렇지만 1997년 최고 정치지도자 밀로 듀카노비치가 몬테네그로 공화국의 대통령이 되었을 때 그는 신속하게 세르비아의 체제와 거리를 두었다. 보스니아 전쟁으로 그들

빼앗긴 바다

몬테네그로인들이 선택한 독립은 세르비아 정부에게는 국가에 대한 침해로 받아들여진다. 이미 그 문제는 코소보의 분리독립 운동에 의해 재검토되었다. 경제 및 전략의 관점에서는 몬테네그로의 독립으로 인해 세르비아는 해양에 면해 있는 몬테네그로를 잃음으로써 내륙국이 될 뿐만 아니라 몬테네그로는 제1의 경제 파트너와 분리되는 상황이 초래되었다. 몬테네그로는 독립할 때까지 경제의 75퍼센트가 세르비아와의 교역에 기초를 두었다.

에게 내려진 금수조치로 인해 이미 큰 타격을 입은 몬테네그로인들은 사실상 더 고통스럽게도 1999년 코소보 전쟁 중에 폭격 세례와 아울러 경제봉쇄를 당해야 했다. 한편 그와 동시에 몬테네그로는 이웃한 코소보를 떠나오는 수천 명의 난민들을 받아들여야 했다. 그렇게 해서 세르비아에서 분리독립하겠다는 생각이 진전되어갔다. 몬테네그로인들은 세르비아 정부가 개발한 민족순수성 개념에 동의하지 않은 만큼 분리안은 더욱더 진척되었다. 결국 유럽연합이 정한 조건에 맞춰 국민투표를 조직했으며 몬테네그로는 다시 국민투표에 의해 2006년 5월 독립을 결정했다.

탄생한 지 얼마 되지 않은 이 신생국가는 분명 이웃 코소보와 마찬가지로 다음과 같은 질문을 제기한다. 조직범죄가 경제의 대부분을 장악하는 그처럼 작은 국가가 국제무대에서 어떤 자리를 찾아낼 수 있을 것인가? 발칸 서부지역의 국가들은 함께 가입되어야 하는가? 터키에 앞서서? 아주 작은 이 국가들을 가입시킬 경우 유럽연합은 어떤 위험에 노출되는가? 그 국가들을 가입시키지 않을 경우에는? 어떠한 유럽 프로젝트에 어떠한 기여를 할 것인가? 끝으로 각각의 민족에 하나의 국가를 부여하는 것이 유럽연합의 소명인가?

검은산

몬테네그로는 산악 지역으로 몬테네그로인, 세르비아인, 보스니아인, 알바니아인은 물론 크로아티아인과 로마인이 살고 있다. 몬테네그로 역시 가난해서 2005년 1인당 GDP가 3,090유로, 다시 말해 크로아티아보다 2배 적고, 프랑스보다 거의 10배나 적다. 몬테네그로인의 10퍼센트는 빈곤의 위험수위 밑에서 살고 있다. 그리고 공식적으로는 실업이 경제활동인구의 50퍼센트에 영향을 미치고 있지만, 이 나라에서 아주 발달한 음성적인 경제와 각종 암거래를 고려할 경우 그 비율은 '단지' 20퍼센트에 불과하다.

키프로스, 유럽의 실패 사례인가?

키프로스 공화국은 2004년 5월 1일 유럽연합에 가입했다. 키프로스 공화국은 분열되어 있는 상태에서 유럽연합에 가입했으며 그 후로 여전히 같은 상황이다. 유럽연합 집행위원회의 정치적 노력에도 불구하고, 터키와 키프로스 정부에 압력을 행사하거나 유엔이 협상을 인도했음에도 불구하고, 지중해에 있는 섬나라 키프로스의 정치적 통일을 암시해주는 것이라고는 아무것도 없기 때문이다. 키프로스의 북쪽 지역은 1974년 이래로 터키 군대가 점령해오고 있으며, 남쪽 지역은 완전한 자격을 가진 유럽연합 회원이다. 통일의 기미가 비치려면 터키의 입후보 자격에 대한 유럽연합의 대답을 기다려야만 할 것인가?

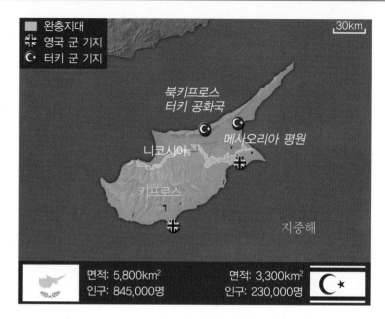

한 국가에 두 공화국

이원공동체 국가, 키프로스

키프로스 섬은 터키, 시리아, 레바논 해안에서 채 100킬로미터가 떨어지지 않은 곳에 위치해 있다. 섬의 면적은 9,200제곱킬로미터(코르시카 섬보다 약간 더 넓다)고, 그리스계와 터키계의 인구는 약 100만 명이다. 1960년 키프로스가 영국에서 독립을 했을 때, 세 강국(그리스, 터키, 영국)이 이 신생 이원공동체 국가의 독립을 보장했다. 헌법 질서가 바뀌게 되는 경우 키프로스 섬에 군사 개입을 해서 그 질서를 복구할 수 있는 권리가 그 세 나라에 부여된 것이다. 바로 이러한 배경에서 1974년 두 공동체 간에 팽팽한 긴장이 감돌던 때 그리스의 군부정권이 키프로스를 그리스에 병합시키려는 목표로 쿠데타를 조직한 데 대응하여 터키가 군사 개입을 했다. 당시 이 군사 개입으로 결국 키프로스 섬과 수도 니코시아가 분할되었으며, 그뿐만 아니라 터키계 키프로스인들은 북쪽 지역으로, 그리스계 키프로스인들은 남쪽 지역으로 옮겨가는 대규모 인구 이동이 초래되었다.

1974년 이래 유엔 평화유지군의 통제를 받는 완충지대를 경계로 키프로스는 두 부분으로 갈라졌으며, 두 지역의 사람들도 분리되어 각기 다른 방식으로 변화해갔다. 섬 전체 면적의 37퍼센트를 차지하는 북부는 터키가 점령했다. 북부는 인구의 대다수가 터키인이며 23만 명의 인구 가운데 군인이 3만 명이고 터키에서 온 사람들이 10만 명이다. 물이 풍부한 메사오리아 평원은 농업 부문에서 상당한 잠재력을 갖고 있음에도 불구하고, 북부지역의 경제는 투자가 부족해서 비약적으로 성장하지 못했다. 1983년 북키프로스 터키 공화국은 스스로 독립을 공표했는데 사실상 이 공화국을 승인한 국가는 터키뿐이다. 키프로스 국가를 지칭하는 키프로스 공화국은 국제 승인을 받았다. 키프로스 공화국의 인구는 84만 5,000명으로 대다수가 그리스인이다. 섬이 양분되어 있음에도 불구하고 키프로스 공화국은 관광, 편의선적(便宜船籍), 1980년대 레바논 전쟁 중에 본국으로 송금된 레바논 자본 덕택에 발전을 이룩하게 되었다. 국제법에 의거하여 유럽연합 집행위원회가 따져본 계산에 따르면 2004년 키프로스 공화국이 유럽연합에 가입함으로써 섬 전체가 연루되고, 그렇게 해서 분단 문제의 타결로 이어지게 된다. 그렇지만 2007년 현재 남쪽의 키프로스 공화국만이 유럽연합의 회원이다.

키프로스 연방안
(2004년 4월 21일의 국민투표)

30km

터키계 키프로스

니코시아

그리스계 키프로스

지중해

75% 반대

찬성 65%

'아난 계획'의 실패

키프로스 섬을 궁지에서 구해내기 위해 코피 아난 유엔 사무총장은 스위스식 모델에서 영감을 얻어 2002년 키프로스 연방국의 창설을 제안했다. 그 제안에 따르면 현재 나뉘어 있는 두 공동체를 토대로 두 개의 주를 만들어 연방국을 구성하며, 두 공동체의 권리는 유럽연합이 소수집단에 대해 규정해놓은 공동체 법에 의해 보장받을 것이다. 2004년 4월 21일 그 통일안을 두고 섬 전체에서 국민투표를 실시했는데 그리스계 키프로스인 가운데 4분의 3이 그 안을 거부했다. 그리스계 키프로스인들은 터키의 침략에 대한 기억(공동체 간의 맞대결, 인구 이동, 북부지역에 있는 땅과 재산의 손실)을 간직하고 있을 뿐만 아니라, 연방 모델에 의해 영토의 3분의 1가량이 전체 인구의 18퍼센트에 불과한 터키계 공동체에 귀속될 것을 우려했다. 그들은 또한 터키 군대가 더 빨리 철수(통일안에는 터키 군대가 2018년까지 단계적으로 철수하도록 예정되어 있다)해야 한다고 생각했다. 끝으로, 그들의 정부는 경제 면에서 더 취약한 북부의 개발에 재정지원을 할 의향이 없었다. 그래서 그 안이 좌초되긴 했지만 몇 차례의 협상은 결실을 맺었다. 2003년 북부지역의 당국은 남과 북 사이에 네 곳의 통로를 열어둔 한편, 남부지역의 당국은 '토박이' 터키계 키프로스인들이 더 쉽게 키프로스의 행정에 접근할 수 있도록 한 것이다.

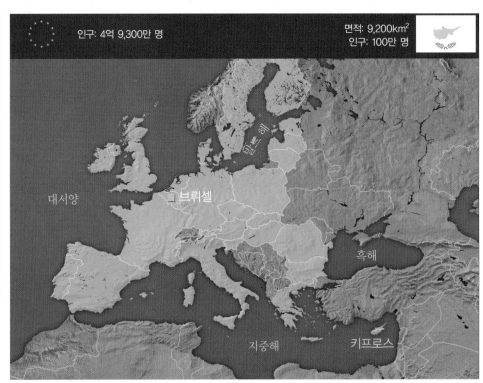

인구: 4억 9,300만 명

면적: 9,200km²
인구: 100만 명

대서양

발트 해

브뤼셀

흑해

지중해 키프로스

혼돈에 직면해 있는 유럽

2004년 4월 통일이 실패로 돌아가고 그 다음 달에 남쪽의 키프로스 공화국이 유럽연합에 가입함으로써 유럽에서 소외되어 있던 터키계 키프로스인들은 그들의 고립을 우려했으며, 북키프로스의 제도상의 업무에 간섭하는 터키에 이의를 제기하기 시작했다. 유럽연합 편에서는 복잡한 입장에 처했다. 키프로스를 받아들이면서 유럽연합은 혼란스러운 키프로스의 영토 문제도 떠안게 된 것이다. 그런데 키프로스가 유럽연합의 회원국이 된 이래로 더 이상 유럽연합 집행위원회에는 영토 분할을 종식시키기 위해 키프로스에 압력을 행사할 수단이 없었다. 터키가 군사력을 동원하여 한 회원국의 영토 일부를 점령하고 있는 가운데 유럽연합이 터키와 함께 그 나라의 가입 기한을 협상하는 만큼 더욱더 첨예한 상황이 되었다. 그러한 상황을 타개해보고 터키 정부에게서 키프로스를 향한 어떤 행동 표시를 끌어내기 위해서 2006년 유럽연합 집행위원회는 북키프로스에 1억 3,900만 유로의 재정지원을 쏟아부었고 이와 병행하여 회원국들과 북키프로스 간의 통상을 허가하는 규정을 채택하기로 했다. 유엔 안전보장이사회 편에서는 통일 절차를 재개하려고 노력했다. 그렇지만 2007년 6월 유엔 안보리는 키프로스 유엔평화유지군(UNFICYP)의 임기를 6개월 예정으로 한 번 더 연장해야 했다.

그 이름만으로도 몽환적이고 신비스러운 사하라, 원시의 대자연이 살아숨쉬는 아프리카, 세계의 허브로 도약하는 두바이, 드넓은 초원의 나라 몽골, 끝없이 설원이 펼쳐지는 북극……. 지도는 머나먼 세계에 대해 꿈을 꾸게 하고 상상의 날개를 펼치게 해준다. 뿐만 아니라 생활 속에서, 여행길에 여러 가지로 유용하게 쓰이기도 한다. 그런데 제작 주체와 이용 목적에 따라 지도는 얼마든지 조작의 도구로 악용될 소지가 있는 것도 사실이다. 지금 독도 영유권 문제가 초미의 관심사로 대두되어 우리의 눈이 동해 지도에 쏠려 있다. 거기에는 교묘한 책략이 도사리고 있는 것이다. 이렇듯 지도에는 단순한 지리 정보를 넘어 눈에 보이지 않는 많은 흥미로운 이야기들이 숨어 있다.

이 책은 원래 프랑스와 독일이 합작한 아르테 TV에서 1990년부터 많은 시청자들의 관심을 받고 있는 다큐멘터리 〈지도의 이면〉을 토대로 기획된 것으로, 2005년에 1권이 출간되어 수십만 독자들을 매료시킨 데 이어 그 후속작으로 나왔다. 방송 프로그램은 사실에 기초하여 편향되

지 않은 시각으로 세계를 예리하게 분석·전망함으로써 호평을 받았으며, 방송의 취지와 그동안의 성과를 이 책 속에 고스란히 옮겨놓았다. 무엇보다 이 책의 장점은 지도를 따라 정치, 경제, 역사, 종교, 환경 등 다각도로 접근하여 세계의 내막을 심도 있게 파헤치고 있다는 것이다.

2권에서는 1권의 독창적인 구성과 방법론을 그대로 이어가고 있으며, 50여 개의 주제별로 주요 현안을 다루면서 변화하고 있는 세계의 윤곽을 보여준다. 인구 문제, 신흥강국의 부상, 기후 온난화, 전염병, 에너지, 극단주의로 치닫는 종교, 복잡하게 얽혀 있는 중동, 새로운 분쟁, 테러, 핵확산 등 오늘날 세계의 핵심 쟁점이 색색의 선명한 도판과 함께 제시되어 있어서 내용을 한눈에 알아보고 보다 명확하게 이해할 수 있다.

책에서 소개되는 세계의 현안은 연일 우리의 뉴스에서 중점적으로 다뤄지는 문제와도 무관하지 않다. 기후 이변, 말라리아의 토착화를 비롯해서 지구 온난화로 인해 바로 지금 우리가 당면한 갖가지 문제들,

조류 인플루엔자, 광우병, 고유가와 원자재 가격 상승 등 세계화의 혜택뿐만 아니라 위기의 세계화도 아울러 목도하고 있는 실정이다.

분명 세계화의 시대가 도래하여 온갖 경계가 사라지고 물리적인 거리 개념이 희박해졌다. 그렇지만 세계화가 긍정적인 결과만 낳은 것은 아니다. 세계화의 여파로 세계는 더 취약하고 더 불평등하고 더 위태로워진 것이다.

여러 영역에서 세계화의 충격을 다룬 1부에서는 급부상하는 신흥강국의 허와 실, 산업시설의 해외이전과 이민 문제, 경제 불평등, 확산 일로의 전염병, 다시 활개치는 마피아와 해적, 위협받는 생물 다양성 등을 짚어본다. 이어 2부에서는 재편되는 역학관계에 초점을 맞춰 미군의 재배치 문제, 국제동맹을 지향하는 나토의 변화, 에너지 자원을 둘러싼 긴장국면, 중앙아시아의 지정학, 새로 강국들이 탐을 내는 아프리카를 집중 조명한다. 그리고 논쟁 및 분쟁의 핵심에 자리하고 있는 종교를 다루면서 전 세계적으로 큰 반향을 불러일으켰던 새뮤얼 헌

팅턴의 저서 《문명의 충돌》을 조목조목 분석하고 있으며 이라크, 이란, 레 바논, 팔레스타인으로 여정을 이어가서 복잡하게 얽혀 있는 중동 문제에 접근하여 향후 세계를 전망한다. 에필로그에서는 국제사회에서 거의 눈에 띄지 않는 유럽에 대한 아쉬움 속에 터키의 유럽연합 가입, 유럽연합의 경계 문제 등 유럽의 미래에 대한 성찰과 고민을 담고 있다.

독자들은 강렬한 인상을 주는 지도를 벗 삼아 세계의 이면을 탐험하는 색다른 지정학 여행을 떠날 수 있을 것이다. 이 책을 통해 거시적인 안목과 비판적인 사고를 기르고, 세계의 오늘과 내일을 돌아보는 계기를 갖게 되기를 기대해본다.

마지막으로 이 한 권의 책이 세상에 나오기까지 애써주신 모든 분들에게 진심으로 감사드린다.

세계은행IBRD: 29, 105, 141~143

세계화: 14~81

세네갈 강: 59

세네갈: 29, 137, 145

세르비아: 95, 187, 190~192, 194

세미팔라틴스크: 130

세바: 145

세우타: 145

세이셸: 83

세인트키트네비스: 83

셀주크 제국: 161

셴겐 지대: 53, 145, 184

소국가: 16, 82~85, 185

소말리아 국민운동: 87

소말리아: 67, 68, 87, 133, 134, 148

소말릴란드: 82, 87

소비에트 연방(소련): 16, 93, 95~97, 99, 101, 119, 121, 122, 127, 130, 163, 174, 188

소아시아: 186, 87

솔리고르스크: 121

수단: 83, 132, 134, 140, 143~145, 148, 158

수마트라: 113

수에즈 운하: 79, 113, 134

수에즈 해협: 134

수이: 115

슈프: 171

스리랑카: 148

스와질란드: 26

스웨덴: 67, 108

스위스: 67, 84, 183, 184

스톡홀름 국제평화연구소: 169

스트라스부르: 182

스페인: 36, 99, 101, 110, 145, 185, 190

스피츠베르겐: 76, 78

슬로바키아: 97, 108, 185

슬로베니아: 97, 190, 192

시르다리아 강: 130, 131

시리아: 95, 147, 153, 154, 167, 171, 173, 175, 188

시베리아: 101, 103

시스마레프: 77

시에라리온: 45

시우다드후아레스: 41

시칠리아: 64~66

시카고: 40

신드: 115

신장: 63, 103, 125

신흥국: 17, 20, 23, 31, 37, 45, 48, 69

싱가포르 해협: 69

싱가포르: 28, 38, 45, 68, 113

쓰촨: 63

ㅇ

아가데즈: 145

아나톨리아: 186

아덴 만: 68

아델리아: 79

아랄 해: 130

아랍에미리트연합: 38, 39, 147

아르헨티나: 24, 79, 85

아마쿠차 강: 72

아메리카: 28, 52, 158, 202

아무다리아 강: 130, 131

아부 사야프: 93

아부그라이브: 150

아부다비: 38

아삼: 22

아슈라: 154

아시아: 16, 32, 34, 51, 52, 57, 58, 60, 63, 66~69, 71, 73, 74, 80, 85, 92~94, 98, 100, 102, 105~107, 111, 112, 115, 118, 122~131, 136, 147, 152, 153, 158, 169, 186, 187

아오주: 145

아이슬란드: 183, 184

아이티: 45, 148

아일랜드: 35, 58, 184

아제르바이잔: 111, 123, 152, 153

아체: 69

아테네: 196

아프가니스탄: 92, 94, 95, 98, 114, 115, 123, 129, 147~151, 153, 156, 158, 169

아프리카 개발을 위한 새로운 협력관계NEPAD: 29

아프리카 성장·기회 법안AGOA: 133

아프리카 연합: 29, 98

아프리카: 9, 24~26, 29, 30, 52, 57, 60, 68, 71, 79, 87, 113, 115, 132~145, 156~158, 185

아프리카통합기구AUO: 29

아프리카 평화군 양성프로그램ACOTA: 133

아프타열: 58~60

악포 필드: 139

안도라: 84, 185

안티레바논 산: 172

알래스카: 76, 77

알마티: 125, 130

알바니아: 97, 187, 190

알베르타: 107

알제리: 29, 86, 116, 135, 139, 144, 150, 157, 158, 184

알카에다: 94, 98, 135, 151

알타이 산: 101

알프스 산맥: 81

압카즈: 148

앙골라: 25, 133, 138, 158

앙카라: 186~188, 196

애리조나: 42

야노마미 족: 116

얀부: 112

에르데네트 광산: 103

에르주룸: 111

에리트레아: 134

에스토니아: 97

에이즈HIV/AIDS: 16, 20, 23, 30, 31, 55, 57, 60~63

에티오피아: 14, 87, 134, 148

엔드랑게타: 64

엘파소: 41

영국: 33, 36, 58, 59, 94, 108, 110, 114, 118, 158, 161, 162, 164, 167, 184, 185, 196

예루살렘: 159

예멘: 113, 134, 149, 152, 153

옐로스톤 공원: 81

오가덴: 148

오레곤: 40

오레노크: 106, 107, 116, 117

오만 해: 114, 115

오만: 147

오사카: 64

오스만제국: 149, 150, 161, 171, 187

오스트레일리아: 19, 33, 52, 83, 99

오스트리아: 83, 111, 117

오스트리아-헝가리: 84, 149

오슬로 협정: 176, 177

오시: 131

오염: 19, 70~81, 86, 106, 130, 131

오유톨고이 광산: 103

온두라스: 43

요르단 강 서안: 176, 177

요르단 강: 172

요르단: 147, 153, 173

요코수카: 113

요하네스버그: 30

우간다: 14

우루과이: 24

우즈베키스탄: 95, 122, 123, 126, 127, 129~131, 147

우크라이나: 16, 45, 62, 97, 108, 109, 118~121, 123, 125

울란바토르: 100~102

워싱턴: 96, 98, 191

위스콘신: 40

윈난: 49, 63

유고슬라비아 전쟁: 67, 96

유고슬라비아: 66, 67, 96, 97, 149, 190, 192, 194

유네스코UNESCO: 29

유니콘 작전: 135

유라시아: 187

유라시아경제공동체EAEC: 129

유럽 근동: 153, 172, 185

유럽: 16, 28, 32, 36, 37, 51, 52, 57, 66, 67, 69, 73, 74, 81, 92~99, 105, 106, 108~111, 119, 121, 123, 144, 146, 171, 182~190, 192, 193, 197

유럽연합 이사회: 121, 181

유럽연합 집행위원회: 81, 111, 182, 183

유럽연합EU: 16, 29, 32~37, 51, 53, 57, 58, 65, 66, 81, 95~98, 101, 108~111, 118, 120, 121, 145, 176, 177, 182~186, 188~197

유엔UN: 14, 29, 71, 86, 98, 133, 135~137, 140, 148, 164, 165, 167, 175, 191, 192, 196, 197

유엔 안전보장이사회: 14, 20, 25, 30, 31, 170, 191, 192, 197

유엔 코소보 임시 행정부UNMIK: 192

유엔·아프리카 연합 혼성평화유지군UNAMID: 140

유엔개발계획UNDP: 48

유타: 40

유프라테스 강: 161, 188

이라크 전쟁: 95, 149, 167

이라크: 92, 94, 95, 98, 102, 112, 147~153, 155, 160~170, 174, 188

이란: 23, 39, 92, 95, 113~117, 123, 124, 127, 129, 147, 152, 153, 155, 160, 163, 165~171, 174, 176, 177, 188

지도로 보는 세계의 미래
변화하는 세계의 아틀라스

1판 1쇄 2008년 8월 28일
1판 5쇄 2010년 6월 10일

지은이 ㅣ 장 크리스토프 빅토르, 비르지니 레송, 프랑크 테타르
옮긴이 ㅣ 안수연

펴낸이 ㅣ 류종필

기획위원 ㅣ 박은봉
편집 ㅣ 강창훈, 양윤주
마케팅 ㅣ 김연일, 김문엽
경영관리 ㅣ 장지영

표지 디자인 ㅣ 이석운

펴낸곳 ㅣ 도서출판 **책과함께**
　　　　주소 서울시 마포구 서교동 395-178 영산빌딩 201호
　　　　전화 335-1982~3
　　　　팩스 335-1316
　　　　전자우편 prpub@hanmail.net
　　　　블로그 blog.naver.com/prpub
　　　　등록 2003년 4월 3일 제6-654호

ISBN 978-89-91221-37-6 (03900)

이 도서의 국립중앙도서관 출판시도서목록(CIP)은 e-CIP 홈페이지(http://www.nl.go.kr/ecip)에서 이용
하실 수 있습니다.(CIP제어번호: CIP2008002519)